D1926571

hänssler

Heinrich Fausel

D. Martin Luther

Leben und Werk 1483 bis 1521

Prof. D. Heinrich Fausel (1900–1967), Theologiestudium in Tübingen und Marburg; 1927 Pfarrer in Heimsheim; 1946 Ephorus im Evang. Seminar, Maulbronn; 1957 Lehrauftrag für württ. Kirchengeschichte an der Univ. Tübingen; 1963 Honorarprof. in Tübingen.

hänssler-Taschenbuch
Bestell-Nr. 392.440
2. Auflage 1996

Umschlaggestaltung: Stefanie Stegbauer
Titelfoto: Martin Luther 1533, Gemälde von Lucas Cranach d. Ä.
Artothek Kunstdia-Archiv, 82380 Peissenberg
Satz: Gütersloher Verlagshaus Gerd Mohn
Druck und Bindung: Ebner Ulm
Printed in Germany

VORWORT

Jede Zeit hat ihr eigenes Lutherbild; jede Zeit wird Luther wie jeden andern großen Mann der Vergangenheit nach ihrem Maß messen, nach ihrem Sinn deuten. Die Bilder Luthers als des Kämpfers für die reine Lehre, als des großen Beters und innigen Glaubenszeugen, als des Bahnbrechers der Vernunft und Gewissensfreiheit, als des Mahners zur Innerlichkeit, Verantwortung und freien Selbstbestimmung des Geistes, als des nationalen Helden und Inbegriffs deutschen Wesens sind uns ebenso vertraut wie umgekehrt die abwertenden Urteile über den satanischen Feind des Stuhls Petri, über den Zerstörer der Einheit des christlichen Abendlandes, über den revolutionären Urheber eines schrankenlos subjektivistischen Freiheitsstrebens, über den in mittelalterlichen Vorurteilen befangenen Dogmatiker und endlich über den Fürstenknecht und Bauernfeind. Keine Zeit wird Luther darstellen können, ohne ihn aus der eigenen Blickrichtung zu sehen. Will man der wirren Vielfalt der durcheinandertönenden Stimmen entgehen, so empfiehlt sich immer noch ein Weg: in voller Breite Luther selbst reden zu lassen und seine Stimme zu hören, anstatt über ihn zu reden und sich Bilder von ihm zu machen.

Die beiden vorliegenden Bände haben darum aus der fast unübersehbaren Fülle des Schrifttums Luthers diejenigen Stücke herausgegriffen, in denen Luther unmittelbarer, vielleicht auch unbekümmerter spricht als in der theologischen Abhandlung, der Vorlesung, der Predigt, absichtsloser und freier als anderswo, und doch immer aus der Mitte der Sache heraus.

Hier sind vor allem zu nennen Luthers BRIEFE. Luther hat im Laufe seines Lebens Tausende von Briefen geschrieben, von denen freilich längst nicht alle erhalten sind. Die Weimarer Gesamtausgabe von Luthers Schriften hat die Briefe von und an Luther in 11 Bänden mit insgesamt 4211 Nummern gesammelt. Es ist erstaunlich, welchen Umkreis der Gedanken, Erlebnisse und Ereignisse Luthers Briefwechsel umfaßt. Es gibt kaum eine wichtige Frage seiner Zeit aus dem weiten Felde des theologischen, kirchlichen und teilweise auch politischen Lebens, über die sich Luther in seinen Briefen, wenn auch nur am Rande, nicht äußert. Dazu kommt eine Menge von Schilderungen und Bemerkungen aus dem häuslichen Leben, der Fürsorge für Bekannte, Freunde, Schüler, der Nachrichtenübermittlung; all dies läuft neben den großen Sachentscheidungen her. Der Brief ist für Luther geschriebene Verkündigung und gleichzeitig Mittel seiner liebevollen, bis ins Einzelne gehenden Teilnahme an allem, was die Herzen der Freunde und Mitarbeiter, bedrohter und geängstigter Glaubensgenossen, in Bedrängnis geratener Gemeinden bewegte. Daß bei Luther theologische Denkarbeit, ständige Beschäftigung mit dem Verkündigungsauftrag, seelsorgerliche Verpflichtung und persönliche Frömmigkeit nicht auseinanderfallen, sondern eine lebendige, immer neu bewährte Einheit bilden, tritt gerade in den Briefen in besonderer Weise hervor.

Luthers TISCHREDEN, von der Weimarer Ausgabe in 6 Bänden mit 7075 Nummern gesammelt, sind seit Sommer 1531 zuerst von dem Niederösterreicher Konrad Cordatus (1476–1546), sodann auch von Veit Dietrich (1506–1549) und Johannes Schlaginhaufen (gest. um 1560) unter Luthers zunächst schweigender Duldung, dann Billigung nachgeschrieben worden. Dabei wurde eine Art Kurzschrift verwendet; die Sprache war ein Gemisch von Deutsch und Latein. Als Nachschreiber an Luthers Tisch schlossen sich an Nikolaus Medler (1502 bis 1551), Anton Lauterbach (1502–1569), Hieronymus Weller (1499 bis 1572), Johann Mathesius (1504–1565), Kaspar Heydenreich (1516 bis 1586), Hieronymus Besold (1520–1562), Georg Rörer (1492–1557) und Johannes Aurifaber (1519–1575). Anton Lauterbach, dessen Nachschriften im Herbst 1536 beginnen, hat als erster eine doppelte Neuerung eingeführt: er hat die überkommenen, aus früheren Sammlungen stammenden Texte vielfach umgearbeitet und geglättet; sodann hat er den ganzen Stoff seiner umfangreichen Sammlung nach systematischen Gesichtspunkten neu geordnet. Dieser von Lauterbach eingeleitete Prozeß ist von Johannes Aurifaber fortgesetzt und verstärkt worden. Aurifaber hat nicht nur seine umfangreiche Tischredensammlung zu einem nach Stichworten geordneten Nachschlagewerk gemacht, aus dessen 80 Abschnitten man jederzeit Luthers Meinung herauslesen konnte, sondern auch die Tischreden durch eigene Zusätze aufgeschwemmt und umgestaltet. Es wurde darum auf die Verwendung von Aurifabertexten fast ganz verzichtet. Es liegt unsrer Auswahl der gesicherte Tischredenbestand, von der Weimarer Ausgabe »Urschriften« genannt, zugrunde.

Auch von den Tischreden gilt, was von Luthers Briefen gesagt wurde: sie umfassen von der häuslichen Kleinwelt der Familie und der Kindererziehung an bis zu den verwickelten theologischen Themen, von Naturereignissen und Katastrophen bis zu Fragen der deutschen und europäischen Politik alle Gebiete des damaligen Lebens. Ihr besonderer Reiz ist die Unbefangenheit, mit der Luther vor seinen Hausgenossen spricht, die ungezwungene Leichtigkeit und Beweglichkeit des Ausdrucks im Gegensatz zur Vorlesung, zur schriftlichen Abhandlung, zur Predigt. So haben Briefe und Tischreden nach unsrem heutigen Lutherverständnis einen hohen Quellenwert; besonders aus den Tischreden – auch wenn ihre Überlieferungsgeschichte recht kompliziert ist – erfahren wir viel aus Luthers Mund, was in seinen andern Schriften nicht zu lesen ist.

Über Briefe und Tischreden hinaus wurden noch Auszüge aus solchen wichtigen SCHRIFTEN Luthers aufgenommen, die in den übrigen Bänden der Calwer Luther-Ausgabe nicht enthalten sind. Dies hängt aufs engste mit der Entstehungsweise dieses Buches zusammen: es erschien ursprünglich im Jahre 1940 als Band VI der Calwer Luther-Ausgabe. Da dieser Band bei Kriegsende vergriffen war, erschien es dem Verlag geboten, ihn als selbständiges Buch neu herauszugeben. Bei dieser Neubearbeitung wurden sämtliche Quellenstücke stilistisch-philologisch überprüft sowie die geschichtlichen und theologischen Verbindungsstücke an vielen Stellen erweitert und ergänzt; außerdem wurden eine Anzahl von Quellentexten neu aufgenommen und zwei große Abschnitte »Vom gebundenen Willen« und das Marburger Abendmahlsgespräch völlig neu bearbeitet. Dieses Buch »Heinrich Fausel: D. Martin Luther« erschien 1955 im Calwer Verlag in Zusammenarbeit mit dem Quell-Verlag, Stuttgart.

Dieses Buch erscheint nunmehr im Siebenstern Taschenbuch Verlag, jedoch erweitert um den Abschnitt »Der Ertrag der Arbeit« mit den beiden Vorreden Luthers zu den Ausgaben seiner Schriften im Jahre 1539 und 1545; außerdem wurden einige Korrekturen, vor allem in den Anmerkungen, vorgenommen.

Die besondere Art dieser Lutherdarstellung hat es von Anfang an mit sich gebracht, daß den einzelnen Abschnitten eine biographischgeschichtliche Abhandlung voran, ein theologisch zusammenfassender Text nachgestellt wurde. Im vorangehenden Text ist durch Ziffern, z. B. (1), auf die folgenden Quellenstücke verwiesen.

Bei alledem soll deutlich werden, daß nicht eine rein historische, vollends keine feuilletonistische Darstellung des Reformators, nicht die Darstellung seiner Persönlichkeit und Gedankenwelt, sondern der Hinweis auf seine *Sache*, seinen Auftrag im Mittelpunkt steht. Darum wurde als Buchtitel »D. Martin Luther« gewählt, nicht nur zur Unterscheidung von ähnlich lautenden Titeln, sondern vor allem deshalb, weil Luther im Doktorat den bestimmenden Auftrag für seine biblisch-theologische, damit aber für seine ganze kirchlich-reformatorische Arbeit gesehen hat. Nur vom Auftrag her ist Luther verständlich; andernfalls bleibt er dem geschichtlichen Betrachter ein unverständliches, wenn nicht unheimliches Rätsel. Das Geheimnis echter Kirchengeschichtsschreibung aber besteht darin, dem Wunder der Botschaft und der Verkündigung, in welches das Leben ihrer Boten und Zeugen eingeschlossen ist, ehrfürchtig und dankbar nachzugehen.

Tübingen, in der Adventszeit 1965 HEINRICH FAUSEL

Die Entfaltung der reformatorischen Glaubenserkenntnis bis zum Reichstag zu Worms 1519–1521

Die Anfänge des Reformators

Jugend und Klosterzeit

1483 – 1517

Die Jugendjahre · 1483–1505

Luthers *Jugend* verläuft unter dem *Gesetz*, das ihm in den strengen Ordnungen der Familie, der Schule und der Kirche entgegentritt.

Im elterlichen Hause

Seiner Herkunft aus bäuerlichem Geschlechte und von armen Eltern (1) hat sich der Reformator nie geschämt, sich vielmehr törichten Angriffen gegenüber ausdrücklich dazu bekannt (2). Das alte Bauerngeschlecht (3) der Luder oder Lüder saß seit alten Zeiten in dem zwischen Salzungen und Eisenach gelegenen Stammdorf Möhra in Thüringen. Von dort zog der Vater Luthers, im Unterschied von seinem jüngeren Bruder Klein-Hans Groß-Hans genannt, im Herbst 1483 mit seinem Weibe Margarete geb. Lindemann nach Eisleben, um bei dem damals blühenden Kupferbergbau sein Glück zu versuchen. Zu Ehre und Anerkennung unter seinen Mitbürgern scheint es der wackere und fleißige Mann verhältnismäßig früh gebracht zu haben; jedenfalls treffen wir ihn in Mansfeld, wohin die Familie 1484 übersiedelte, als einen der Vierherren, welche die Rechte der Bürgerschaft gegen den städtischen Magistrat zu vertreten hatten. Dagegen scheint sich ein gewisser Wohlstand erst später eingestellt zu haben (4).

In Eisleben wurde am 10. November 1483 Martin Luther geboren und am folgenden Tage in der Peterskirche getauft. Daß in seiner Herkunft und Lebensführung nicht blindes Naturgesetz und Willkür, sondern Gottes Wille walte, hat Luther allezeit gewußt und ausgesprochen (3). Daß die Zucht, unter der er aufwuchs, nach herrschender Sitte von väterlicher (5) wie von mütterlicher (6) Seite streng und hart war, hat Luther in späterer Zeit lebhaft empfunden; doch hat er den Eltern, vor allem dem Vater, diese Erziehung zeitlebens gedankt (7).

1 *Martin Luthers Eltern*

Mein Vater ist in seiner Jugend ein armer Häuer gewesen. Die Mutter hat all ihr Holz auf dem Rücken heimgetragen. So haben sie uns erzogen. Sie haben harte Mühsal ausgestanden, wie sie die Welt heute nicht mehr ertragen wollte. *TR 3,2888a (Januar 1533)*

2 Die Herkunft aus bäuerlichem Geschlecht

Er (Herzog Georg von Sachsen)[1] hat mich erstaunlich heruntergezogen, einen Wechselbalg und einer Badmagd Sohn geheißen ... Ich bekenne, daß ich der Sohn eines Bauern von Möhra bei Eisenach bin, trotzdem aber Doktor der Heiligen Schrift und Widersacher des Papsts.

Aus TR 3,3838 (April 1538)

3 Ein nicht vorauszusehender Lebensweg

Ich bin ein Bauernsohn; der Urgroßvater, mein Großvater, der Vater sind richtige Bauern gewesen. Ich hätte eigentlich, wie jener [Philipp Melanchthon] sagte, ein Vorsteher, ein Schultheiß und was sie sonst im Dorf haben, irgendein oberster Knecht über die andern werden müssen. Danach ist mein Vater nach Mansfeld[2] gezogen und dort ein Berghäuer geworden. Dorther bin ich.

Daß ich aber Baccalaureus und Magister[3] wurde, dann das braune Barett ablegte, andern überließ und Mönch wurde, damit freilich Schande einlegte, was meinen Vater bitter verdroß –, und daß ich dann trotzdem dem Papst in die Haare geriet und er mir wieder, daß ich eine entlaufene Nonne zum Weibe nahm, – wer hat das in den Sternen gelesen? Wer hätte mir das vorausgesagt?

Aus TR 5,6250 (wohl aus den dreißiger Jahren)

4 Der Wohlstand des Vaters

Als ich meine erste Messe halten sollte,[4] da schickte mein Vater zwanzig Gulden in die Küche und kam mit zwanzig Personen, die er freihielt. *Aus TR 2,1558 (Mai 1532)*

5 Unter der strengen Zucht des Vaters

Man soll die Kinder nicht zu hart stäupen. Mein Vater stäupte mich einmal so sehr, daß ich vor ihm floh und daß ihm bange war, bis er mich wieder zu sich gewöhnt hatte. *Aus TR 2,1559 (Mai 1532)*

6 Die Strafe der Mutter

Meine Eltern haben mich in strengster Ordnung gehalten, bis zur Verschüchterung. Meine Mutter stäupte mich um einer einzigen Nuß willen, bis Blut floß. Und durch diese harte Zucht trieben sie mich schließlich ins Kloster; obwohl sie es herzlich gut meinten, wurde ich dadurch nur verschüchtert. Sie vermochten das rechte Verhältnis zwi-

1 *Grimmiger Gegner Luthers.*

2 *Luther erwähnt hier den kurzen, vom Herbst 1483 bis Frühsommer 1484 dauernden Aufenthalt seiner Eltern in Eisleben nicht.*

3 *Akademische Grade, die der Student im Rahmen seines philosophischen Studiums zu erwerben hatte; vgl. unten Seite 21.*

4 *Vgl. unten Seite 31 ff.*

schen natürlicher Anlage und der Bestrafung nicht einzuhalten. Man muß so strafen, daß der Apfel bei der Rute ist.

Aus TR 3,3566A (März/Mai 1537)

7 Dankbares Gedenken an den Vater

Es wandelt sich alles. Sollte ich noch einmal in meines Vaters Haus kommen, so würde mich vieles anders anschauen als einst. Das Beste, das aus meines Vaters Gut geraten, ist, daß er mich erzogen hat.

Aus TR 2,2756a (September/November 1532)

In der Kirchenschule zu Mansfeld

Frühzeitig, vielleicht schon im Frühjahr 1488, begann der Schulbesuch in Mansfeld. Wie jede mittelalterliche *Schule* war auch diejenige in Mansfeld eine ausgesprochene Kirchenschule; sie sollte vor allem die Kenntnis des Lateinischen vermitteln, das allein die Türe zum geistlichen Stande und zu jedem höheren Berufe öffnete. Von Anfang an wurde lateinisch gelesen, geschrieben, gesungen, nach Möglichkeit auch lateinisch gesprochen und endlich sehr viel auswendig gelernt: die Gebote, das Glaubensbekenntnis, das Vaterunser, die Lehre von der Taufe, von der Beichte und vom Abendmahl, der Morgen- und der Abendsegen, dazu auch die ganze Fülle der in den Lehrbüchern enthaltenen Sprachregeln. An die nach mittelalterlichem Brauch strenge Schulzucht hat Luther noch in alten Tagen nicht mit Freude zurückgedacht (1), dagegen war ihm das, was er lernte – so die Fabeln Äsops – von bleibendem Werte (2). In jene Zeit fällt sein Erlebnis als Wurstsänger in den Straßen von Mansfeld, das ihm später zum Beispiel für den natürlichen Kleinglauben des Menschen wurde (3).

Durch die Schule tritt die *Kirche* als beherrschende Macht in Martins Leben ein. Die regelmäßige werk- und sonntägliche Beteiligung und Mitwirkung der Schüler am Gemeindegottesdienst verstand sich von selbst; auch die Pflege des Gesangs hatte kein anderes Ziel als die Erziehung zum kirchlichen Chordienst. Zweifellos hat der dauernde Umgang mit dem ›Heiligen‹ tief auf das empfängliche Gemüt des Knaben eingewirkt.

Martins *Elternhaus* war bestimmt durch den Geist einer bürgerlich-korrekten Frömmigkeit; danebenher lief jedoch ein dunkler Unterstrom spätmittelalterlichen Aberglaubens. In Luthers und seiner Eltern Denken spielen Teufelsvorstellungen (4) und Hexenglaube (5) keine geringe Rolle. In dieser unheimlichen und bedrohlichen Welt vermittelt die Kirche mit ihren Gnadenschätzen das Gefühl tröstlicher Geborgenheit, während *Christus* als ferner und unerbittlicher Richter über der Welt thront (6).

1 In der Zucht der Schule

Es ist ein übel Ding, wenn Kinder und Schüler das Vertrauen zu Eltern und Lehrern verlieren. So gab es zum Beispiel abgeschmackte Schulmeister, die durch ihr barsches Wesen viele treffliche Anlagen verdarben. *Aus TR 3,3566A (März/Mai 1537)*

Es sind manche Präzeptoren so grausam wie die Henker. So wurde ich einmal vor Mittag fünfzehnmal geschlagen, ohne jede Schuld, denn ich sollte deklinieren und konjugieren und hatte es [doch noch] nicht gelernt. *Aus TR 5,5571 (Frühjahr 1543)*

2 Das Lob Äsops

Die Fabeln Äsops[5] lobte er (Luther) gar sehr; sie seien wert, [ins Deutsche] übersetzt und in eine rechte Ordnung und Einteilung gebracht zu werden; denn es sei ein Buch, das nicht ein einzelner Mensch verfaßt, sondern das von zahlreichen Männern viele Generationen hindurch sorgfältig niedergeschrieben worden sei ...

Und es ist durch Gottes Vorsehung bewirkt worden, daß die Schriften Catos[6] und Äsops in den Schulen erhalten blieben, denn beides sind überaus wertvolle Bücher. Dieser (Cato) enthält die allernützlichsten Sprüche und Lehren, jener (Äsop) die allerhübschesten Geschichten und Schilderungen. Wenn die Sittenlehren [schon] den jungen Leuten dargeboten werden, tragen sie viel zum Aufbau bei. Kurz, meinem Urteil nach sind die Bücher des Cato und des Äsop nächst der Bibel die besten, besser als die verstümmelten Sprüche aller Philosophen und Juristen, wie auch Donat[7] der beste Grammatiker ist.
Aus TR 3,3490 (Oktober/Dezember 1536)

3 Auf den Straßen Mansfelds

Christus bietet sich uns selber dar mit der Vergebung der Sünden, und trotzdem fliehen wir vor seinem Angesichte. So ging es auch mir als Knaben in der Heimat, als wir sangen, um Würste zu sammeln. Da schrie uns ein Bürger im Scherz zu: »Was macht ihr, ihr Buben? Daß euch dies und das geschehe!« Und gleichzeitig läuft er mit zwei Würsten auf uns zu. Ich aber mit meinem Gesellen mache mich auf die

5 Äsop, der Schöpfer der griechischen Tierfabel, etwa 550 v. Chr.

6 Unter dem Namen des Dionysius Cato lief eine vermutlich aus dem 3. Jahrhundert n. Chr. stammende Sammlung von Sittensprüchen und Lebensregeln aus stoischem Gedankengut; diese »Distichen des Cato« waren ein in den Schulen des Mittelalters weitverbreiteter und beliebter Lesestoff.

7 Älius Donatus, Mitte des 4. Jahrhunderts, war der Verfasser einer dem mittelalterlichen Elementarunterricht zugrunde liegenden lateinischen Grammatik.

Füße und fliehe vor ihm, der sein Geschenk anbietet. Genau so geht es uns mit Gott. Er schenkt [uns] Christus mit allen Gaben, und trotzdem fliehen wir vor ihm und halten ihn für unseren Richter.

Aus TR 1,137 (November/Dezember 1531)

4 Des Teufels List

Als ich noch ein Knabe war, wurde einst eine Geschichte erzählt, daß der Teufel zwischen einem Manne und seinem Weibe, die einander sehr liebhatten, auf keine Weise einen Zwist zu erregen vermochte. Da erreichte er's durch ein altes Weib, die einem jeden ein Rasiermesser unters Kopfkissen legte; dann sagte sie es ihnen. Der Mann fand es und brachte das Weib um. Da kam der Teufel und überreichte der Alten ein Paar Schuhe an einer langen Stange. Als jene fragte, warum er nicht zu ihr herkomme, gab der Teufel zur Antwort: Du bist noch schlimmer als ich, denn du hast bei Weib und Mann fertiggebracht, was ich nicht erreichte.

So sehen wir: Der Teufel ist immer dem feind, was unser Herrgott macht. *TR 2,1429 (April/Mai 1532)*

Darauf sprachen sie vom Bergwerk, wo der Satan viele Leute durch sein Hexenwerk äfft und sie betört, daß sie einen großen Haufen Erz und Silber sehen, und es ist doch nichts da. Denn wenn er die Menschen auf der Erde unter dem Sonnenlicht behexen kann, daß sie etwas anders sehen [als es ist], so kann er dies ganz besonders im Bergwerk tun, wo die Leute sehr oft geäfft werden. *Aus TR 4,4617 (Mai 1539)*

5 Von Hexen und Zauberei

Luther erzählte oft mancherlei von Verhexung, Herzbeklemmung und Alben (Nachtgeistern), und wie seine Mutter von einer Nachbarin, die eine Hexe war, gequält worden sei, so daß sie gezwungen war, dieselbe aufs rücksichtsvollste zu behandeln und sich geneigt zu machen; denn sie schoß ihre Kinder, daß sie sich zu Tode schrien. Und ein Prediger griff sie an, doch nur insgemein; er wurde ebenfalls vergiftet, so daß er sterben mußte und ihm durch kein Mittel zu helfen war. Denn sie hatte die Erde von seinen Fußspuren genommen, damit gezaubert und sie ins Wasser geworfen; ohne diese Erde konnte er nicht geheilt werden.

Auf die Frage, ob derlei auch den Frommen zustoßen könne, antwortete Luther: »Ja, freilich, unsre Seele ist der Lüge unterworfen; wenn sie erlöst wird, so bleibt der Leib dem Morde unterworfen. Und ich glaube, daß meine Krankheiten nicht natürlich, sondern lauter Zauberei sind. Gott aber errette seine Auserwählten von solchen Übeln!« *TR 3,2982 b (Februar/März 1533)*

6 Christus als Richter

Ich wurde von Kindheit auf so gewöhnt, daß ich erblassen und erschrecken mußte, wenn ich den Namen Christus auch nur nennen hörte; denn ich war nicht anders unterrichtet, als daß ich ihn für einen gestrengen und zornigen Richter hielt.

Aus dem Galaterkommentar (1535). WA 40, 1, 298, 29 ff

In Magdeburg und Eisenach

Im Frühjahr 1496 trat Martin, damaligem Schülerbrauch folgend, zusammen mit Hans Reinecke, dem Sohn eines Mansfelder Hüttenmeisters, seine erste Schülerfahrt nach *Magdeburg* an. In einem späteren Briefe (1) erzählt er, daß er dort zu den »Nullbrüdern«, den Brüdern vom gemeinsamen Leben, einer ordensähnlichen Gemeinschaft zur Pflege mönchischer Frömmigkeit und einfältiger Nächstenliebe, in die Schule ging. Unauslöschlich hat sich damals seinem Gedächtnis der Anblick mönchischer Selbsterniedrigung, zumal bei einem hochgeborenen Franziskaner (2), eingeprägt.

Schon nach Jahresfrist (1497) zog der junge Luther auf die Schule nach *Eisenach* weiter, wohl um seiner dortigen zahlreichen Verwandtschaft willen (3), unter welcher ihm der Küster Konrad Hutter an der Nikolaikirche, den er später zur Feier seiner ersten Messe einlud (vgl. unten S. 32), besonders nahegestanden haben muß. Freilich konnten die Verwandten wenig für ihn tun; jedenfalls muß Luther, wie wohl schon in Magdeburg, so jetzt auch in Eisenach, zunächst nach seinen eigenen Worten als »Partekenhengst« (4), d. h. als Singschüler, seinen Lebensunterhalt verdienen – eine verbreitete Schülersitte, deren sich auch Kinder guter Häuser nicht schämten. In der Pfarrschule zu St. Georgen, die Martin während seines vierjährigen Eisenacher Aufenthalts besuchte, lernte er als Schüler der obersten Klasse, was ihm die Schule seiner Zeit mitgeben konnte, insbesondere die Fertigkeit, in flüssigem Latein zu sprechen, zu schreiben und Verse zu machen. In den unter sich verwandten Patrizierfamilien der Cotta und Schalbe (5) fand Luther nicht nur Unterkunft und Kost, sondern auch Bewahrung vor dem unsteten Leben des fahrenden Schülers und mannigfache Berührung mit echter kirchlicher Frömmigkeit. Ganz besonders nahm sich der mit diesen Familien befreundete Stiftsvikar an St. Marien, Johannes Braun, seiner an; ein schönes Zeugnis der liebevollen Anhänglichkeit, die Luther seinen Eisenacher Freunden bewahrte, ist der Brief, in welchem er am 22. April 1507 Braun zur Feier seiner Primiz einlädt (vgl. unten S. 31 f).

1 Bei den Nullbrüdern in Magdeburg · Aus einem Brief aus Wittenberg an Bürgermeister Claus Storm in Magdeburg vom 15. Juni 1522

Es ist richtig, daß ich Euch bei Doktor Paulus Moßhauer[8] gesehen habe, nicht in Eurem Hause, sondern als er Offizial war und Ihr etliche Male sein Gast waret. Es war zu der Zeit, als ich mit Hans Reinecke[9] zu den Nullbrüdern in die Schule ging. *Br 2,563,4 ff*

2 Der Fürst als Barfüßer

Als ich in meinem vierzehnten Jahr zu Magdeburg in die Schule ging, habe ich mit eigenen Augen einen Fürsten von Anhalt gesehen, nämlich den Bruder des Dompropstes und späteren Bischofs Adolf von Merseburg, der in der Barfüßerkappe auf der Breiten Straße nach Brot ging und den Sack trug wie ein Esel, daß er sich zur Erde krümmen mußte. Sein Mitbruder aber ging ledig neben ihm, damit der fromme Fürst gewiß allein das höchste Beispiel der grauen geschorenen Heiligkeit der Welt vor Augen führe. Sie hatten ihn auch so heruntergebracht, daß er alle andern Werke im Kloster tat wie ein andrer Bruder; und er hatte so sehr gefastet, gewacht, sich kasteit, daß er aussah wie der Tod, lauter Bein und Haut; er starb auch bald [darauf] ... Wer ihn ansah, der schmatzte vor Andacht und mußte sich seines [weltlichen] Standes schämen.

Aus »Verantwortung des aufgelegten Aufruhrs« (1533). WA 38,105,8 ff

3 Die Eisenacher Verwandten · Aus einem Brief aus Wittenberg an Hofprediger Georg Spalatin vom 14. Januar 1520

... In Eisenach sitzt nämlich fast meine ganze Verwandtschaft, und ich bin daselbst bei ihr bekannt und [auch] heute wohlangesehen, da ich dort vier Jahre lang den Wissenschaften oblag; keine andere Stadt kennt mich besser. Ich hoffe aber, sie wären nicht so töricht gewesen, daß der eine [mich], Luthers Sohn, für seinen Enkel, der andere für seinen Oheim, und wieder ein anderer für seinen Vetter – deren ich dort viele habe – gehalten hätte, wenn sie gewußt hätten, daß [mein] Vater und Mutter Böhmen und andere Leute, als sie bei ihnen geboren werden, gewesen wären[10]. *Br 1,610,20 ff*

8 Paul Moßhauer stammte von Mansfeld und war Offizial in Magdeburg, d. h. ein hoher, für die kirchliche Rechtspflege verantwortlicher Beamter des dortigen Erzbischofs.

9 Mit Hans Reinecke, dem späteren Mansfelder Hüttenmeister, blieb Luther bis zu dessen 1538 erfolgtem Tode befreundet.

10 Luther verspottet hier seine Gegner, die ihn böhmischer, d. h. hussischketzerischer Herkunft verdächtigten.

4 Der Partekenhengst

Darum verachte mir nicht die Gesellen, die vor der Tür das »[Ein] Brot um Gottes willen!« sagen und den Brotreigen singen; du hörst, wie dieser Psalm sagt, große Fürsten und Herren singen.[11] Ich bin auch ein solcher Partekenhengst[12] gewesen und habe das Brot vor den Häusern genommen, besonders zu Eisenach, in meiner lieben Stadt, obwohl mich später mein lieber Vater mit aller Liebe und Treue auf der Hohen Schule zu Erfurt versorgte und mir durch seinen sauren Schweiß und Arbeit dahin geholfen hat, wohin ich gekommen bin. Trotzdem bin ich ein Partekenhengst gewesen.

Aus »Eine Predigt, daß man Kinder zur Schulen halten solle« (1530).
WA 30,2,576,9 ff

5 Das Haus Schalbe in Eisenach

Er (Luther) besuchte die Schule in Eisenach und bettelte Brot von Haus zu Haus; darauf kam er zu Heinrich (Schalbe)[13], einem Eisenacher Bürger, und führte dessen Sohn in die Schule.

Aus TR 5,5362 (Sommer 1540)

Die Zeit des Erfurter Studiums

Im April des Jahres 1501 ließ sich Luther als Student in der Universität der reichen und wohlgelegenen Stadt *Erfurt* einschreiben. Erfurts Hohe Schule war damals in voller Blüte. Noch aus späten Äußerungen Luthers (1) klingt sein Stolz auf die Pracht der Erfurter Universität, die Freude am Gepränge ihrer Feierlichkeiten und die Wehmut über den Verfall der einstigen Herrlichkeit heraus.

Luther nahm in der Georgenburse Wohnung. Er kam damit in eine Welt, die sich, äußerlich gesehen, von seiner bisherigen Umgebung, der Schule, nicht so sehr unterschied. Hier wie dort umgab ihn die feste kirchliche Ordnung mit täglichem, regelmäßigem Gebet, gemeinsamem Kirchgang und strenger Beobachtung aller kirchlichen Satzung. Ja, die Bursen hatten eine fast klösterliche Lebensordnung, in welcher Arbeit, Freizeit, Speise und Tracht bis ins kleinste geregelt waren.

Was dem Studierenden jetzt mit voller Eindringlichkeit entgegentrat und was er bewußt zu verarbeiten hatte, war der gewaltige Ver-

11 *Luther zeigt an Hand von Ps 113,5–8, daß nach Gottes Willen auch die arm und niedrig Geborenen berufen sein können, neben Fürsten und Herren Land und Leute zu regieren*

12 *Vom Singen um ein Stück Brot (particula panis).*

13 *In der Nachschrift des unten Seite 32 f abgedruckten Briefes an Joh. Braun gedenkt Luther dankbar des Schalbeschen Familien-Kollegiums.*

such der *Scholastik*, der mittelalterlichen Schulwissenschaft, von der Offenbarung her mit Hilfe der Vernunft die Welt zu erfassen und zu umspannen. Freilich, die unauflöslich scheinende Verbindung, in welche *Thomas* von Aquino[14] Offenbarung und Vernunft, Schrift und natürliche Erkenntnis, Kirche und Welt, Christus und Aristoteles gebracht hatte, war in jener Zeit schon stark gelockert. Für Thomas ist unsichtbare und sichtbare Welt eine Einheit; die Kluft zwischen Schöpfer und Geschöpf wird durch die Engelbrücke geschlossen; auf und nieder steigen die Kräfte, die das All durchfluten, und ein Widerspruch zwischen Glaube und Vernunft ist unmöglich, weil beide aus derselben Quelle, der Weisheit Gottes, gespeist werden. Darum kann die Offenbarung vieles enthalten, was die Vernunft übersteigt, doch nichts, was ihr widerspricht. Schon Duns *Scotus*,[15] der theologische Gegenspieler des Thomas, hatte eine Abgrenzung der beiden Bereiche in der Weise vollzogen, daß er die Vernunft, sie gleichzeitig begrenzend und stärkend, weit mehr als Thomas auf das Gebiet der natürlichen Dinge verwies. Gott, der reiner und durch nichts begrenzter Wille ist, erschließt sich nicht der Vernunft, sondern dem Glauben. So wird der übervernünftige Charakter des Glaubens, dem der Christ in praktischem Gehorsam nachzuleben hat, um so stärker betont; die Theologie als praktische Disziplin ist der Philosophie nicht über-, sondern gleichgeordnet. Wilhelm von *Occam*,[16] dessen Lehre für die Er-

14 *Thomas von Aquino, 1225–1274, 1323 heiliggesprochen, 1567 zum ›Kirchenlehrer‹ erklärt, gehörte dem Dominikanerorden an und lehrte in Paris, Rom und Neapel. Er galt dem Mittelalter als ›Fürst der Scholastik‹, der ›engelgleiche Doktor‹; seine Hauptwerke sind die Aristoteleskommentare, die philosophische Summe »Über die Wahrheit des katholischen Glaubens gegen die Heiden«, vor allem aber die (unvollendete) »Summe der ganzen Theologie«.*

15 *Johannes Duns Scotus, geb. um 1270 in England, lehrte in Oxford, Paris und Köln, wo er 1308 starb. Um der Feinheit seiner Unterscheidungen willen trug er den Beinamen des ›subtilen Doktors‹. Scotus war Franziskaner; seine Theologie war für seinen Orden verbindlich, wie andrerseits die Dominikaner bei Strafe der Exkommunikation auf die Theologie des Thomas verpflichtet waren. Scotisten und Thomisten bekämpften sich heftig.*

16 *Wilhelm von Occam (Ockham), geb. um 1285, gest. 1349, englischer Franziskaner, studierte in Oxford und lebte, mit seinem Orden in Zwiespalt geraten, in München. Seine scharfe Unterscheidung zwischen Vernunft- und Glaubenswahrheiten gab der Vernunft auf ihrem Gebiete der natürlichen Erkenntnis Raum. Für Luthers spätere Entwicklung wurde besonders wichtig, daß Occam die Heilige Schrift über Papst und Konzilien stellte, die beide irren können.*

furter Universität maßgebend war, lehrte vollends nicht mehr wie Thomas die unmittelbare und mittelbare Entsprechung von Glaube und Vernunft, sondern, die Gedanken von Duns Scotus weiterführend und verschärfend, ihre vollkommene Scheidung: nach ihm vermag die Vernunft überhaupt nicht zu einer gewissen Glaubenserkenntnis zu gelangen; keiner der allgemeinen Glaubenssätze vom Dasein und der Einheit Gottes, von der Unsterblichkeit der Seele, die für Thomas noch selbstverständliche Vernunftwahrheiten waren, läßt sich nach Occam mit Mitteln des natürlichen Denkens beweisen. Diese Scheidung bewirkte freilich nur, daß man auf der einen Seite die Autorität der kirchlichen Offenbarungswahrheit um so schroffer betonte und auf der andern Seite alle der Vernunft zugänglichen natürlichen Gebiete um so gründlicher zu erfassen suchte.

Der *Studienordnung* der mittelalterlichen Universität lag immer noch, wenn auch mit mancherlei Änderungen und Ergänzungen, die Siebenzahl der »freien Künste« zugrunde, wie sie von der antiken Welt für eine höhere Bildung als unerläßlich erachtet worden war. Demgemäß knüpfte die Universität in ihrer unteren Abteilung, der sog. *Artistenfakultät*, an das zum Teil bereits in den Schulen gelehrte, aus Grammatik, Dialektik und Rhetorik bestehende »Trivium«, den »Dreiweg«, an; der Student sollte lernen, die Grundbegriffe alles Seienden nach den Regeln echten Denkens zu erfassen und seine Gedanken kunstgerecht zum Ausdruck zu bringen. Sodann wandte sich der Blick zur gegenständlichen Welt, deren Kenntnis und Beherrschung in den Wissenschaften des »Quadriviums« gepflegt wurde; hier im »Vierweg« wurden Arithmetik, Astronomie und Geometrie gelehrt, wozu sich noch die Musik gesellte.

Innerhalb dieses Studiengangs war (auch für eine occamistische Hochschule!) von größter Bedeutung die Beschäftigung mit den Werken des griechischen Philosophen *Aristoteles*, dessen mächtige Gestalt alles andere in den Schatten stellte. Als Luther – schon im Jahre 1502 – Bakkalaureus wurde und sich damit den niedersten akademischen Grad erwarb, hatte er ein gründliches Studium der aristotelischen Logik hinter sich; als er im Januar 1505 zum Abschluß des artistischen Studiums den Magistergrad erwarb, verfügte er außer der Kenntnis der Wissenschaften des alten Quadriviums über eine eingehende Bekanntschaft mit den naturwissenschaftlichen, politischen, ethischen und metaphysischen Werken des Aristoteles. Er hatte ihn fleißig studiert (2); freilich rückte er später mit scharfen Urteilen von ihm ab. Er hat Cicero, den römischen Staatsmann und Philosophen (3), den er wohl ebenfalls in Erfurt kennengelernt hat, und die Ethik des Alten

Testaments (4) weit über Aristoteles gestellt und den Grundfehler der aristotelischen Metaphysik mit dürren Worten festgehalten (5).

So kritisch Luther später zur Scholastik und zum Universitätsbetrieb seiner Jugendzeit sich stellte – der *Ertrag* seiner Erfurter Zeit war doch nicht gering. Er verdankte diesen Jahren vor allem die Beherrschung der wissenschaftlichen Arbeitsweise und Begriffssprache seiner Zeit, die gründliche Schulung in einem gewiß oft formalen, aber nicht ohne weiteres unsachlichen Denken; in dieser Hinsicht anerkannte er sowohl Aristoteles (2) als auch Occam (6), den er noch als Reformator seinen Lehrer nannte (TR 2, 2544 a). Dazu eignete er sich eine Fülle von positiven Kenntnissen an, die er später oft genug verwertet hat: viele Urteile Luthers über das Zusammenleben der Menschen, die Aufgaben des Staates, den Zweck der irdischen Gesellschaftsordnung verraten Einflüsse der Erfurter Zeit; seine Abneigung gegen die wissenschaftlich unzuverlässige Astrologie (7), seine Hochschätzung der exakten Wissenschaft der Mathematik (8), seine astronomischen, für die damalige Zeit »modernen« Kenntnisse (9) gehen auf die Erfurter Studienjahre zurück. Dagegen trat ihm das neue Bildungsideal des *Humanismus*, das aus der Wiederentdeckung des klassischen Altertums emporgestiegen war, damals noch nicht näher, obwohl er sich in Erfurt mit einigen lateinischen Klassikern – Ovid, Vergil und Plautus – vertraut machte und obwohl er mit einem der späteren Humanisten, Johann Jäger aus Dornheim, freundschaftlich verkehrte (10).

Über die *Frömmigkeit* und das inwendige Leben des jungen Studenten ist uns wenig bekannt. Nichts deutet darauf hin, daß Luther sich in Erfurt außerhalb der von Kirche und Universität gewiesenen Bahnen bewegt habe. Bei dem gefährlichen Unfall, den er auf einer Ferienwanderung nach Hause noch in der Nähe Erfurts erlitt, ist Maria, die Mutter Gottes, sein Trost und seine Hilfe (11). Er stößt in Erfurt zum erstenmal auf die Bibel (12); allein zu einer entscheidenden Begegnung mit der Schrift kommt es nicht.

Was nach Erwerb des Magistergrades zunächst vor Luther stand, war das *Weiterstudium* in einer der drei »höheren« Fakultäten, wobei ihm die Wahl zwischen der theologischen, juristischen und medizinischen Fakultät offenstand. Luther hatte sich unter Zustimmung des Vaters für das Studium der Rechte entschieden, als das Ereignis eintrat, das die väterlichen Hoffnungen und seine eigenen Pläne vernichtete: im flammenden Feuer des Blitzstrahls, der ihn in der Nähe des Dorfes Stotternheim zu Boden warf, gelobte er, ein Mönch zu werden, und kurze Zeit nachher, am 17. Juli 1505, geleiteten ihn seine Freunde zur Pforte des Schwarzen Klosters in Erfurt (13).

1 Die Hohe Schule in Erfurt

Einst war jene Universität so stark besucht, daß alle andern Universitäten dagegen als Partikularschulen[17] angesehen und beurteilt wurden. Freilich, diese Pracht ist [heute] gänzlich verschwunden und vergangen. Was für eine Pracht war die Promotion der Magister[18] mit den Fackeln, die ihnen vorangetragen wurden! Ich glaube nicht, daß irgendeine weltliche Feier dem gleichkam. So ward auch bei der Doktorpromotion höchstes Gepränge entfaltet; man ritt zu Pferde rings [in der Stadt] umher. Das ist ganz in Abgang gekommen. Ich wollte, es würde heute noch gehalten. *TR 2,2788 b (September/November 1532)*

2 Beim Studium des Aristoteles

Die Schriften des Aristoteles[19] habe er einst fleißig gelesen, sagte Doktor Luther, und da er die [wissenschaftliche] Methode genau beachte, müsse man ihn hochschätzen. In anderer Hinsicht bietet er (nach Luthers Urteil) nichts Bedeutendes, denn von der Seele, von Gott und der Unsterblichkeit der Seele versteht er nichts. Und er (Luther) trug einige Stellen vor. *Aus TR 3,3608 (Juni/Juli 1537)*

Die Schriften des Aristoteles über die Physik, die Metaphysik und über die Seele, welches seine besten Bücher sind, – von denen weiß ich, daß ich sie vollkommen verstehe. Die Metaphysik handelt vom Sein, die Physik vom Werden; in diesen beiden liegt die ganze Kunst des Aristoteles. *Aus TR 1,135 (November/Dezember 1531)*

3 Aristoteles im Vergleich mit Cicero

Cicero[20] übertrifft den Aristoteles weit in der Physik[21] und im Lehren. Die »Pflichten« Ciceros übertreffen die Ethik des Aristoteles bei weitem, und Cicero, ein Mann, beladen mit Sorgen und gemein-

17 Partikularschule ist eine Schule, die im Unterschied zum sogenannten Generalstudium der Universität, das in der ganzen Christenheit anerkannt war, nur örtliche Geltung besaß. Aurifaber übersetzt »Schützenschulen«.

18 Die feierliche Verleihung der Würde eines Magisters (bzw. Doktors).

19 Aristoteles, 383–322 v. Chr., der große griechische Denker, war der kirchliche Normalphilosoph des Mittelalters geworden mit seinem umfangreichen Schrifttum logischen, naturwissenschaftlichen, ethischen, politischen, und metaphysischen Inhalts (z. B. 3 Bücher über die Seele, 8 Bücher über die Physik, 14 Bücher über die Metaphysik).

20 M. Tullius Cicero, 106–43 v. Chr.; römischer Redner, Staatsmann und Philosoph, schrieb u. a. »Über die Pflichten«, »Vom höchsten Gut und vom höchsten Übel«, »Über das Wesen der Götter«.

21 Luther versteht hier unter »Physik« ganz allgemein die Philosophie.

nützigen Arbeiten, ragt weit empor über den müßigen Esel Aristoteles, der Geld und freie Zeit im Überfluß hatte. Denn Cicero wagte sich an die höchsten Fragen der Physik: Ob Gott sei, wie beschaffen Gott sei, ob er sich um die menschlichen Angelegenheiten kümmere? Und [er behauptete]: Es müsse eine ewige Seele geben usw. Aristoteles war zwar ein hervorragender und schlauer Dialektiker, der die [wissenschaftliche] Methode einhielt, aber die Sache [selbst] nicht lehrte wie Cicero. Wer eine richtige Philosophie haben will, der lese Cicero.
TR 2,2412 b (Januar 1532)

4 Der Unterschied zwischen Aristoteles und dem Prediger Salomo

Zwischen der Ethik des Aristoteles und dem Prediger besteht *der* Unterschied, daß Aristoteles die Ehrbarkeit des Lebens nach der Vernunft mißt, die das Beste vorschreibt, der Prediger aber nach dem Gehorsam gegen die Gebote Gottes. *Aus TR 1,168 (Januar/März 1532)*

5 Ein scharfes Urteil über des Aristoteles Lehre von Gott

Im 12. Buch der Metaphysik sagt er: Das oberste Wesen schaut sich selbst an; würde es über sich hinausschauen, so würde es das Elend der Welt schauen. – An dieser Stelle leugnet er stillschweigend Gott.[22] *Aus TR 1,135 (November/Dezember 1531)*

Aristoteles glaubt nicht, daß sich Gott um die menschlichen Angelegenheiten kümmert, oder, wenn er es glaubt, meint er, Gott regiere die Welt so, wie eine schläfrige Magd ihr Kind wiegt.
Aus TR 5,5440 (Sommer und Herbst 1542)

Die Philosophie des Aristoteles heißt: Wasch mir den Pelz und mach mich nicht naß! *Aus TR 1,155 (Dezember 1531 / Januar 1532)*

6 Die Kunst Meister Occams

Occam[23] allein verstand die Dialektik, daß es daran liege, die Worte zu bestimmen und zu unterscheiden, aber er vermochte es nicht auszudrücken. *Aus TR 1,193 (Februar/März 1532)*

7 Ablehnung der Astrologie

Die Astrologie ist keine Wissenschaft, da sie keine Grundsätze und keine Beweise hat; vielmehr beurteilen sie alles nach dem Ausgang und nach den einzelnen Fällen und sagen: Das ist ein- und zweimal geschehen, also wird es immer so geschehen. Die Fälle, die eintreffen,

22 *Der Gott des Aristoteles ist das reine Denken, in Anschauung seiner selbst versunken und darin ewig glücklich.*

23 *Vgl. Seite 20, Anmerkung 16.*

legen sie ihrem Urteil zugrunde; von denen, die nicht zutreffen, schweigen sie wohlweislich stille. *Aus TR 3,2834 b (Dezember 1532)*

8 Lob der Astronomie und der Mathematik

Ich lobe die Astronomie und die Mathematik, die im Bereich des Beweisbaren bleiben; von der Astrologie halte ich nichts.

TR 2,2413 a (Januar 1532)

9 Staunen über die Bewegung des Himmels

Die Astronomie ist die allerälteste Wissenschaft und hat viele Künste mit sich gebracht; den Alten, insbesondere den Hebräern, war sie wohl vertraut. Denn alle haben den Lauf des Himmels mit höchstem Fleiß beobachtet, wie Gott zu Abraham sprach (1 Mose 15, 5): »Siehe gen Himmel und zähle die Sterne.«

Darauf sprach er (Luther) über die dreifache Himmelsbewegung: Die erste ist die Urbewegung und der Umschwung [der Himmelskugel], die vielleicht von einem Engel so schnell bewegt wird; innerhalb 24 Stunden dreht sich die ganze [Himmels-]Maschine in einem Hui um tausend Meilen. Es ist etwas Wunderbares, wie die so gewaltige Maschine des Firmaments in so kurzer Zeit derart herumbewegt wird. Wenn die Sonne und die Sterne eisern, silbern, golden wären, müßten sie in einer so überschnellen Bewegung bald zerschmelzen. Denn ein Stern ist größer als die Erde, und siehe, wie unzählig viel Sterne es gibt!

Die zweite Bewegung ist die Eigenbewegung der Planeten.

Die dritte Bewegung ist die zitternde, die sie erst neulich entdeckten; sie ist noch gänzlich ungewiß.

Aus TR 2,2730 b (September/November 1532)

10 Im Freundeskreis · Aus einem Brief von Crotus Rubianus [24] aus Bamberg an Luther in Wittenberg vom 28. April 1520

Du warst einst in unserem Freundeskreis ein Musiker und wohlunterrichteter Philosoph. *Br 2,91,141 f*

Aus einem Brief von Crotus Rubianus [24] aus Bologna an Luther in Wittenberg vom 16. Oktober 1519

Zweierlei, ehrwürdiger und mir so teurer Martin, hält meine Liebe zu Dir frisch: Daß wir in innigster Freundschaft zu Erfurt miteinander den edlen Künsten oblagen im Jugendalter, zu einer Zeit, welche

24 Crotus Rubianus, mit seinem deutschen Namen Johann Jäger, aus Dornheim bei Arnstadt, war Humanist und Verfasser eines Teils der bekannten »Dunkelmännerbriefe« († 1539).

den Grund legt zu engster Freundschaft zwischen verwandten Charakteren; sodann, daß wir in Dir einen so trefflichen Verteidiger wahrer Frömmigkeit haben, welche Du ebensosehr mit dem Schild der Schrift schützest, als andere sie in Hoffnung auf Profit zu zerstören suchen. *Br 1,541,3 ff*

11 Der Unfall Luthers bei Erfurt

Als er in die Heimat reisen wollte und unterwegs war, stieß er zufällig mit dem Schenkel in den Degen und verletzte die Hauptschlagader. Er war damals mit einem einzigen Begleiter auf dem Felde, so weit von Erfurt, wie Eutzsch von Wittenberg entfernt ist, eine halbe Meile. Das Blut strömte heftig und ließ sich nicht stillen. Als er den Finger [auf die Wunde] drückte, schwoll der Schenkel gewaltig an. Endlich wurde ein Wundarzt aus der Stadt herbeigeschafft, der die Wunde verband. Dort war er in Todesgefahr und rief: O Maria, hilf! Da wäre ich, sagte er, auf Maria hin gestorben. – Darauf brach bei Nacht im Bett die Wunde wieder auf; er verblutete fast und rief wieder Maria an. Es war am Osterdienstag. *TR 1,119 (November 1531)*

12 Erste Begegnung mit der Bibel

Vor dreißig Jahren las niemand die Bibel, und sie war allen unbekannt. Die Propheten waren unbekannt und unverständlich. Zum Beispiel ich hatte, als ich zwanzig Jahre alt war, noch keine Bibel gesehen. Ich war der Ansicht, es gebe kein Evangelium bzw. keine Epistel außer den in den Sonntagspostillen geschriebenen. Endlich fand ich in der Bibliothek eine Bibel. *Aus TR 3,3767 (Februar 1538)*

Ich sah als Jüngling in Erfurt die Bibel in der Universitätsbibliothek und las eine Stelle im Samuel, doch der Glockenschlag rief mich in die Vorlesung. Ich hatte große Lust, das ganze Buch zu lesen. Zu jener Zeit gab es aber keine Gelegenheit. *Aus TR 5,5346 (Sommer 1540)*

Als junger Mensch geriet er einmal an die Bibel; da las er zufällig die Geschichte von der Mutter Samuels in den Büchern der Könige (1 Sam 1). Wunderbar gefiel ihm das Buch, und er wollte sich glücklich schätzen, wenn er ein solches Buch je einmal besitzen könnte. Kurz danach kaufte er eine Postille; auch sie gefiel ihm wunderbar, weil sie mehr Evangelien enthielt, als das Jahr über gewöhnlich gepredigt wurden. *Aus TR 1,116 (November 1531)*

13 Der Blitzstrahl bei Stotternheim

Am 16. Juli, dem Alexiustag, sprach er: Heute jährt es sich, daß ich in das Kloster zu Erfurt gegangen bin. – Und er begann die Geschichte zu erzählen, wie er ein Gelübde getan, als er nämlich kaum vierzehn Tage vorher unterwegs gewesen und durch einen Blitzstrahl bei Stotternheim nicht weit von Erfurt derart erschüttert worden sei, daß er im Schreck gerufen habe: Hilf du, hl. Anna, ich will ein Mönch werden! – Aber Gott hat damals mein Gelübde hebräisch[25] verstanden: Anna, d. h. unter der Gnade, nicht unter dem Gesetz. Nachher reute mich das Gelübde, und viele rieten mir ab. Ich aber beharrte dabei, und am Tage vor Alexius lud ich die besten Freunde zum Abschied ein, damit sie mich am morgigen Tag ins Kloster geleiteten. Als sie mich aber zurückhalten wollten, sprach ich: Heute seht ihr mich zum letztenmal. Da gaben sie mir unter Tränen das Geleite. Auch mein Vater war sehr zornig über das Gelübde, doch ich beharrte bei meinem Entschluß. Niemals dachte ich das Kloster zu verlassen. Ich war der Welt ganz abgestorben. *Aus TR 4,4707 (Juli 1539)*

25 *Das hebräische Wort Channah (Hanna) hängt mit dem hebräischen Wort Gnade (chen) zusammen.*

Die Klosterzeit · 1505–1517

Die ersten Klosterjahre

Warum ging Luther ins Kloster? Sein Vater hat sich erbittert dagegen gesträubt (1); von ihm selbst hören wir, daß er nicht gerne Mönch geworden sei (2) und daß sein erzwungenes Gelübde ihn kurz nachher gereut habe. Trotzdem bleibt Luther seinem Entschluß treu. Es handelt sich bei seinem Gelübde nicht um flüchtige Augenblickseingebung, mag auch der Anlaß dazu der plötzliche Todesschreck gewesen sein; es geht um viel mehr: Luther glaubt mit aller Kraft seiner Seele, daß Gott selber ihn in den Schrecknissen des Gewitters gerufen habe. Ihm wollte er, wie er noch im Alter sagt, den »großen Gehorsam« darbringen; um seiner Seligkeit, nicht um des Bauches willen (3) tut Luther den entscheidenden Schritt. Er hat nur noch ein Lebensziel: das Heil seiner Seele zu erringen. Wo läßt sich aber die seligmachende Vollkommenheit besser erreichen als im Kloster? Nachdem der Widerstand des Vaters durch bittere Erfahrung gebrochen ist (1), wird Luther im September 1505 nach abgelegter Generalbeichte als *Novize* auf ein Probejahr in die Klostergemeinschaft der Augustinereremiten aufgenommen. Er empfängt die Tonsur; mit dem Ordenskleid, der schwarzen Kutte und dem weißen Skapulier, soll er den neuen Menschen anziehen; nach der feierlichen Handlung der Aufnahme grüßen ihn Prior und Konvent mit dem Friedenskuß.

Die Augustinereremiten bestanden als Orden seit der Mitte des 13. Jahrhunderts (1256) und wurden den Bettelorden zugerechnet. Seit 1473 gab es im Orden eine strenge Richtung, die sog. Observanz, die sich zu einer besonderen Kongregation zusammenschloß und der auch das Erfurter Kloster angehörte. Suchte Luther einen Ort besonderen mönchischen Eifers, so kam dafür nur das in Stadt und Land hochangesehene Augustinerkloster in Betracht.

Das Gesetz, dem Luther bisher sein Leben willig beugte, tritt ihm im Kloster in neuer, härterer Gestalt entgegen. Der Novize haust in einer unheizbaren Zelle, die außer Tisch und Stuhl, Leuchter und Bettstatt nichts enthält; er wird zum rechten mönchischen Verhalten, zum Schweigen und Fasten, zu völliger Beherrschung leiblicher Bedürfnisse angehalten; auch der Priestermönch hat gelegentlich noch Bettelgänge gemacht (4). Das alles wird Luther kaum schwergefallen sein; es waren die ersten Schritte zum Ziel. Wichtiger war die Forderung der unbedingten Hingabe der Seele an Gott. Die Regel umfaßt den ganzen Menschen von den leiblichen Verrichtungen bis zum Gebet; keine Minute, kein Gedankenraum, der nicht ausgefüllt wäre von der Pflicht, Gott zu dienen. Seinem Lobpreis gilt das Chorgebet, das noch in der Nacht mit der Vigil beginnt und mit dem siebenfachen Horendienst den Tag beherrscht. Dazu kommt die Arbeit an der eigenen Seele; in peinlich genauer Selbstbeobachtung hat der junge Mönch täglich zu prüfen, ob er den geforderten Gehorsam leiste. Er beichtet jede, auch die kleinste Schuld, die er entdeckt, unter vier Augen dem Novizenmeister und öffentlich im wöchentlichen Schuldkapitel den Brüdern. Täglich liest er eifrig und gründlich in der Bibel (5), wie es die Ordensregel verlangt, um sich selbst in der Stille wieder und wieder zu prüfen. Als Luther im Herbst 1506 endgültig in den Orden der Augustinereremiten aufgenommen wurde, gelobte er, das Joch, das er freiwillig auf sich genommen, aus keiner Ursache wieder abzuschütteln, sich Gott und dem Orden zu opfern und »zu leben ohne Eigentum und in Keuschheit nach der Regel des seligen Augustinus bis an den Tod«.

Luthers Eifer im mönchischen Werke hatte schon längst die Aufmerksamkeit seiner Oberen erregt. Kurz nachdem er vollberechtigtes Glied der Klostergemeinde geworden ist, erhält er nun den Auftrag, sich zum Eintritt in den *Priesterstand* vorzubereiten, und empfängt im Laufe des Winters 1506 auf 1507 nacheinander die drei Weihen, die ihn befähigen, die heiligste Handlung der Kirche zu vollziehen, im Meßopfer die Opfertat Christi am Kreuze zu wiederholen, mitten im Geheimnis der Gegenwart Gottes zu stehen. Am Sonntag Kantate, 2. Mai 1507, liest er seine erste Messe (Primiz), zu der er den alten Eisenacher Freund Johannes Braun einlädt (6). Damals und noch lange Zeit später ist er tief durchdrungen von der Bedeutung seines Amtes (7); das vorbereitende Buch des Tübinger Professors Gabriel Biel über den Meßkanon hat er mit innerster Teilnahme, mit »blutendem Herzen« gelesen, und während der *Primiz* übermannt ihn das Grauen vor der göttlichen Majestät, mit der er in der heiligen Handlung redet (8). Der Vater freilich, der mit stattlichem Gefolge zur Primiz erschienen ist, stellt die Entscheidung des Sohnes in das düstere Zwielicht der Selbsttäuschung und Eigenmächtigkeit (9), aber der Sohn kann und will nicht mehr zurück, so sehr ihn der Hinweis des Vaters auf das vierte Gebot ins Herz trifft. Als Luther später (1521) dem Vater über seinen Weg ins Kloster schrieb, gestand er, daß er die väterliche Stimme mit Absicht mißachtete; er war entschlossen, den gewählten Weg bis zum Ende zu gehen.

1 Der Widerstand des Vaters gegen den Eintritt ins Kloster

Als ich ein Mönch wurde, da wollte mein Vater toll werden. Er war ganz unzufrieden und wollte mir's nicht gestatten; gleichwohl wollte ich es mit seinem Wissen und Willen tun. Als ich's ihm schrieb, antwortete er mir schriftlich wieder und nannte mich ›Du‹. Vorher redete er mich mit ›Ihr‹ an, weil ich Magister war; nun sagte er mir alle Gunst und väterlichen Willen ab. Da kam eine Pestilenz, so daß ihm zwei Söhne starben, und er erhielt Botschaft, ich sollte auch gestorben sein. Ich lebe aber noch, solange Gott will. Danach hielten und trieben sie meinen Vater an, er sollte auch etwas Heiliges zu seiner Ehre opfern, daß ich in den heiligen Orden träte und ein Mönch würde. Der Vater hatte viel Bedenken, er wollte nicht, bis er überredet ward, und ergab sich endlich darein mit unwilligem, traurigem Willen. Er sprach: Es sei – gebe Gott, daß es wohl gerate; und gleichwohl willigte er nicht gerne ein von freiem und fröhlichem Herzen. Es fehlte an einem ganzen Willen.

Val. Bavarus, Rapsodiae ex ore D. M. Lutheri, 1549, B. II. 752

2 Die eigenen Gefühle beim Eintritt ins Kloster

Ich bin nicht gerne ein Mönch geworden.

Aus TR 2,2286 (August/Dezember 1531)

3 Mönch um der ewigen Seligkeit willen

Obwohl ich durch Gewalt Mönch geworden bin gegen den Willen meines Vaters, der Mutter, Gottes und des Teufels, habe ich in meiner Mönchszeit den Papst so ehrfürchtig geehrt, daß ich allen Papisten Trotz bieten wollte, die es waren und die es sind. Denn ich habe das Gelübde getan nicht um des Bauches, sondern um meiner Seligkeit willen, und habe unsre Regeln unbeugsam streng gehalten.

Aus TR 4,4414 (März 1539)

4 Der Bettelmönch bei der Messe auf dem Dorf

Er erzählte, was für eine Geschichte ihm passiert sei, als er in Erfurt ein junger Mönch war und zum Bettelgang in ein Dorf hinauskam: Als er sich zur Feier der Messe gerüstet habe, da habe der Küster angefangen, das Kyrie Eleison und Patrem zur Laute zu singen.[26] »Da mußte ich die Messe singen und konnte mich doch kaum des Lachens enthalten, denn solche Orgel war ich nicht gewohnt; ich mußte mein Gloria in excelsis nach seinem Kyrie richten!«

TR 4,3926 (Juli/August 1538)

26 Luther hätte die Messe als sog. Stillmesse gelesen; da nun sein Küster als Ministrant die Stücke an Stelle des Chores zur Laute sang, mußte Luther die ganze Messe singen.

5 Die Bibel im Kloster

Als er Mönch wurde, trennte er sich von all seinen Büchern. Kurz zuvor hatte er sich ein Corpus juris[27] und ich weiß nicht was für andere Bücher angeschafft. Diese gab er dem Buchhändler zurück. Ins Kloster nahm er außer Plautus[28] und Vergil[29] nichts mit. Dort gaben ihm die Mönche eine in rotes Leder gebundene Bibel. Mit ihr machte er sich so vertraut, daß er wußte, was auf jedem Blatt stand, und sofort, wenn ein Spruch angeführt wurde, auf den ersten Blick wußte, wo er stand. *Aus TR 1,116 (November 1531)*

6 Einladung zur Primiz · Brief aus Erfurt an Stiftsvikar Johannes Braun in Eisenach vom 22. April 1507 [30]

Gottes Segen in unsrem Herrn Jesus Christus! Ich würde mich scheuen, hochgelehrter Herr, Eurer Liebe durch meinen ungeschickten Bittbrief lästig zu fallen, bedächte ich nicht die aufrichtige Zuneigung Eures gütigen und gegen mich so wohlgesinnten Gemütes, deren ich durch so viel Beweise und Wohltaten völlig gewiß geworden bin. Darum trug ich keine Bedenken, diese paar Zeilen an Euch zu richten, kraft unserer gegenseitigen Liebe und Freundschaft in festem Vertrauen darauf, daß sie bei Euch Gehör und Erfüllung finden werden.

Denn da der ruhmreiche und in allen seinen Werken heilige[31] Gott mich elenden, ja in jeder Beziehung unwürdigen Sünder einer so herrlichen Erhöhung und der Berufung in seinen erhabenen Dienst allein aus seiner überschwenglichen Barmherzigkeit gewürdigt hat, so muß ich, um so großer Herrlichkeit der göttlichen Güte angenehm zu sein – wenigstens soweit dies der Staub vermag –, dieses mir anvertraute Amt auch ganz erfüllen.

Darum ist laut Beschluß meiner Väter[32] festgesetzt worden, daß ich es am kommenden Sonntag Kantate, dem vierten (nach Ostern), unter

27 Die Sammlung des geistlichen Rechtes (Corpus juris canonici) gedachte Luther bei seinem juristischen Studium zu gebrauchen.

28 T. M. Plautus, † 184 v. Chr., römischer Komödiendichter, im Mittelalter viel gelesen.

29 Vergilius Maro, 70–19 v. Chr., römischer Hofdichter, der u. a. ein Epos (Äneis), Hirtengedichte (Bucolica) und ein Lehrgedicht über den Landbau (Georgica) schuf. Dante hat in seiner »Göttlichen Komödie« Vergil zum Führer in der Unterwelt gemacht; daraus geht hervor, wie groß die Nachwirkung des antiken Dichters im Mittelalter war.

30 Der Brief ist zugleich ein Zeugnis der Dankbarkeit, mit der Luther an seine Eisenacher Wohltäter zurückdachte; vgl. oben Seite 17 ff.

31 Psalm 145, 17.

32 Gemeint sind die Ordens-Obern.

Gottes gnädigem Beistand erstmals ausüben soll. Dieser Tag ist für meine Primiz, die ich Gott darbringen soll, festgelegt worden, weil er meinem Vater[33] am bequemsten ist. Hiezu lade ich Eure Liebe in aller Demut und doch vielleicht [zu] kühn ein, gewiß nicht, weil ich es für angängig hielte, Euch wegen meiner Verdienste um Euch – solche gibt es nicht – mit der Mühsal einer so weiten Reise zu behelligen und Euch zu unsrer Armut und Niedrigkeit kommen zu lassen, sondern darum, weil ich Euer Wohlwollen gegen mich und Euer bereitwilliges Entgegenkommen bei meinem kürzlichen Aufenthalte bei Euch und bei andern Anlässen noch reichlicher erfahren durfte.

Ihr werdet also, teuerster Vater, Herr und Bruder – das eine ist der Name für Euer Alter und Eure Fürsorge, das zweite für Euer Verdienst, der dritte kommt Euch um des Glaubens willen zu –, wenn es die Zeit und Eure kirchlichen, vielleicht auch häuslichen Obliegenheiten erlauben, hier zu erscheinen geruhen und durch Eure werte Gegenwart und Eure Gebete helfen, daß mein Opfer vor Gottes Augen wohlgefällig werde. Zum Reisebegleiter – wenn Ihr sonst niemand anders mitnehmen wollt – werdet Ihr meinen Verwandten Konrad[34] haben, den einstigen Küster von St. Nikolai, vorausgesetzt, daß er wegen häuslicher Geschäfte Zeit hat und abkommen kann.

Endlich möchte ich Euch auffordern, geradeswegs in unser Kloster zu kommen, um die kurze Zeit bei uns zu verbringen – denn [dauernd] wohnen werdet Ihr hier doch nicht wollen –, und Euch nicht draußen irgendwo an der Straße eine Herberge zu suchen. Ihr müßt nämlich einmal ein Cellarius, d. h. ein Zellenbewohner, werden. – Lebt wohl in unsrem Herrn Jesus Christus!

Gegeben aus unsrem Kloster zu Erfurt am 22. April im Jahr des Herrn 1507. Bruder Martin Luther aus Mansfeld.

Dem Schalbeschen Kollegium,[35] diesen vortrefflichen Männern, die sich um mich so hochverdient machten, wage ich nicht, beschwerlich und lästig zu sein, da ich völlig davon überzeugt bin, es stehe mit ihrer Stellung und Würde nicht im Einklang, sich zu einer so niedrigen Gefälligkeit herbeirufen zu lassen, ja sogar mit den Gelübden eines

33 *Der leibliche Vater Luthers.*

34 *Konrad Hutter in Eisenach war mit einer Großtante Luthers mütterlicherseits verheiratet. Vgl. oben Seite 17.*

35 *Die Familie Schalbe in Eisenach hatte dem kleinen, am Fuße der Wartburg gelegenen Franziskanerkloster reiche Schenkungen gemacht; das hier genannte Kollegium übte wohl eine Art Patronat über das Kloster aus. Vgl. oben Seite 17 und 19.*

nunmehr der Welt abgestorbenen Mönches belästigt zu werden. Überdies zweifle ich in meinem Herzen sehr, ob es ihnen willkommen oder eine Last wäre. Darum habe ich beschlossen zu schweigen, bitte Euch aber, Ihr wolltet sie bei schicklicher Gelegenheit meiner Dankbarkeit gegen sie versichern. *Br 1,10,3 ff*

7 Die Ehrfurcht vor der Messe

Wer mir vor zwanzig Jahren die Messe hätte nehmen wollen, der wäre hart mit mir zusammengeraten, denn ich betete sie von ganzem Herzen an.[36] *Aus TR 3,3723 (Februar 1538)*

8 Die Feier der ersten Messe

So bin auch ich einst, als ich noch Mönch war und erstmals im Meßkanon die Worte las: »Dich also, gnädigster Vater«, und weiter: »Wir opfern dir, dem Lebendigen, Wahren und Ewigen« völlig starr und entsetzt gewesen ob diesen Worten. Denn ich dachte: Wie soll ich eine Majestät von solcher Größe anreden, da schon beim Anblick oder der Unterredung mit einem Fürsten oder Könige alle verzagen müssen? *Aus der Genesisvorlesung (1540). WA 43,382,1 ff*

9 Das Gespräch mit dem Vater bei der Primiz

Er wurde Mönch ganz gegen den Willen des Vaters, der auch, als er die Primiz feierte und den Vater fragte, warum er über seinen Schritt erzürnt sei, ihm bei Tisch die Antwort entgegenhielt: »Wisset Ihr nicht, daß geschrieben steht: Ehre Vater und Mutter?« Als er sich aber entschuldigte, er sei durch das Gewitter so erschreckt worden, daß er gezwungenermaßen Mönch geworden sei, antwortete er: »Sehet zu, daß es nicht ein Gespenst[37] sei!« *Aus TR 1,623 (Herbst 1533)*

In Erfurt, Wittenberg und Rom

Unmittelbar nach der Primiz erhielt der noch nicht vierundzwanzigjährige Priestermönch Luther einen neuen Befehl: der ehemalige Magister der freien Künste, der übergewissenhafte Mönch, der Neupriester wurde zum Studium der *Theologie* bestimmt. Der Orden hatte in *Erfurt* neben der öffentlichen theologischen Fakultät noch ein eigenes »Generalstudium«, eine besondere klösterliche Studienanstalt; sie war durch Personalunion der Lehrer mit der Universität verbunden,

36 Für Luther war die Messe mit der zauberhaft verwandelt gedachten Hostie der Inbegriff alles Heiligen.

37 D. h. ein Truggebilde. Ob Luther im Gewitter eine Erscheinung hatte? Vgl. auch die Erzählung im Brief vom 21. November 1521 im Band 2.

diente aber der Sonderaufgabe, den Gliedern des Ordens – und so auch Luther – das ihnen von der Ordensleitung auferlegte Studium der Theologie zu ermöglichen.

Im Mittelpunkt seines theologischen Studiums stand die Schrift und die Glaubenslehre der Kirche. Und Luther studiert mit demselben glühenden Eifer, mit dem er als Mönch die Werke des klösterlichen Gehorsams erfüllt hatte, nunmehr von neuem die Bibel und ihre wissenschaftlichen Ausleger, die fünfzig Bände des Nikolaus von Lyra ebenso wie die umfangreiche Glossa ordinaria, den vielbenützten Bibelkommentar des Mittelalters (1). Er hört bis zum Oktober 1508 eine Anzahl von Vorlesungen über das Alte und das Neue Testament und die große Pflichtvorlesung über die *Sentenzen* des Petrus Lombardus, des hochgeschätzten Kirchenlehrers (2); er verblüfft seine Freunde in späterer Zeit damit, daß er aus den dickleibigen Kommentaren zu dieser Glaubenslehre große Stücke auswendig zitieren kann.

Hatte in jener Zeit schon die Schrift zu Luther geredet? Nein, denn seine Augen sind damals noch gehalten. Alles, was er liest, liest er durch die Brille der in Erfurt maßgebenden Theologie. Er ist noch völlig im Bannkreise des Occamismus; die Lehre der Scholastik, daß der Mensch mehr oder weniger, mittelbar oder unmittelbar, das Gesetz ohne die Gnade halten und erfüllen könne (2), war ihm noch lange nicht der Inbegriff aller Verderbnis in der Kirche, greuliche Irrlehre und Abfall von der Schrift geworden.

Mitten in diese Arbeit hinein kommt im Oktober 1508 Luthers Abberufung nach *Wittenberg;* dort hatte der Orden einen Lehrstuhl der Moralphilosophie in der Artistenfakultät zu besetzen. Wittenberg, fast im Barbarenlande gelegen (3), im Gegensatz zu dem volkreichen, fruchtbaren und turmbewehrten Erfurt eine bescheidene Kleinstadt, in Sandhügel eingebettet, besaß seit 1502 eine Universität, welche es wie auch den überreichen Reliquienschatz seiner Stifts- oder Schloßkirche dem frommen Kurfürsten Friedrich von Sachsen verdankte. Luther, Hals über Kopf von Erfurt abgerufen (4), sieht sich in eine Fülle neuer Arbeit gestürzt: er ist gleichzeitig Lehrer, der viermal in der Woche über des Aristoteles Ethik lesen und mit den Studenten darüber disputieren muß, und gleichzeitig Schüler, der in der theologischen Fakultät zu hören und zu disputieren hat. Sein Wunsch, von der Philosophie weg zur Theologie zu kommen (4), wird wenigstens insofern erfüllt, als er vom März 1509 an als »biblischer Baccalaureus« Vorlesungen über einzelne Kapitel der Bibel halten darf; doch wächst dadurch aufs neue die Last seiner Geschäfte.

Schon nach Jahresfrist wird Luther wieder nach *Erfurt* zurückgerufen; offenbar brauchte das Erfurter Generalstudium und sein Leiter, Luthers Gönner Nathin, die Kraft des vielversprechenden, nunmehr sechsundzwanzigjährigen Mönchsgelehrten. Nun liest Luther 1509/10 als Sententiar im Erfurter Generalstudium über die Glaubenslehre des Lombarden. Immer tiefer gräbt er sich in die Dogmatik ein; peinlich genau nimmt er es mit seiner Aufgabe, den Text der Sentenzen möglichst Wort für Wort zu erklären. Sein suchender Geist zieht herbei, was Förderung verspricht, und heute noch bezeugen Randbemerkungen von seiner Hand, daß er in jener Zeit begann, sich mit *Augustin*[38] gründlicher zu befassen, ohne allerdings seinen Ordensheiligen, der ihm das Vorbild mönchischer Frömmigkeit war, anders zu verstehen, als seine occamistische Theologie es erlaubte. Nur an ganz wenigen Stellen blitzt etwas auf von dem, was Luther innerlich umtreibt: Ist der Trieb des Menschen zur Sünde nicht viel größer, als Occam lehrt? Lassen sich menschlicher Wille und göttliche Gnade so einfach nebeneinanderstellen, wie er es gelernt hat? Vielleicht bahnt sich unter dem Einfluß augustinischer Sätze schon eine gewisse Lösung Luthers von der Schultheologie an; vielleicht ist er innerlich schon unabhängiger geworden, als er selbst weiß. In einem Punkte verläßt Luther die überlieferte Bahn: er eignet sich in jenen Monaten aus dem Lehrbuch des großen Humanisten Reuchlin (1455–1522) hebräische Kenntnisse an, ohne vorerst freilich – wie im Griechischen – über die dürftigsten Anfänge hinauszukommen.

Während Luther in seiner zierlich-klaren Handschrift Seite auf Seite der Werke, in denen er arbeitet, mit Bemerkungen füllt und im stillen Klosterhörsaal seine Vorlesungen hält, tobt durch die Straßen Erfurts mit Mord und Zerstörung das »tolle Jahr«, ein wüster Aufstand der durch Steuerdruck zur Verzweiflung getriebenen proletarisierten Kleinhandwerker gegen den Rat der Stadt, ein Vorbote künftiger schwerer sozialer Kämpfe und Erschütterungen. Der alte Rat wurde

38 Aurelius Augustinus, der Kirchenlehrer der abendländischen Christenheit, wurde 354 in Thagaste (Numidien) geboren und starb 430 als Bischof von Hippo. In seinem 22 Bücher umfassenden Werk »Vom Gottesstaat« (413–426) hat Augustin im Zusammenbruch des römischen Weltreichs Wahrheit und Wirklichkeit der Kirche als Hort der Demut und als Hinweis auf das kommende Gottesreich neu begründet; dadurch verhalf er der durch die Katastrophe unsicher gewordenen Christenheit zur Überwindung ihrer Glaubenskrise. Ohne Augustins Gedanken von der sichtbaren Kirche ist die Entwicklung der mittelalterlichen Kirche undenkbar; für Luther wurde Augustins Lehre von der Freiheit und Alleinwirksamkeit der göttlichen Gnade und Vorherbestimmung und seine Betonung der Demut maßgebend.

gestürzt und sein führender Mann hingerichtet; bei weiteren Unruhen wurde das Kollegiengebäude der Universität zerstört, die wertvolle Bücherei vernichtet. Luther hat damals und später ein scharfes und absprechendes Urteil über die Erfurter Vorgänge gefällt (5).

Auch im Orden selbst herrschte nicht die friedevolle Stille eines abgeschiedenen Paradiesgärtleins; Spannungen zwischen einer laxen und der strengen Richtung der Observanten, zu denen auch Erfurt gehörte, waren längst vorhanden, und der verborgene Funke wurde zur Flamme, als den Observanten von ihrem eigenen Ordensvikar Staupitz Verzicht auf ihre Sonderrechte, auf ihre bessere Gerechtigkeit, und eine Union mit den verachteten Klöstern minderer Vollkommenheit zugemutet wurde. Es kam so weit, daß die Observanten von ihrem Rechte, sich unmittelbar an den Papst wenden zu dürfen, Gebrauch machten, und kein anderer als Luther wurde ausersehen, als Begleiter eines Nürnberger Ordensbruders nach *Rom* zu reisen.

Als Luther die Heilige Stadt in überschwenglicher Freude begrüßt (6), ahnt er von den bitteren Enttäuschungen noch nichts, welche der Sitz des Heiligen Vaters, das Herz der Christenheit, für ihn birgt: als ein »toller Heiliger« läuft er durch Rom und schaut von den aufgespeicherten Heiligtümern an, was irgend zu erreichen ist (7). Aber er sieht auch anderes: völlig unfähige Priester (8), offene Verachtung der Sakramente und freche Zuchtlosigkeit im heiligen Dienste (9), Hohn und Spott über die frommen Narren (10). Kein Wunder, daß er sich später in den härtesten Ausdrücken über Rom geäußert hat (11). Damals freilich hat die Enttäuschung des in Rom verbrachten Winters 1510/11 Luthers kirchliche Treue nicht erschüttert. Er kehrt im April 1511 zurück, wie er auszog: gewillt, seinem Orden und der Kirche von ganzem Herzen zu dienen.

1 Zwischen Philosophie und Theologie in Wittenberg

Damals gefiel mir ... kein anderes Studium als das der Heiligen Schrift. Wenn ich mit erstaunlichem Überdruß Physik las, so brannte das Herz, wenn es galt, zur Bibel zurückzukehren. Ich benützte die Glossa ordinaria.[39] Den Lyra[40] verachtete ich, wiewohl ich nachher sah, daß er zur Geschichte viel beitrug. Ich las aber fleißig die Bibel;

39 Die Glossa ordinaria des Abtes Walahfrid Strabo von Reichenau (etwa 808–849) war eine erbauliche Auslegung und Wort- und Sacherklärung der Schrift, die im Mittelalter viel benützt wurde.

40 Der Franziskaner Nicolaus von Lyra (etwa 1270–1340) war Verfasser einer fünfzigbändigen Bibelerklärung, der Postille, die von Luther auch noch später, vor allem zur Erklärung des 1. Buchs Mose, benützt wurde.

irgendein schwerwiegender Spruch beherrschte alle Gedanken eines Tages, und vor allem in den wichtigeren Propheten steckten solche Sprüche – obwohl ich sie nicht begreifen konnte –, welche ich bis heute im Gedächtnis habe, so in Hesekiel (33, 11): »Ich habe keinen Gefallen am Tode des Gottlosen usw.« *Aus TR 1,116 (November 1531)*

2 Das Urteil über Petrus Lombardus

Peter der Lombarde[41] war ein äußerst fleißiger Mann und von ausgezeichneter Begabung. Er hat viel Hervorragendes geschrieben. Er wäre wahrlich ein großer Kirchenlehrer gewesen, wenn er sich mit voller Kraft und Wahrheit auf die Heilige Schrift verlegt hätte. Aber er verwirrt selber jenes Buch durch viele nutzlose Fragen. Gewiß waren es die besten Köpfe, aber es waren nicht die Zeiten, die wir jetzt haben. Denn die Scholastiker kamen so weit, daß sie lehrten, der Mensch sei unversehrt, nur etwas verwundet, aber doch vermöge er aus eigener Kraft ohne die Gnade das Gesetz zu halten; wer freilich die Gnade erlangt habe, könne das Gesetz leichter erfüllen als aus eigener Kraft. Derartige Ungeheuerlichkeiten lehrten sie – ohne den Fall Adams zu sehen, ohne zu sehen, daß Gottes Gesetz geistlich sei.

TR 3,3698 (Januar 1538)

3 Über die Stadt Wittenberg und ihre Lage

Die Wittenberger sind an der Grenze der Zivilisation; wären sie noch ein wenig weiter vorgerückt, so wären sie mitten in die Barbarei geraten. *Aus TR 2,2800 b (November 1532)*

4 Die plötzliche Versetzung nach Wittenberg · Aus einem Brief aus Wittenberg an Stiftsvikar Johann Braun in Erfurt vom 17. März 1509.

Wundert Euch nicht darüber, daß ich Euch ohne ein Wort verließ. Meine Abreise erfolgte nämlich so plötzlich, daß kaum meine nächsten Freunde etwas davon erfuhren. Ich wollte Euch schreiben, konnte aber nicht aus Mangel an Zeit und Ruhe; schmerzlich bedaure ich – das wenigstens kann ich – , daß ich Euch ohne Gruß so plötzlich zu verlassen gezwungen war. Nun bin ich also auf Befehl oder doch mit Willen Gottes in Wittenberg. Wollt Ihr wissen, wie es mir geht? Gott sei Dank, ich befinde mich wohl; nur ist das Studium angreifend, besonders die Philosophie, die ich von Anfang an am liebsten

41 Petrus Lombardus (etwa 1105–1160) war theologischer Lehrer, zuletzt Bischof in Paris. Seine vier Bücher »Sentenzen« behandeln die gesamte Glaubenslehre der Kirche, waren vor allem um der vielen Kirchenväterzitate willen geschätzt und galten im Mittelalter als das maßgebende dogmatische Lehrbuch.

mit der Theologie vertauscht hätte –, ich meine eine Theologie, die den Kern der Nuß, das Innerste des Weizenkorns, das Mark des Knochens erforscht. Aber Gott ist Gott; Menschenurteil irrt oft, ja immer. Und er ist *unser* Gott, er wird uns führen in Freundlichkeit und immerdar. *Br 1,16,36 ff*

5 Das »tolle Jahr« in Erfurt

Es hat ihr (der Stadt Erfurt) nicht am Gelde, sondern an Weisheit gefehlt. Denn es gibt ein Sprichwort:

Stolzer Mut, heimlicher Neid, kindischer Rat,
die Drei Rom und Troja zerstöret hat.

So ging es Erfurt. *Aus TR 2,2494 b (Januar/März 1532)*

6 Beim Anblick Roms

Im Jahre 1510, als ich zuerst die Stadt sah, warf ich mich zu Boden und rief: Sei gegrüßt, heiliges Rom! Ja, wahrhaftig heilig von den heiligen Märtyrern, von deren Blut sie trieft!

Aus TR 5,6059 (wohl aus den dreißiger Jahren)

7 Der tolle Heilige in Rom

So ging es mir in Rom, als ich auch so ein toller Heiliger war; da lief ich durch alle Kirchen und Katakomben und glaubte alles, was daselbst erlogen und erstunken ist. Ich habe in Rom auch wohl eine Messe oder zehn gehalten, und es tat mir damals fast leid, daß mein Vater und meine Mutter noch lebten, denn ich hätte sie gerne mit meinen Messen und anderen trefflichen Werken und Gebeten mehr aus dem Fegfeuer erlöst. Es gibt in Rom einen Spruch: ›Selig ist die Mutter, deren Sohn am Sonnabend in St. Johann[42] eine Messe hält‹; wie gerne hätte ich da meine Mutter selig gemacht! Aber es war ein zu großes Gedränge, und ich konnte nicht hinzukommen; da aß ich einen gesalzenen Hering dafür.

Auslegung des 117. Psalms (1530). WA 31,1,226,9 ff

8 Unfähige Priester in Rom

Nicht um viel Geld wollte ich nicht in Rom gewesen sein. Ich würde es nicht glauben, wenn ich's nicht selbst gesehen hätte. Denn die Gottlosigkeit und Bosheit ist dort so groß und so unverschämt, daß allda weder Gott noch Menschen, weder Sünde noch Schande geachtet werden. Das bezeugen alle Frommen, die dort waren, und alle Gottlosen, die aus Italien noch schlimmer heimkehrten. Der Hauptumstand bei meiner Romfahrt war jedoch der, daß ich eine ganze Beichte von Ju-

42 *Eine der römischen Wallfahrtskirchen.*

gend auf[43] ablegen und fromm werden wollte, wiewohl ich eine solche Beichte in Erfurt zweimal[44] abgelegt hatte. Da kam ich nach Rom zu völlig ungelehrten Leuten[45]. Ach, lieber Herrgott, was sollen auch die Kardinäle wissen, die mit so viel Staats- und anderen Geschäften überhäuft sind? Haben ja wir Mühe genug, die wir täglich studieren und jede Stunde in der Übung sind!

TR 3,3582 A (März/Mai 1537)

9 Entweihung der Messe in Rom

Ich bin nicht lange in Rom gewesen, habe dort [aber] viele Messen gehalten und auch viele [Messen] halten sehen; es graut mir, wenn ich daran denke. Da hörte ich unter anderen groben Brocken die Höflinge bei Tisch lachen und prahlen, wie etliche Messe hielten und über Brot und Wein sprächen: Brot bist du, Brot bleibst du, – und dann [Brot und Wein] hochhielten[46]. Nun, ich war ein junger und recht frommer Mönch, dem solche Worte wehtaten. Was sollte ich da denken? Was konnte mir anderes einfallen als solche Gedanken: So redet man hier in Rom frei und öffentlich bei Tische? Wie, wenn alle miteinander, Papst, Kardinäle samt den Höflingen, auf diese Art Messe halten, wie wäre ich da betrogen, der ich von ihnen so viele Messen gehört hatte! Und überdies ekelte mir sehr, wie sie so rips raps die Messe halten konnten, als trieben sie ein Gaukelspiel. Denn ehe ich zum Evangelium[47] kam, hatte mein Nebenpfaffe schon eine Messe zu Ende gebracht und schrie mir zu: Passa, Passa, immer weg, mach Schluß usw. *TR 3,3428 (wohl aus den dreißiger Jahren)*

10 Römischer Spott über ernste Frömmigkeit

Man lachte uns [Deutsche in Rom] einfach aus, weil wir so fromme Mönche waren, und hielt einen Christen für einen ausgemachten Narren. Ich weiß, daß sie sechs oder sieben Messen hielten, bis ich eine einzige; sie nahmen Geld dafür, ich nicht.

Aus TR 5,5484 (Sommer/Herbst 1542)

43 *Die »Generalbeichte«, eine zusammenfassende Beichte aller begangenen Sünden, durch welche die früheren Beichten ergänzt werden.*

44 *Luther hatte bei der vorläufigen und bei der endgültigen Aufnahme in den Orden die Generalbeichte abgelegt.*

45 *Die römischen Priester wissen nicht, wie man eine solche Beichte abhört, beherrschen also nicht einmal das notwendigste Rüstzeug ihres Amtes.*

46 *Bei der Messe wird Hostie und Kelch hochgehalten (Elevation) und dem Volke vom Priester gezeigt.*

47 *Das »Evangelium« wird im Gange der Messe als 10. Stück (10. Rubrik) von insgesamt 41 Rubriken verlesen.*

11 Zusammenfassendes Urteil über Rom

Gibt es eine Hölle, so steht Rom darauf. *Aus TR 3,3201 b (Mai 1532)*

Rom, einstmals die heiligste Stadt, ist nun zur verdorbensten geworden. Es geht uns wie den Propheten, die ähnliche Klagen erheben. (Jes 1, 21): »Die fromme Stadt ist zur Hure geworden.« Denn aus dem Besten kommt [wenn es verdorben wird] immer das Schlimmste. Die Welt bleibt sich immer gleich: treulos, Satans Reich und Christi Feind. *TR 4,4391 (März 1539)*

Der Kampf um die Vollkommenheit

Luther erstrebt im Kloster die Erfüllung des »vornehmsten und größten Gebots«: Gott von ganzem Herzen, von ganzer Seele und von ganzem Gemüte zu lieben (Matth 22, 37 f). Selbstverständlich obliegt dieses Gebot auch dem Weltchristen; allein es ist dem Mönche, der *im Stande der Buße und der Vollkommenheit* lebt, dringlicher gestellt, und es kann von ihm, der durch seinen Eintritt ins Klosterleben, durch die »Mönchstaufe« ein neuer, von der Sünde gereinigter Mensch geworden ist, leichter erfüllt werden als von dem durch viele Hindernisse und mancherlei Bindungen aufgehaltenen Weltchristen.

Ehe jedoch die Gottesliebe in die Seele einziehen kann, muß alle Finsternis aus ihr vertrieben sein, wie – dieses Bild benützten die scholastischen Theologen zur Verdeutlichung – in einem finsteren Raume zuerst die dunkeln Schatten weichen müssen, ehe das Licht erstrahlen kann. Darum muß auch die vergangene Sünde bereut und gebeichtet werden, darum muß die gegenwärtige, immer vor der Tür lauernde Sünde bekämpft werden. Diesen Kampf hat Luther in ganzer Tiefe durchgekämpft. Nicht ein gleichgültiger, sondern ein übereifriger Mönch steht vor uns, der die gewöhnlichen Klosterübungen wie Beten, Fasten und Nachtwachen treibt bis zur völligen Erschöpfung (1), der nicht müde wird, in der Beichte immer wieder alle Sünden von Jugend auf zu bekennen (2), um mit dem Zuspruch der Vergebung auch die selige Gewißheit der Gottesliebe zu erlangen, der nicht gegen die häufigen mönchischen Anfechtungen durch die Lust des Fleisches zu kämpfen hat (3), der aber dafür Gottes Vergebung durch die vollkommene Hingabe seines Willens erkämpfen will.

Luther weiß, daß er auf diesem Wege zum Ziel gelangen *muß*; nicht umsonst hat er die scholastische Theologie der Werkgerechtigkeit mit allem Eifer zunächst gelernt und später auch gelehrt, wonach der Mensch auch aus natürlichen Kräften Gottes Gnade erreichen kann (4). Kein Wunder, daß der junge Priestermönch sich auch bei der Messe heimlich als den Herrn fühlt, auf den Gott angewiesen, dem Gott zu Danke verpflichtet ist (5).

Allein der geistliche Hochmut dieser künstlichen Gerechtigkeit hält nicht lange vor. Zu drohend und zu gewaltig steht das Gesetz vor Luthers Seele. Gott will die ganze, ungeteilte Liebe – aber wieviel unruhige Begierde, wieviel Reiz zum Bösen, wieviel Eigendünkel und Eigenwille, wenn auch nur in der Form des natürlichen inneren Widerstandes gegen die schuldige Liebespflicht, ist noch im dunkeln Raum der Seele! Kann, darf Gott solche erzwungene Liebe als würdig anerkennen und lohnen? So betet Luther als ein Zweifelnder, so geht er zur Beichte als ein Zweifelnder (6) – zweifelnd nicht an der Gültigkeit oder am Werte des Sakramentes, wohl aber *zweifelnd an der Reinheit seiner eigenen Liebe*, an der Vollkommenheit seines guten Willens; nie hat er die Gewißheit, ob die Bedingungen von seiner Seite aus erfüllt sind, unter denen das Sakrament in seinem Herzen wirksam wird und das Licht der Gottesliebe seine Seele erleuchtet (7). Luther steht hier vor der ausweglosen Schwierigkeit: um vor Gott würdig zu *werden*, muß er vor Gott würdig *sein*, um die Gottesliebe zu erlangen, muß er sie besitzen. Wie ist es da möglich, des Heiles gewiß zu sein? Durch alles, was Luther später hierüber gesagt hat, zieht sich eines hindurch: je mehr Heiligkeit, desto mehr Ungewißheit; je mehr Werke, desto mehr Anfechtung; je gewissenhafter der Mönch seinem Orden dient, desto mehr wird er in die Unsicherheit hineingetrieben; je größer das Gesetz, desto größer die Sünde. Das *Gesetz* treibt ihn zu stets neuem Wollen und Laufen, aber eben dies Wollen und Laufen führt ihn von Gott weg (8) und immer von neuem in Anfechtung und Sünde hinein. Der Stolz auf die mönchischen Werke zerbricht ihm, die Gnade des Beichtsakraments wird zum Schrekken, das Vertrauen auf die Mönchstaufe hält nicht der kleinsten Anfechtung stand (9).

Nicht anders geht es bei Luthers Bemühungen, den Heilsweg der *Mystik*, der Versenkung in den Seelengrund zur Einswerdung mit Gott, einzuschlagen. Wohl wird er fast toll (10) über dem Bemühen, nach Anweisung der großen Mystiker Bonaventura und Dionysius Areopagita »in die Majestät hinaufzuklettern«, wohl glaubt er auch einmal »unter Engelchören« zu weilen; allein die völlige, dauernde Gemeinschaft mit Gott erreicht er auch auf diesem Wege nicht. So bestätigt auch dieser Versuch die bisherige Erfahrung: daß er um seiner Sünde willen nicht zu Gott gelangen könne.

In aller Qual der Anfechtung und Sündennot stand für Luther immer noch eines fest: die Gewißheit, daß Gott ein gerechter Richter, daß der Gesetzgeber an das Gesetz gebunden sei, daß das Gesetz ihm zwar jetzt zum Fluch gereiche, aber doch auch zum Segen werden könne, wenn seine Erfüllung gelänge. Da stürzt auch der letzte Pfeiler seiner Zuversicht zusammen. Luther gräbt sich ein in die Lehre Augustins von der *Prädestination*, von der ewigen, unaufhebbaren, unabänderlichen Vorherbestimmung aller Menschen entweder zur ewigen Seligkeit oder zur ewigen Verdammnis. Wo ist seine Gewißheit, daß er zu den Erwählten gehöre? Wo bleibt die Hoffnung auf Gottes Gerechtigkeit, wenn Gott, für alles Menschenwerk unzugänglich, nur seinem eigenen, unberechenbaren, geheimnisvoll-schauerlichen Willen lebt, dem der Mensch auf Gedeih und Verderb ausgeliefert ist, ohne auch nur feststellen zu können, ob er erwählt oder verworfen ist? Luther stürzt in einen neuen Abgrund der Verzweiflung (11), er empört sich in wildem Haß gegen diesen Bösewicht von Gott und beginnt ihn zu lästern (12); aber eben dieser Ausbruch von Verzweiflung, Lästerung, Gotteshaß und Verachtung des Gesetzes beweist ihm, daß *er* zu den Verworfenen gehört. Was Luther in solchen Stunden an Höllenqual durchgemacht, hat er später in entsetzlicher Schilderung niedergelegt (13): die nackte, ausweglose Trostlosigkeit, das unwiderrufliche Ausgestoßensein durch den schrecklichen Zorn Gottes, das völlige Verlorensein in der Finsternis des Todes.

Der Kampf des Mönches, der die Finsternis der Sünde aus seinem Herzen vertreiben will, endet damit, daß er hoffnungslos in dem Abgrund der tiefsten Traurigkeit, in der Finsternis des Verdammtseins versinkt.

1 Ein frommer Mönch

Es ist wahr, ich bin ein frommer Mönch gewesen und habe meinen Orden so streng gehalten, daß ich sagen darf: Ist je ein Mönch in den Himmel gekommen durch Möncherei, so wollte ich auch hineingekommen sein. Das werden mir alle meine Klostergesellen, die mich gekannt haben, bezeugen. Denn ich hätte mich, wenn es [noch] länger gewährt hätte, zu Tod gemartert mit Wachen, Beten, Lesen und anderer Arbeit. *Aus »Die kleine Antwort auf Herzog Georg nähestes Buch« (1533). WA 38,143,25 ff*

Von den gottlosen Mönchen, die ihren Bauch zum Gott hatten und greuliche Sünden, die ich nicht nennen mag, trieben, spreche ich nicht, vielmehr von den guten, wie ich einer war und viele andere, die heiligmäßig lebten und mit angestrengtestem Eifer versuchten, den Zorn Gottes durch Einhalten der Ordensregel zu versöhnen und Vergebung der Sünden und das ewige Leben zu verdienen.

Aus dem Kommentar zum Galaterbrief, 1531. WA 40,1,685

2 *Luthers Eifer bei der Beichte*

Mich hat als Jüngling das Wort in den Sprüchen (27, 23) fast getötet: »Auf deine Schafe habe acht und nimm dich deiner Herde an«, d. h. ein Hirte soll seine Schafe verstehen und kennen. Dieses Wort faßte ich so auf: Ich mußte mich meinem Pfarrer, Prior usw. so rein entdecken, daß er wußte, was ich mein Lebtag getan hatte. Da sagte ich alles, was ich getan hatte von Jugend auf, so daß mich mein Präzeptor im Kloster zuletzt darum rügte. *Aus TR 1,461 (Februar 1533)*

3 *Die Keuschheit des Mönchs*

Als Mönch habe ich nicht viel Begierde gespürt. Pollutionen hatte ich aus leiblicher Nötigung. Die Weiber schaute ich nicht einmal an, wenn sie beichteten; ich wollte nicht einmal die Gesichter derer, die ich hörte, kennenlernen. In Erfurt hörte ich keine, in Wittenberg nur drei.

TR 1,121 (November 1531)

4 *Aus eigener Kraft*

Die scholastische Theologie stimmt in dem Punkte überein, daß der Mensch aus rein natürlichen Kräften die Gnade de congruo[48] verdienen könne, und sämtliche Scholastiker lehrten wenigstens also: Vollbringe, was in dir ist! Aber auch Occam, obwohl er alle an Geist übertraf und alle übrigen Richtungen widerlegt hatte, schrieb und lehrte ausdrücklich, daß man in der Schrift nicht finden könne, der Heilige Geist sei zu einem guten Werke nötig. Diese Leute hatten gute Köpfe und Muße und wurden alt bei ihren Vorlesungen, aber von Christus verstanden sie nichts, weil sie die Bibel verachteten und

48 Die scholastische Theologie unterschied zwischen eigentlichen Verdiensten (de condigno) und uneigentlichen Verdiensten (de congruo). Erstere sind nur möglich dank der übernatürlichen, von Gott eingegossenen, heiligmachenden Gnade; ihre Würdigkeit muß Gott anerkennen. Allein auch schon vor der Eingießung dieser Gnade kann der Mensch dank der »helfenden«, »umsonst gegebenen« Gnade Gottes Verdienste erwerben, denen Gott aus Billigkeitsgründen Recht und Würdigkeit zusprechen kann – die Verdienste de congruo. Unter stärkster Betonung der paulinischen Formeln soll so die Freiheit des menschlichen Willens, der tun soll und kann, was »in ihm« ist, neben der Wirksamkeit Gottes gesichert werden. In Wirklichkeit wird damit Gottes Wille von den eigenen Kräften des Menschen abhängig gemacht. Hier setzt Luthers Kampf gegen die scholastische Theologie ein.

niemand die Bibel las zur Einübung [im Glauben], sondern zur [wissenschaftlichen] Erkenntnis wie ein geschichtliches Buch.

TR 4,5135 (August 1540)

5 Luthers Hochmut bei der Messe

Nach den Gebeten und nach meinem Messelesen war ich über die Maßen hochmütig, aber den Schalk dahinter sah ich nicht: daß ich nicht auf Gott vertraute, sondern auf meine Gerechtigkeit, und daß ich nicht Gott Dank darbrachte für das Sakrament, daß er vielmehr mir danken und froh sein mußte, daß ich ihm seinen Sohn geopfert hatte. Und wenn wir zur Messe gingen, hatten wir einen Spruch: Ich will gehen und der Jungfrau ein Kind [aus der Taufe] heben!

Aus TR 3,2935 a (Januar 1533)

6 Der Zweifel an der eigenen Gerechtigkeit

Ich habe auch wollen ein heiliger, frommer Mönch sein und habe mich mit großer Andacht zur Messe und zum Gebet bereitet; aber wenn ich am andächtigsten war, so ging ich als Zweifler zum Altar, als Zweifler ging ich wieder davon. Hatte ich mein Beichtgebet gesprochen, so zweifelte ich doch; hatte ich es nicht gesprochen, so verzweifelte ich abermals. Denn wir waren schlechterdings in dem Wahn, wir könnten nicht beten und würden nicht erhört, wenn wir nicht ganz rein und ohne Sünde wie die Heiligen im Himmel wären.

Aus Crucigers Sommerpostille (1544). WA 22,305,35 ff

7 Die Not der Beichte

In der Ohrenbeichte wurde bei den Papisten nur auf das äußere Werk gesehen. Da war ein solches Laufen, daß man sich nimmer satt beichten konnte. Fiel einem noch eine Sünde ein, so lief man wieder zurück, so daß der Priester [einmal] zu mir sagte: ›Gott hat befohlen, auf seine Barmherzigkeit zu hoffen, gehe hin in Frieden!‹ Und Doktor Hieronymus Schurff[49] wurde so sehr gepeinigt, daß er drei-, viermal zum Priester vor dem Sakrament zurücklief, ja ihm beim Darreichen am Altar noch einen Skrupel ins Ohr sagte. Wir machten die Beichtväter müde, so bange machten sie uns mit ihren bedingungsweisen Lossprechungen: ›Ich spreche dich los durch das Verdienst unsres Herrn Jesu Christi wegen der Reue des Herzens, des Mundes Bekenntnis, der Genugtuung deiner Werke und der Fürsprache der Heiligen usw.‹ Die [von uns geforderte] Bedingung richtete alles Unglück an. Denn dies alles taten wir aus Furcht vor Gott, um gerechtfertigt zu werden, – überschüttet mit unzähligen menschlichen Satzungen.

Aus TR 5,6017 (wohl aus den dreißiger Jahren)

49 *Hieronymus Schurff, der spätere Professor der Rechte in Wittenberg.*

8 Vergebliche Möncherei

So war ich im Mönchtum ein Wollender und Laufender, aber ich kam je länger je weiter davon. Darum, was ich jetzt habe, habe ich nicht von jenem Laufen, sondern von Gott.

Aus TR 1,502 (Frühjahr 1533)

9 Auch die Mönchstaufe hilft nicht mehr

Daß die Mönche die Taufe Christi mit ihrer Möncherei verglichen haben, können sie nicht leugnen, denn sie haben's überall in aller Welt so gelehrt und geübt. Und so ward auch mir Glück gewünscht, als ich die Profession[50] getan hatte, von Prior, Konvent und Beichtvater: ich wäre nun wie ein unschuldiges Kind, das jetzt rein aus der Taufe käme. Und fürwahr, ich hätte mich der herrlichen Tat gerne gefreut, daß ich ein so trefflicher Mensch wäre, der sich selbst durch sein eigen Werk ohne Christi Blut so schön und heilig gemacht hätte, so leicht und so schnell. Aber obwohl ich so süßes Lob und prächtige Worte von meinem eigenen Werk gern hörte und mich auf diese Weise für einen Wundertäter halten ließ, der sich selbst so leichterweise heilig machen und den Tod samt dem Teufel fressen könnte, so wollte es doch nicht stichhalten. Denn wenn nur eine kleine Anfechtung kam von Tod oder Sünde, so fiel ich dahin und fand weder Taufe noch Möncherei, die mir helfen konnten. Christus und seine Taufe hatte ich auf diese Weise auch [schon] längst verloren. Da war ich der elendeste Mensch auf Erden, Tag und Nacht war lauter Heulen und Verzweifeln, daß mir niemand wehren konnte. So ward ich gebadet und getauft in meiner Möncherei und hatte die rechte Schweißsucht. Gott sei Lob, daß ich mich nicht zu Tode geschwitzt habe; ich wäre sonst längst im Abgrund der Hölle mit meiner Mönchstaufe! Denn ich kannte Christus nicht anders als einen strengen Richter, vor dem ich fliehen wollte und doch nicht entfliehen konnte.

Aus »Die kleine Antwort auf Herzog Georg nähestes Buch« (1533).
WA 38,147,30 ff

10 Der Heilsweg der Mystik

Die spekulative Wissenschaft der Theologen[51] ist schlechthin nichtig. Ich las Bonaventura[52] darüber, aber er hätte mich fast toll ge-

50 Die Ablegung des Mönchsgelübdes.

51 »Spekulativ« ist für Luther alle Theologie, die an dem fleischgewordenen Christus vorbeisieht und, wie die Mystik, nur danach trachtet, eine auch ohne Christus bestehende, verborgene Einheit der Seele mit Gott aufzudekken und zu erleben. Demgegenüber »ist die wahre Theologie praktisch, und ihr Fundament ist Christus, dessen Tod durch den Glauben ergriffen wird« (TR 1,153)

macht, weil ich die Einigung Gottes mit meiner Seele, von der er fabelt, durch die Einigung von Intellekt und Willen spüren wollte. Es sind lauter fanatische Geister. Das aber ist die wahre spekulative [Theologie], die vielmehr praktisch ist: Glaube an Christus und tue, was du sollst. Ebenso ist die mystische Theologie des Dionysius[53] reines Fabelwerk. *TR 1,644 (Herbst 1533)*

11 Prädestinationsanfechtung

Das bereitet dem gesunden Menschenverstand und der natürlichen Vernunft den größten Anstoß, daß Gott rein nach seinem Willen die Menschen im Stich läßt, verstockt, in Verdammnis stürzt, als ob er eine Freude hätte an so großen Sünden und ewigen Martern jener Elenden, – der Gott, dessen große Barmherzigkeit usw. [doch allenthalben] gepredigt wird. Ungerecht, grausam, unerträglich scheint es, so von Gott zu denken, und daran haben sich auch so viele große Männer gestoßen in so langen Zeiten.

Und wem sollte hierdurch kein Ärgernis bereitet werden? Ich selbst habe – nicht nur einmal – Ärgernis genommen bis hinein in die Tiefe und in den Abgrund der Verzweiflung, daß ich wünschte, ich wäre nie als Mensch erschaffen worden. Das war, bevor ich erkannte, wie heilvoll jene Verzweiflung sei und wie nahe die Gnade.

Aus »De servo arbitrio« (1525). WA 18,719 ff

12 Der Haß gegen Gott

Ich vergesse alles, was Christus und Gott ist, wenn ich in diese Gedanken (über die Vorherbestimmung) komme, und komme wohl dahin, daß Gott ein Bösewicht sei ... Beim Nachdenken über die Prädestination vergessen wir Gott; das laudate (Lobet!) hört auf, und das blasphemate (Lästert!) fängt an. *Aus TR 2,2654 a (September 1532)*

13 Die Hölle der Gottverlassenheit

Ich kenne einen Menschen, der versichert, solche Qualen oft durchlitten zu haben[54], zwar nur in ganz kurzer Zeitspanne, doch so ge-

52 Bonaventura, 1221–1274, einer der hervorragendsten Scholastiker des 13. Jahrhunderts, vereinigte in sich die wissenschaftliche Klarheit des Theologen mit der Glut des Mystikers. Sein Werk »Itinerarium mentis in Deum« (Wegweiser der Seele zu Gott) zeigt den Weg des Menschen in Abkehr von der Sinnenwelt über die Versenkung in den eigenen Seelengrund zu einer über Wissen und Verstehen liegenden Einkehr der Seele in Gott.

53 Der sog. Dionysius Areopagita war ein christlicher Neuplatoniker um das Jahr 500, dessen Mystik die Seele über die Stufen der Reinigung, Erleuchtung und Vollendung zur Vergottung führen wollte. Er gelangte im Mittelalter zu hohem Einfluß.

waltig, so infernalisch, daß keine Zunge es aussprechen, keine Feder es niederschreiben kann, keiner es zu glauben vermag, der es nicht selbst durchgemacht. Eine halbe, ja nur eine Zehntelstunde länger – und wer das aushalten müßte, ginge darüber zugrunde, seine Gebeine würden in Asche verwandelt. Da erscheint Gott in fürchterlichem Zorn und zugleich mit ihm die ganze Schöpfung. Nirgends ein Entrinnen, nirgends ein Trost, weder innen noch außen, alles klagt uns an. Da heult er: »Ich bin vor deinen Augen verstoßen!« (Ps 31, 23). Da wagt er nicht mehr zu sagen: »Ach Herr, strafe mich nicht in deinem Zorn!« (Ps 6, 2). In solchen Augenblicken vermag die Seele – wie schrecklich – nicht mehr zu glauben, daß sie jemals erlöst werde, sie fühlt nur eins: noch ist die Qual nicht vollendet. Denn sie ist ewig und die Seele vermag sie nicht für eine bloß zeitliche Qual zu halten. Da bleibt nichts anderes übrig als der nackte Schrei nach Hilfe, ein schreckliches Seufzen, das nicht weiß, wo Hilfe zu finden ist. Da ist die Seele mit [dem gekreuzigten] Christus weit ausgespannt, daß man alle ihre Gebeine zählen kann; kein Winkel in ihr, der nicht angefüllt wäre mit tödlicher Bitternis, mit Entsetzen, Angst, Traurigkeit – und dies alles scheint ewig zu währen.

Aus den Erläuterungen zu den Ablaßthesen (1518). WA 1,557,33 ff

Die Begegnung mit Staupitz

War Luther in den furchtbaren Anfechtungen, die er zu durchleiden hatte, völlig allein, ohne jede Hilfe anderer?

Er erzählt, wie er immer wieder, oft nur durch ein gelegentliches Wort seines Beichtvaters (1) oder eines Klosterbruders (2), gerade auch in seinen Prädestinationsanfechtungen (3) getröstet worden sei. Aber *ein* Mann hat die Aufgabe der Seelsorge an ihm in besonderer Weise geübt: sein Ordensvorgesetzter Johann von *Staupitz*[55], der General-

54 *Luther redet kurz zuvor von den Qualen des Fegfeuers, die auch schon auf Erden über einen Menschen kommen können.*

55 *Johann von Staupitz, aus einem sächsischen Adelsgeschlecht stammend, geb. 1469, wurde in Tübingen Augustiner und 1503 Dekan der theologischen Fakultät an der neugegründeten Universität Wittenberg. Innerhalb des Augustinerordens kämpfte er als Generalvikar der Observantenkongregation für eine innere Erneuerung des Ordens; 1520 zwang ihn seine halbe Stellung zwischen Luther und der Kurie zur Niederlegung dieses Amtes. Als Hofprediger des Salzburger Erzbischofs Lang und als Abt der Salzburger Benediktinerabtei St. Peter nahm er dann gegen Luther Stellung und erklärte in einem Gutachten, Luthers Anhänger seien als Ketzer zu behandeln. Er starb 1524.*

vikar der deutschen Kongregation des Augustinerordens, zugleich der führende Mann an der Wittenberger Universität. Im Sommer 1511 ist Luther wieder nach *Wittenberg* versetzt worden; schon bei seinem ersten Wittenberger Aufenthalt, noch viel mehr aber nun beim zweiten Male kommt er in nahe Berührung mit Staupitz, der den heftig Widerstrebenden unter dem berühmten Birnbaum des Wittenberger Klosters zum Erwerb des theologischen Doktorgrades (4) und zur Übernahme des Predigtamts vor der Klostergemeinde veranlaßt. So wird Luther Klosterprediger, Leiter des Klosterstudiums und, nachdem nach Jahresfrist im Oktober 1512 seine Doktorpromotion erfolgt ist, als biblischer Professor auch Mitglied der theologischen Fakultät. Ende Oktober 1512 beginnt der noch nicht neunundzwanzigjährige Professor seine Lehrtätigkeit, wahrscheinlich mit einer Vorlesung über das erste Buch Mose.

Allein das Licht des Evangeliums ist ihm in jener Zeit, wie er später erzählt, noch nicht aufgegangen (5). Die Anfechtungen bleiben; auch Staupitz, dem Luther oft beichtet, fällt die tiefe Niedergeschlagenheit seines jungen Bruders auf (6). Staupitz ist gegenüber der Not, die er auf Luther lasten sieht, in schwieriger Lage. Er selbst hat die Anfechtungen, die Luther durchleidet, persönlich nicht durchgemacht; darum versteht er sie zunächst einfach nicht. Nach bewährter Regel mönchischer Seelsorge glaubt er hinter Luthers Drangsal heimliche Hoffart, verborgenen Ehrgeiz zu entdecken (6) und hält seine Sündenangst für überreizte Selbstquälerei, der gegenüber der derbe Zuspruch am Platze ist, nicht jede Bagatelle zu einer großen Sünde aufzublasen (7).

Allein Staupitz hat doch mehr zu sagen. Es bedeutete in der Tat für Luther eine Befreiung, wenn Staupitz ihn darauf hinwies, daß »die wahre Buße bei der Liebe zur Gerechtigkeit und zu Gott *anhebe*«, also nicht am Ende eines langen und mühseligen Bußkampfes stehe; dies Wort schien ihm »wie vom Himmel herabtönend« (8). Von sich selber weg soll Luther auf Christus schauen (9), die Verzweiflung über den verborgenen Willen Gottes, das quälende Grübeln über die Prädestination wird aufhören, wenn er Christi Wunden betrachtet (10). Nicht umsonst hat Luther auch später, als die Kluft zwischen Staupitz und ihm längst offenbar geworden war, ihm höchste Dankbarkeit gezollt; er glaubte, Staupitz sogar das Licht des Evangeliums, ja alles, was er habe, zu verdanken (11).

Aber brachte die seelsorgerliche Hilfe von Staupitz wirklich Trost und Befreiung? Staupitz ist nicht Occamist; seine Theologie ist tiefer, reicher, inniger als diejenige, in der Luther großgeworden ist. In dem kunstvollen System, in welchem der mittelalterliche Katholizismus das Gleichgewicht zwischen Gnade und Werk auswägt, liegt bei Staupitz, der theologisch ein Schüler des Thomas von Aquino und in seiner Frömmigkeit Anhänger einer milden, edlen Mystik ist, der Nachdruck weit mehr auf der Gnade als auf dem Werke. Nur dank der übernatürlich eingegossenen sakramentalen Gnade kann der Mensch das Gute tun; diese Gnade als selige Gewißheit der Liebe zu Gott steht vor aller Buße, vor allem Werke, vor allem Verdienst; an der Betrachtung des Leidens und Sterbens Christi entzündet sich unsre Gewißheit der Liebe Gottes gegen uns. Allein Staupitz läßt keinen Zweifel darüber, daß die *Gnade* die Ermöglichung des *Werkes* ist, dem Menschen dazu geschenkt, daß er die Würdigkeit vor Gott erwerbe. Im Jahre 1517 erklärt Staupitz ausdrücklich, es sei eine teuflische Anfechtung, wenn behauptet werde, der Mensch werde allein aus Gnade und nicht um seiner Werke willen selig. Das ganze fromme Leben in der aufrichtigen Nachfolge Christi, die redliche Anstrengung seiner Gnadentheologie, das gehorsame und gelassene Versinken in die Liebe Gottes steht im Grunde unter dem Gesichtspunkt des Verdienstes; für das Gottesverhältnis ist die *Rechtsordnung* maßgebend. Innerhalb dieses feststehenden Schemas, dem auch die Gnade dienstbar gemacht ist, handelt Gott; auch seine vielgerühmte Güte beschränkt sich darauf, dem bedürftigen Menschen Gerechtigkeit zuzuteilen. Im Grunde hat auch Staupitz Luther nicht mehr zu sagen als Occam, als Gabriel Biel, als alle andern. Auch über seinem Wege steht das Gesetz, von dem Luther weiß, daß es schlechterdings erfüllt werden *muß* und daß er es schlechterdings nicht erfüllen *kann*. Was helfen allgemeine Wahrheiten, was hilft eine Lehre, welche den Heilsweg säuberlich in seinen einzelnen Stationen schildert, wenn der ganze Weg unzugänglich geworden ist? Was hilft der Hinweis auf Christus und seine Wunden, wenn der furchtbare, verwerfende und vernichtende Gott selbst dagegen steht? Was hilft dem Angefochtenen der seelsorgerliche Zuspruch aus der Ferne einer sicheren Existenz? Darum kann Staupitz, der kluge Beichtvater, der Meister klösterlicher Seelenführung, der Vertreter der edelsten Frömmigkeit der alten Kirche, Luthers Qual vielleicht manchmal beschwichtigen, aber eine *Antwort* auf Luthers Frage nach dem gnädigen Gott hat er nicht.

1 Der Trost des Beichtvaters

Ein leicht hingeworfenes Wort kann in der Anfechtung den Geist erneuern. Einmal sagte mein Beichtvater zu mir, als ich ein paarmal nacheinander törichte Sünden bei ihm vorbrachte: ›Du bist ein Tor.

Gott grollt nicht dir, sondern du grollst ihm. Gott zürnt nicht mit dir, sondern du zürnst mit Gott.‹ Ein herrliches Wort, wiewohl er es schon vor dem Aufgehen des Evangeliums sagte!

TR 1,122 (November/Dezember 1531)

2 Brüderliche Zusprache

Ich war damals unter dem Papst ein über die Maßen trauriger Mönch und immer in den größten Drangsalen. Endlich empfing ich von einem Bruder Trost durch das einzige Wort: ›*Er selber* gebietet, zu hoffen; unser Heil ist der Glaube an Gott; warum wollten wir denn Gott nicht trauen, der uns heißt und befiehlt zu hoffen?‹ Und durch dieses Wort schenkte er mir [neues] Leben.

Aus TR 4,4362 (Februar 1539)

3 Trost in der Prädestinationsnot

Trefflich und denkwürdig ist jenes Wort, das ein Augustiner zu Luther sagte: Wenn jemand über die Prädestination nachdenken will und dabei Christus nicht beachtet von seiner Wiege an, wie er uns vor Augen gestellt ist, der muß notwendig bald in Verzweiflung fallen.

TR 3,3680 (aus den dreißiger Jahren)

4 Staupitz rät zum Erwerb des Doktorgrades

Staupitz, mein Prior, saß einmal nachdenklich unter dem Birnbaum, der heute noch inmitten meines Hofes steht; endlich sagte er zu mir: ›Herr Magister, Ihr solltet den Doktorgrad erwerben, so kriegt Ihr etwas zu schaffen.‹ ... Als er mich wiederum unter dem Birnbaum in derselben Sache anging, setzte ich mich zur Wehr, indem ich viele Gründe geltend machte, vor allem, daß meine Kräfte so sehr erschöpft seien, daß mir kein langes Leben mehr bevorstehe. Darauf Staupitz: ›Wisset Ihr nicht, daß unser Herrgott viel große Sachen auszurichten hat? Da bedarf er viel kluger und weiser Leute dazu, die ihm raten helfen. Wann immer Ihr dann auch sterbet, so müßt Ihr sein Ratgeber sein.‹

Aus TR 2,2255 a (August/Dezember 1531)

5 Doktor der Theologie ohne Kenntnis des Evangeliums

Wir haben das Licht wiedergewonnen. Doch ich, als ich Doktor wurde, kannte es nicht.

Aus einer Predigt vom 21. Mai 1537. WA 45,86,17 ff

6 Staupitz als Luthers Seelsorger

Staupitz habe ich oft gebeichtet, nicht von Weibern, sondern die rechten Knoten. Da sprach er: ›Ich verstehe es nicht.‹ Das hieß recht getröstet! Kam ich dann zu einem andern, so ging es mir ebenso. Kurz, es wollte kein Beichtvater etwas davon wissen. Da dachte ich: Diese Anfechtung hat niemand als du! Da wurde ich wie eine Leiche.

Schließlich fängt Staupitz zu mir über den Tisch an, als ich so traurig und niedergeschlagen war: ›Warum seid Ihr so traurig?‹ Ich gab zur Antwort: ›Ach, wo soll ich hin?‹ Da sagte er: ›Ach, Ihr wisset nicht, wie nötig dies für Euch ist; sonst würde nichts Gutes aus Euch.‹ Er verstand selbst nicht, was er sagte; er hielt mich nämlich für [über] gelehrt und glaubte, ich würde hoffärtig werden, wenn ich nicht in Anfechtung käme. Ich nahm es aber auf wie Paulus: »Daß ich mich nicht überhebe, ist mir ein Pfahl ins Fleisch gegeben; meine Kraft ist in der Schwachheit mächtig« (2 Kor 12, 7.9). Darum nahm ich sein Wort auf wie die Stimme des Heiligen Geistes, der mich tröstete.

Aus TR 1,518 (Februar 1533)

7 Staupitz hält Luthers Sündenangst für übertrieben

Als ich ein Mönch war, schrieb ich Doktor Staupitz oft, und einmal schrieb ich ihm: ›O, meine Sünde, Sünde, Sünde!‹ Darauf gab er mir diese Antwort[56]: ›Du willst ohne Sünde sein und hast doch keine rechte Sünde. Christus ist die Vergebung rechtschaffener Sünde, wie die Eltern ermorden, öffentlich lästern, Gott verachten, die Ehe brechen usw. – das sind die rechten Sünden. Du mußt ein Register haben, darin rechtschaffene Sünden stehen, wenn Christus dir helfen soll; du mußt nicht mit solchem Humpelwerk und Puppensünden umgehen und aus einem jeglichen Bombart[57] eine Sünde machen!‹

TR 6,6669 (wohl aus den vierziger Jahren)

8 Staupitz über die wahre Buße · Aus einem Brief von Wittenberg an Generalvikar Staupitz vom 30. Mai 1518

Mit der Übersendung seiner Erklärungen (Resolutionen) zu den Ablaßthesen schreibt Luther einen Brief an Staupitz, in dessen Eingang er erwähnt, daß er erst von ihm gehört habe, was rechte Buße sei: Liebe zu Gott, die bei den andern Theologen das Ende und die Erfüllung der Buße sei, stehe in Wirklichkeit am Anfang aller Buße. Luther fährt dann fort:

Dieses Euer Wort haftete in mir wie der scharfe Pfeil eines Starken (Ps 120, 4), und ich begann, es mit allen Schriftstellen über die Buße

56 Der Brief von Staupitz, vermutlich Oktober 1511 geschrieben, ist nicht erhalten.

57 An anderer Stelle sagt Luther einmal: »Sie (die Welschen) meinen, wenn einem Kardinal ein fauler Bombart entführe, so wäre den Deutschen ein neuer Glaubensartikel geboren.«

zu vergleichen. Und nun siehe, welch herzerfreuendes Schauspiel: die Worte strömten mir spielend von allen Seiten zu, sie lachten Euren Satz an, sie stürzten geradezu herbei, so daß das Wort Buße, das für mich früher das bitterste Wort der ganzen Schrift war – solange ich nämlich mit aller Kraft vor Gott Buße erheucheln und eine selbstgemachte und erzwungene Liebe zum Ausdruck bringen wollte –, mir jetzt süßer und lieber klingt als alles andere. *WA 1,525,15 ff*

9 Staupitz weist Luther auf Christus hin

Unser Herr Gott ist unser Herr; er beruft uns, so müssen wir [sein Wort] sagen. Wer wollte sonst den Haß ausstehen? Denn die Verachtung und die Undankbarkeit ist aufs höchste gestiegen. Aber mein Staupitz sagte: ›Man muß den Mann ansehen, der da Christus heißt.‹ Staupitz hat die Lehre [des Evangeliums] angefangen.

TR 1,526 (Frühjahr 1533)

10 Staupitz über die Prädestination

So riet mir Staupitz oft: ›Wenn du über die Prädestination disputieren willst‹, sprach er, ›so fang bei den Wunden Christi an, dann wird auf einmal die Disputation über die Prädestination aufhören.‹

Aus TR 1,1017 (1. Hälfte der dreißiger Jahre)

11 Luthers Dank an Staupitz · Aus einem Brief aus Wittenberg an Staupitz in Salzburg vom 17. September 1523

Aber auch wenn wir Euch nicht mehr angenehm und wohlgefällig sind, ziemt es uns doch nicht, Euch undankbar zu vergessen, durch welchen das Licht des Evangeliums zum erstenmale aus der Finsternis emporleuchtete in unsrem Herzen. *Br 3,155,5 ff*

Ich habe meine ganze Sache von Doktor Staupitz; der hat mir dazu verholfen. *Aus TR 1,173 (Februar/März 1532)*

Die Gerechtigkeit aus dem Glauben

Bei seiner Doktorpromotion hatte Luther eidlich gelobt, eitle, fremde, von der Kirche verurteilte und frommen Ohren anstößige *Lehren* nicht zu lehren, außerdem war ihm die *Bibel*, zuerst geschlossen, dann geöffnet überreicht worden – Mahnung und Verpflichtung, die Schrift vor Lästerern verschlossen zu halten, sich jedoch allezeit der Autorität der offenen Schrift zu beugen. Wenn Luther nun die Schrift zu verstehen sucht und auslegt, predigt und lehrt, so handelt er im Amte der Kirche, zu dem er ohne sein Zutun (1), auf Beruf und Befehl (2) gekommen ist, wie er sich später oft getröstet hat, wenn ihm die Größe der auf ihm liegenden Verantwortung vor Augen trat.

Allein wie kann er die Schrift verstehen? Längst kennt er sie durch und durch, längst weiß er ganze Kapitel auswendig, und immer noch steht sie vor ihm »wie eine Mauer«. Im Frühjahr 1513[58] bereitet sich Luther in der Turmstube des Schwarzen Klosters zu Wittenberg auf die Psalmenvorlesung vor, die er im August des Jahres halten will. Da überwältigt ihn von neuem seine verborgene Qual; denn er liest die Worte: »Errette mich durch deine Gerechtigkeit!« (Ps 31, 2). Ist das nicht ein Hohn, daß der Richter, in dem die Strenge des Gesetzes verkörpert ist, um Erlösung angefleht wird, daß der Richter der Retter sein soll (3)? Luther kommt an dieser Frage nicht mehr vorbei. Er ist auf einem Punkte angelangt, wo es kein Zurück mehr gibt. Die vernünftige Mäßigung seiner Pein, die vorsichtig-kluge Verteilung seiner Last auf Gnade und Werk, zu der ihn das Kloster, zuletzt Staupitz überreden wollte, hat er hinter sich gelassen. Seine Anfechtungen treiben ihn weiter (4). Aber kann er vorwärts? Vor ihm ist ja kein anderer als der gerechte Gott, vor dem er flieht, nichts anderes als die Gerechtigkeit Gottes, der sein Leben tödlich bedroht. Luther will und muß endlich wissen, was ›Gerechtigkeit Gottes‹ in der Schrift bedeutet. Aber er liest im Römerbrief nichts anderes, als was er schon weiß: im Evangelium offenbart sich die *Gerechtigkeit* Gottes. Ist das wahr? Ist das Evangelium eine Erscheinungsform des Gesetzes? Luther rast mit wütendem und verstörtem Gewissen, er ist dem Paulus von Herzen feind (5), er kämpft verzweifelt um das Verständnis dieser Stelle, weil sein Leben daran hängt – bis das Wunder an ihm geschieht, sich die verschlossene Schrift durch Gottes Barmherzigkeit, durch das Eingeben der Gnade, durch die Erleuchtung des Heiligen Geistes öffnet, bis er erkennen darf: Die Gerechtigkeit Gottes offenbart sich im *Evangelium.* Ist es wahr, was die Schrift sagt, daß das Evangelium eine Kraft Gottes ist, die *selig* macht, daß die Gerechtigkeit Gottes jedem, der glaubt, zum *Heil* gereicht, dann freilich ist sie nicht unser Verdienst, sondern Barmherzigkeit (6). Dann ist »die Gerechtigkeit, die vor Gott gilt« (Röm 1, 17), nicht die menschliche Gerechtigkeit, die im verzehrenden Feuer der göttlichen Gerechtigkeit vergeht, sondern die von Gottes Barmherzigkeit dem Sünder aus Gnaden verliehene Gerechtigkeit, welche ihm im Glauben zuteil wird. So lernt Luther zu

58 Der Zeitpunkt der reformatorischen Entdeckung wird von manchen Forschern auch später angesetzt, »zwischen Herbst 1513 und 1514« (Bornkamm). Dem Selbstzeugnis Luthers von 1545 folgend, setzen – im Unterschied zur übrigen Lutherforschung – Ernst Bizer (Fides ex auditu, 1958) und Kurt Aland (Der Weg zur Reformation, 1965) den eigentlichen reformatorischen Durchbruch auf das Frühjahr 1518 an.

unterscheiden zwischen Gesetz und Evangelium (7), zwischen dem Glauben als Menschenwerk und dem gottgegebenen Glauben, der dem tötenden Urteilsspruch Gottes standhält und weiß, daß nicht seine Würdigkeit, sondern der Freispruch des Richters ihn selig macht.

Als Luther im Jahre 1545 die Vorrede zu seinen lateinischen Werken schrieb, hat er darin nochmals eine umfassende Darstellung seines neuen Schriftverständnisses gegeben (8). Daß er dort die Entdeckung auf einen späteren Zeitpunkt datiert, ist sachlich belanglos. Was den jungen Professor von jahrelanger Qual befreit und zu einem neuen Menschen macht, ihn mit einer Freude erfüllt, über die nichts geht, und ihm die Pforten des Paradieses erschließt, ist dieselbe Gotteskraft, die dem alten Luther zum Inhalt seines Lebens geworden ist: nicht die Gerechtigkeit, nach welcher Gott gerecht *ist* und den Sünder straft, sondern die Gerechtigkeit, mit welcher Gott den Verlorenen gerecht *macht* durch den Glauben.

1 Doktor der Heiligen Schrift

Ich, Doktor Martinus, bin dazu berufen und gezwungen, daß ich Doktor werden mußte ohne mein Zutun aus lauter Gehorsam, daß ich das Doktoramt annehmen und meiner allerliebsten Heiligen Schrift schwören und geloben mußte, sie treulich und lauter zu predigen und zu lehren. *Aus »Glosse auf das vermeinte Kaiserliche Edikt« (1531). WA 30,3,386,14 ff*

2 Doktor im Amt der Kirche

Ich habe es oft gesagt und sage es noch einmal: Ich wollte aller Welt Gut nicht nehmen für mein Doktorat. Denn ich müßte wahrlich zuletzt verzagen und verzweifeln in der großen, schweren Sache, die auf mir liegt, wenn ich sie als ein Schleicher ohne Beruf und Befehl angefangen hätte. Aber nun muß Gott und alle Welt mit es bezeugen, daß ich's in meinem Doktoramt und Predigtamt öffentlich angefangen und bis daher mit Gottes Gnade und Hilfe geführt habe.

Aus »Von den Schleichern und Winkelpredigern« (1532). WA 30,3,522,2 ff

3 Das Erschrecken Luthers vor Psalm 31 Vers 2

Am Anfang, wenn ich im Psalter las und sang: »In deiner Gerechtigkeit erlöse mich!« – da erschrak ich allemal und war den Worten feind: ›Gerechtigkeit Gottes‹, ›Gericht Gottes‹, ›Werk Gottes‹. Denn ich wußte nichts anderes, als daß ›Gerechtigkeit Gottes‹ sein strenges Gericht bedeutete. Nun sollte er mich auch noch von seinem strengen Gericht erretten? Da wäre ich ja ewig verloren!

Aber ›Barmherzigkeit Gottes‹, ›Hilfe Gottes‹, diese Worte hatte ich lieber. Gottlob, als ich die Sache verstand und wußte, daß ›Gerechtigkeit Gottes‹ *die* Gerechtigkeit bedeutet, mit der er uns rechtfertigt durch die geschenkte Gerechtigkeit in Christus Jesus, da verstand ich die Grammatik, da schmeckte mir erst der Psalter.

TR 5,5247 (September 1540)

4 Luther wird in die Bibel hineingetrieben

Ich habe meine Theologie nicht auf einmal gelernt, sondern habe immer tiefer und tiefer hineingraben müssen; dahin haben mich meine Anfechtungen gebracht, weil man ohne Übung nichts lernt.

TR 1,352 (Herbst 1532)

5 Luthers Feindschaft gegen Paulus

Jenes Wort ›Gerechtigkeit Gottes‹ ist in meinem Herzen [wie] ein Donnerschlag gewesen. Denn wenn ich unter dem Papsttum las (Ps 31, 2): »In deiner Gerechtigkeit errette mich« und (Ps 86, 11) »in deiner Wahrheit«, so glaubte ich alsbald, jene Gerechtigkeit sei der strafende Grimm des göttlichen Zorns. Ich war dem Paulus von Herzen feind, wenn ich las: »Die Gerechtigkeit Gottes wird durchs Evangelium offenbart« (Röm 1, 17).

Als ich freilich später das Folgende sah, wie geschrieben steht: »Der Gerechte wird seines Glaubens leben« (Röm 1, 17), und überdies noch Augustin[59] zu Rate zog, da ward ich fröhlich. Als ich erkannte, daß die Gerechtigkeit Gottes die Barmherzigkeit sei, da wurde dem Gebeugten Hilfe zuteil. *Aus TR 4,4007 (September 1538)*

6 Gerecht aus dem Glauben

Die Worte ›gerecht‹ und ›Gerechtigkeit Gottes‹ wirkten auf mein Gewissen wie ein Blitz; hörte ich sie, so entsetzte ich mich: Ist Gott gerecht, so muß er strafen. Aber als ich einmal in diesem Turme und Gemache über die Worte (Röm 1, 17): »Der Gerechte wird seines Glaubens leben« und »Gerechtigkeit Gottes« nachsann, dachte ich alsbald: Wenn wir als Gerechte aus dem Glauben leben sollen und wenn die Gerechtigkeit Gottes jedem, der glaubt, zum Heil gereichen soll, so wird sie nicht unser Verdienst, sondern die Barmherzigkeit Gottes sein. So wurde mein Geist aufgerichtet. Denn die Gerechtigkeit Gottes besteht darin, daß wir durch Christus gerechtfertigt und erlöst werden. Nun wandelten sich mir jene Worte in liebliche Worte. In diesem Turm hat mir der Heilige Geist die Schrift geoffenbart.

TR 3,3232 c (Juni/Juli 1532)

7 Luther lernt zwischen Gesetz und Evangelium unterscheiden

Ich ging lang in der Irre und wußte nicht, woran ich war. Ich wußte wohl etwas und wußte doch nicht, was es war, so lange, bis ich an die

59 *Vgl. Seite 35, Anmerkung 38.*

Stelle Röm 1, 17 kam: »Der Gerechte wird aus dem Glauben leben.« Die half mir; da sah ich, von welcher Gerechtigkeit Paulus redet. Da stand vorher im Text ›Gerechtigkeit‹; da reimte ich das Abstraktum (›Gerechtigkeit‹) und das Konkretum (›der Gerechte‹) zusammen und wurde meiner Sache gewiß: ich lernte die Gerechtigkeit des Gesetzes von der Gerechtigkeit des Evangeliums unterscheiden. Es fehlte mir vorher nichts, als daß ich keinen Unterschied zwischen Gesetz und Evangelium machte; ich hielt alles für dasselbe und behauptete, zwischen Christus und Mose sei außer der Zeit und dem Grad der Vollkommenheit kein Unterschied. Als ich aber den rechten Unterschied fand, daß nämlich Gesetz und Evangelium zweierlei sei, da riß ich durch. *Aus TR 5,5518 (Winter 1542/43)*

8 Das alte und neue Verständnis der ›Gerechtigkeit Gottes‹

Ich war von einer gewiß wunderbaren Glut ergriffen gewesen, Paulus im Römerbrief zu verstehen; allein dem war bisher im Wege gestanden nicht das kalte Blut in der Brust, sondern ein einziges Wort in Kap. 1, 17: »Die Gerechtigkeit Gottes wird darin offenbart.« Ich haßte nämlich dieses Wort ›Gerechtigkeit Gottes‹, weil ich – nach Brauch und Gewohnheit aller Kirchenlehrer – unterwiesen worden war, es philosophisch zu verstehen von der sogenannten formalen oder aktiven Gerechtigkeit, wonach Gott gerecht *ist* und die Sünder und Ungerechten straft.

Ich aber liebte den gerechten und die Sünder strafenden Gott nicht, ja ich haßte ihn; denn ich fühlte mich, so sehr ich auch immer als untadeliger Mönch lebte, vor Gott als Sünder mit einem ganz und gar ruhelosen Gewissen und konnte das Vertrauen nicht aufbringen, er sei durch meine Genugtuung versöhnt. So zürnte ich Gott, wenn nicht in geheimer Lästerung, so doch mindestens mit gewaltigem Murren, indem ich sagte: Nicht genug damit, daß die elenden und ewig verlorenen Sünder infolge der Erbsünde mit Unheil aller Art durch das *Gesetz* der Zehn Gebote bedrückt werden, – nein, Gott will [auch noch] durch das *Evangelium* auf den alten Schmerz neuen Schmerz häufen und auch durch das Evangelium uns seine Gerechtigkeit und seinen Zorn drohend entgegenhalten! So raste ich mit wütendem und verstörtem Gewissen, und doch schlug ich mich an jener Stelle rücksichtslos mit Paulus herum, da ich glühend danach lechzte, zu wissen, was St. Paulus wolle.

So lange, bis ich endlich unter Gottes Erbarmen, Tage und Nächte lang nachdenkend, meine Aufmerksamkeit auf den [inneren] Zusammenhang der Worte richtete, nämlich »Die Gerechtigkeit Gottes wird darin offenbart, wie geschrieben steht: Der Gerechte lebt aus dem Glauben«[60], – da begann ich die Gerechtigkeit Gottes verstehen zu lernen als die Gerechtigkeit, in der der Gerechte durch Gottes Geschenk lebt, und zwar aus dem Glauben, und ich fing an zu verstehen, daß dies die Meinung ist, es werde durchs Evangelium die Gerechtigkeit Gottes offenbart, nämlich die passive, durch welche uns der barmherzige Gott gerecht *macht* durch den Glauben, wie geschrieben steht: »Der Gerechte lebt aus dem Glauben.«

Hier fühlte ich mich völlig neugeboren und als wäre ich durch die geöffneten Pforten ins Paradies selbst eingetreten. Da zeigte mir sogleich die ganze Schrift ein anderes Gesicht. Darauf durchlief ich die Heilige Schrift, wie's das Gedächtnis mit sich brachte, und sammelte auch in anderen Ausdrücken die entsprechende Übereinstimmung[61], wie zum Beispiel ›Werk Gottes‹, d. h.: das Werk, das Gott in uns schafft; ›Kraft Gottes‹, durch welche er uns kräftig macht; ›Weisheit Gottes‹, durch welche er uns weise macht; ›Stärke Gottes‹, ›Heil Gottes‹, ›Ehre Gottes‹.

So groß vorher mein Haß war, womit ich das Wort ›Gerechtigkeit Gottes‹ gehaßt hatte, so groß war jetzt die Liebe, mit der ich es als allersüßestes Wort rühmte. So ist mir diese Stelle des Paulus wahrhaftig zu einer Pforte des Paradieses geworden. Später las ich Augustin »Vom Geist und vom Buchstaben« [62], wo ich wider Erwarten darauf stieß, daß auch er die Gerechtigkeit Gottes ähnlich auslegt: als diejenige, mit der Gott uns bekleidet, indem er uns rechtfertigt. Und obgleich dies noch unvollständig gesagt ist und Augustin über die Zurechnung [der Gerechtigkeit Christi] nicht alles klar entwickelt, so wollte er doch, daß Gottes Gerechtigkeit gelehrt werde, durch die wir gerechtfertigt werden.

Aus der Vorrede zu Band I der Lateinischen Werke (1545).
WA 54,185,14 ff

60 Luther zitiert die Stelle Röm 1,16 nach der lateinischen Bibel, der Vulgata.

61 Eine große Anzahl biblischer Begriffe, welche Luther von seinem neuen Verständnis der ›Gerechtigkeit Gottes‹ aus deutet, wird ihm nun ebenfalls verständlich.

62 De spiritu et littera, eine Schrift Augustins aus dem Jahr 412, gegen Pelagius, den Vertreter der sittlichen Freiheit des Menschen, gerichtet.

Als Luther im August 1513 beginnt, die *Psalmen* auszulegen, steht er mit leeren Händen vor der Schrift; Gott hat ihm die eigene Weisheit, Kraft und Gerechtigkeit zerschlagen. Längst kennt er die Kunst der vierfachen Schriftauslegung[63], welche die scholastischen Theologen so virtuos üben; er hat von der Auslegungskunst des Mittelalters gelernt, daß man alle Aussagen der Psalmen, wenn irgend möglich, auf Christus beziehen müsse; er weiß von Augustin, daß man unterscheiden müsse zwischen dem »äußeren« Hören mit dem Ohr und dem »inneren« Hören, das den Menschen ins Herz trifft und unmittelbar angeht – jetzt aber ist ihm die wunderbare Gnade zuteil geworden, daß er das Wort der Schrift aufnimmt als unmittelbar von Gottes Majestät selbst geredet (1). Das kann nur, wer den Menschen der Schrift Seite an Seite steht, in derselben Bedrängnis und Anfechtung, in derselben Furcht und Hoffnung, mit derselben Leidenschaft des Fragens nach dem gnädigen Gott, in derselben Freude über Gottes Antwort, dem »Affekt« der Schrift gleichförmig geworden (2). Eben nicht das auch im Kloster reichlich betriebene Bibellesen an sich, sondern die Erkenntnis der Sache, um die Luther kämpfte, erschließt ihm die Schrift (3). Vor aller Auslegung kommt das Hören; die Heilsbotschaft hören kann aber nur der demütige, nicht der selbstmächtige Ausleger. Darum gewinnt in der Psalmenvorlesung der Begriff der ›Demütigkeit‹ für Luther immer größere Bedeutung. Gerne zitiert er Augustins Wort: ›Die volle und höchste Weisheit des Menschen besteht darin, daß er weiß, daß er nichts durch sich ist.‹ Nur die Selbstanklage, in welcher der Mensch das Gericht Gottes über sich und damit seine eigene Nichtigkeit anerkennt, macht ihn fähig, das Geistliche, das Ewige, das Zukünftige zu erkennen – Gott baut sein Werk, indem er unser Wesen zerstört.

Schon in der Psalmenvorlesung beruft sich Luther auf den »tiefsten Theologen«, den Apostel Paulus (4), dessen Zeugnis von Sünde und Gerechtigkeit Christi auch sein eigenes ist. Als er im November 1515 anfängt, über den *Römerbrief* zu lesen, setzt er auf das erste Blatt den

63 *Die Hochscholastik hatte, Ansätze bei Augustin weiterführend, die Theorie vom vierfachen Schriftsinn entwickelt: der Text der Bibel wird auf seinen Wortsinn (grammatisch), auf seine geistliche Bedeutung (allegorisch), auf seine moralische Abzweckung (tropologisch) und endlich auf seinen Gehalt an christlicher Hoffnung hin (anagogisch) befragt. Die Schrift, so zum ›Gegenstand‹ der Auslegung geworden, verlor dadurch ihre von Gott zum Menschen gerichtete Unmittelbarkeit.*

drohenden Kampfruf: Das Ziel dieses Briefes ist die Ausrottung, Vernichtung, Zerstörung der Gerechtigkeit des Fleisches und das Einpflanzen, Behaupten, Großmachen der Sünde (5) – das Gegenteil dessen, was er mit seiner Zeit vordem geglaubt hatte. Der ganze gewaltige Brief ist *ein* Zeugnis davon: Christus allein ist unsre Gerechtigkeit (6), Gottes Gnade umspannt den ganzen Menschen bis zum Tode und erneuert unser Leben (7), so daß alles menschliche Werk nicht der Würdigkeit dient, sondern von Anfang bis zu Ende dem Unwürdigen geschenkte Gnade ist; ja, von dieser Gnade gehalten, wagt sich Luther nochmals hinein in den dunklen Abgrund der ewigen Vorherbestimmung Gottes und gibt uns damit den sichersten Beweis für die völlige Erneuerung seines Glaubens, den tiefsten Einblick in das ihm aufgetane Geheimnis der Gnade. Das Entsetzen, daß Gott *verdammt*, weicht dem Glauben, daß *Gott* verdammt, dem bedingungs- und vorbehaltlosen Glauben, daß Gott unter allen Umständen recht urteilt. In völliger Unterwerfung unter den Willen Gottes geht das Selbstgericht bis zur Bereitschaft, auch die ewige Verdammnis, die Hölle und den ewigen Tod zu ertragen; so sehr ist der Eigenwille in der Gottesliebe erstorben, daß geradezu das freiwillige Ausharren in der Verwerfung, der Verzicht auf die ewige Seligkeit als höchste Bewährung des Gehorsams, des Glaubens, der Liebe zu Gott erscheint. Aber wird Gott den verdammen, der sich so willig und von ganzem Herzen seinem Willen hingibt, der so völlig auf sich und das Seine verzichtet, daß er sich die ewige Verdammnis gefallen läßt? Ja, Gott verdammt alle, die der Verdammnis entfliehen wollen, aber er erbarmt sich derer, die sie auf sich nehmen; wessen Wille so vollkommen eingeschmolzen ist in seinen Willen, der ist geliebt, ist gerettet (8). So wird für Luther die schärfste Auswirkung des Gesetzes zur tiefsten Offenbarung des Evangeliums, der Abgrund des ewigen Todes zur Pforte des Paradieses, der Tod zum Leben.

Luther beginnt in der Römerbriefvorlesung den Ring der neuen Glaubenserkenntnis auszuschreiten. Wenn der Strom seiner Gedanken auch noch viel Geröll der Scholastik mit sich führt, so ist doch im Grunde alles, was er später über die Gerechtigkeit des neuen Menschen, die Freiheit eines Christenmenschen zur Nächstenliebe, den Gehorsam gegen Gottes Gebot in Stand und Beruf gelehrt hat, schon in jener Zeit erkenntnismäßig fertig. Luther ist sich auch trotz seiner Verehrung für die Kirche, in der er lebt, darüber im klaren, was die *rechte Kirche* ist: der Ort, da die Botschaft der Gnade verkündigt wird; sie wird nicht durch Buchstaben und Menschensatzung, sondern durch das Evangelium erbaut und allein durch das Wort Gottes erhalten.

Aber ist die Kirche, der er in Treue dienen will, wirklich der Ort der Verkündigung des Evangeliums? Schon im Jahre 1515 klagt Luther in einer Predigt über die steife und unangreifbare Sicherheit der Bischöfe und Priester, über ihren Eifer in »Kleinigkeiten« – Standesehre, Leitung der Gewissen, Verantwortung für Pfründe und Amt – und ihre Gleichgültigkeit gegen die Hauptsache: das Wort der Wahrheit. Schon vernehmen die Hörer der Psalmenvorlesung, daß es Bischöfe, Priester und Doktoren gibt, die nicht nur in Fleischeslust und Ehebrecherei versunken sind, sondern überströmen von ihren Meinungen, Mutmaßungen, Fabeln und Hirngespinsten, während sie das wahre Wort Gottes nur ab und zu wie zum Scherz und ohne Erfolg unter Spöttern und Verächtern verkünden. Sie jagen irdischer Macht nach und vergießen sogar Christenblut (9); ist es ein Wunder, wenn unter solchen Umständen in der Sakramentsverwaltung, Wortverkündigung und Rechtspflege der Kirche ein Leichtsinn herrscht, an dem ihr Herr viel schwerer trägt als an den Gotteslästerungen der Türken? Schon erklärt Luther in der Römerbriefvorlesung, daß sein Lehramt ihn zwinge, gegen jegliches Unrecht seiner kirchlichen Vorgesetzten aufzustehen (10), und er zögert nicht, dies auch wahrzumachen. In einer seiner frühesten Predigten redet Luther sehr deutlich von der Schuld der hohen und niederen Geistlichen, von ihrem völligen Versagen gegenüber ihrer wichtigsten Aufgabe, durch die Predigt dem Wort der Wahrheit zur Geburt zu verhelfen (11). Und in der Römerbriefvorlesung spricht Luther mit dürren Worten aus, die weltlichen, nicht die geistlichen Güter seien die Hauptsorge der Bischöfe; die Kirche suche mit allen Mitteln das Ihre, sie sei sich zum Selbstzweck geworden und der blinde Selbsterhaltungstrieb bestimme ihr Urteilen und Handeln (12). Luther scheut sich auch nicht, bestimmte Mißstände – den Mißbrauch der Ablässe, den Prunk der Kirchenbauten, die Unfähigkeit und Hohlköpfigkeit vieler Priester – und bestimmte, ihm mißfällige Personen wie den Papst Julius II., den Erzbischof Albrecht von Mainz, ja auch seinen eigenen Landesvater, Kurfürst Friedrich von Sachsen, namentlich zu nennen und zu strafen.

Allein er hält daran fest, daß auch in dieser Kirche trotz der herrschenden äußersten Verderbnis Christus regiert, daß die unwiderstehliche Kraft des Wortes in ihr wirkt und daß nach Gottes Willen wenigstens hier und da gute und ehrliche Leute, der Sünder Schutz und Ehre, in ihr sind.

1 Gott redet in der Schrift

Das halte ich für die vornehmste Gnade und für eine wunderbare

Gunst Gottes, wenn es einem gegeben ist, die Worte der Schrift so zu lesen und zu hören, gerade wie wenn er sie unmittelbar von Gott selbst hörte. Wie sollte er nicht an Leib und Seele erzittern, wenn er gewahr wird, daß eine so große Majestät zu ihm spricht?

Aus der Psalmenvorlesung (1513/15). WA 3,342,26

»Das Antlitz des Herrn steht wider die Übeltäter« (Spr 34, 17) – das ist ein fürchterliches Wort. Würden wir glauben, daß es wahr ist – und es ist nur zu wahr –, wer zweifelt, daß wir viel vorsichtiger wandeln würden? Der Glaube an dieses Wort fehlt uns ganz und gar ... Entsetzlich, zu denken, daß die göttliche Majestät ihr Antlitz mit gespannter Aufmerksamkeit den Übeltätern zuwendet und – sie sieht ja alle Menschenkinder – alle ihre Werke wahrnimmt!

Aus der Psalmenvorlesung (1513/15). WA 3,190,24

2 *Die Gleichförmigkeit mit der Schrift*

Niemand vermag würdig über irgendeine Schriftstelle zu reden oder sie zu hören, wenn die Bewegung seines Gemütes (der »Affekt«) nicht [der Schrift] gleichförmig ist, so daß er innerlich versteht, was er äußerlich hört, und sprechen muß: Ei, so ist es wahrhaftig.

Aus der Psalmenvorlesung (1513/15). WA 3,549,33

3 *Die Sache selber treibt in die Schrift*

So verhält es sich ja in allen Lebenslagen, daß die Sache und die Ausübung die Leute gescheiter macht als das Wissen an und für sich. Das Bibellesen hätte mich niemals zu jener Erkenntnis geführt, hätten die Sache und die Händel der Feinde mich nicht belehrt. Im Anfang hätte ich mit Leib und Leben die Messe und das Mönchtum verteidigt, aber die Sache selbst hat mich eines andern belehrt.

Aus TR 3,3793 (März 1538)

4 *Die Lehre des Apostels Paulus*

Es wird keine Gerechtigkeit Gottes in uns geben und es entsteht keine, wenn nicht vorher ganz und gar die Gerechtigkeit zu Fall kommt und unsere Gerechtigkeit vergeht. Wir stehen nicht auf, wenn wir nicht vorher fallen; wir stehen ja unsicher. Andernfalls würde Gottes Gerechtigkeit zum Gespött, und Christus wäre umsonst gestorben. Das ist auch die Lehre des tiefsten Theologen, des Apostels Paulus, die unsern heutigen Theologen theoretisch vielleicht nicht, gewiß aber praktisch völlig unbekannt ist. Denn so möchte er selbst in Christus erfunden werden: als einer, der nicht *seine* Gerechtigkeit habe (Phil 3, 9). So nennt er sich selbst den vornehmsten aller Sünder (1 Tim 1, 15); das ist ein großherziger, ein glückbringender Hochmut.

Denn die Gnade und Gerechtigkeit Gottes ist um so mächtiger in uns, je mächtiger die Sünde ist (Röm 5,20), d. h. je weniger Gerechtigkeit wir uns selbst zuschreiben, je mehr wir uns selbst richten und verwünschen und verabscheuen, desto mächtiger strömt die Gnade Gottes in uns ein. *Aus der Psalmenvorlesung (1513/15). WA 3,31,9 ff*

5 Was will der Römerbrief?

Hauptgegenstand und Ziel des Apostels ist in diesem Briefe, alle Eigengerechtigkeit und -weisheit zu vernichten und Sünde und Torheit, welche gar nicht mehr da waren, d. h. an deren Dasein wir in unsrer Selbstgerechtigkeit gar nicht mehr glaubten, wiederherzustellen, zu vermehren und großzumachen, d. h. die Anerkennung zu bewirken, daß sie, zahlreich und mächtig, bis heute fortbestehen, und daß wir, um sie wirklich zu zerstören, erst Christus und seine Gerechtigkeit nötig haben. *Aus der Römerbriefvorlesung (1515/16). Glosse zu Röm 1,1 nach Ficker I, 1 Seite 3*

6 Christus ist unsere Gerechtigkeit

Sicherlich vernehmen wir aus unsrem Gewissen nichts anderes als verklagende Gedanken, da vor Gott – wenn er nicht selber in uns durch seine Gnade wirkt – unsre Werke nichts sind. Es ist uns freilich ein Leichtes, daß wir uns vor uns selbst entschuldigen, zumal wir an uns leicht Gefallen finden. Allein hat das einen andern Nutzen für uns, als daß wir ebendadurch überführt werden, wir kennen das Gesetz? Denn derartige selbstgefällige Gedanken sind Zeugen dafür, daß wir Gutes taten und Böses unterließen. Aber damit haben wir Gott noch nicht genuggetan oder das Gesetz vollständig erfüllt.

Woher empfangen wir nun Gedanken, die uns rechtfertigen? Nur von Christus und in Christus. Denn wenn das [eigene] Herz des Christusgläubigen ihn tadelt und verklagt und gegen ihn zeugt von seinem bösen Werke, so wendet er sich alsbald ab und zu Christus hin und spricht: Er hat genuggetan, Er ist gerecht, Er ist meine Verteidigung, Er ist für mich gestorben, Er hat seine Gerechtigkeit zu der meinigen und meine Sünde zu der seinigen gemacht. Hat Er nun meine Sünde zu der seinigen gemacht, so habe ich sie nicht mehr und bin frei. Hat Er seine Gerechtigkeit zu der meinigen gemacht, so bin ich gerecht durch dieselbe Gerechtigkeit wie er. Meine Sünde aber kann ihn nicht verschlingen, sondern sie wird verschlungen von dem unermeßlichen Abgrund seiner Gerechtigkeit; denn er selbst ist Gott, hochgelobt in Ewigkeit. *Aus der Römerbriefvorlesung (1515/16). Scholie zu Röm 2,15 nach Ficker I, 2, Seite 43,31 ff*

7 Gottes Wille mit den Menschen

Gott in seiner Barmherzigkeit will sie (die hochmütigen Menschen) alle miteinander ganz so wie Lügner, Ungerechte, Toren, Schwache, Sünder durch seine Wahrheit, Gerechtigkeit, Weisheit, Kraft, Reinheit wahrhaftig, gerecht, weise, stark, rein machen und sie solchermaßen von der Lüge, Ungerechtigkeit, Torheit, Schwachheit und Sünde freimachen, damit seine Wahrheit, Gerechtigkeit, Weisheit, Kraft, Reinheit als herrlich bezeugt werde in ihnen und von ihnen.

Aus der Römerbriefvorlesung (1515/16).
Scholie zu Röm 3,7 nach Ficker I, 2, Seite 56,13 ff

8 Die Lösung der Prädestinationsnot

Diejenigen, welche Gott in Wahrheit mit kindlicher Liebe und Freundschaft lieben, ... fügen sich aus freien Stücken in jeglichen Willen Gottes, auch in die Hölle und den ewigen Tod, wenn es so Gottes Wille sein sollte, nur damit sein Wille ganz geschehe; so wenig suchen sie das Ihre. Doch ebenso, wie sie sich dem Willen Gottes ohne Vorbehalt gleichförmig machen, ist es auch unmöglich, daß sie in der Hölle bleiben. Denn es ist ausgeschlossen, daß der außerhalb Gottes bleibt, der sich mit Leib und Seele in seinen Willen hineinwirft. Er will ja, was Gott will; also findet er Gottes Gefallen. Findet er sein Gefallen, so ist er geliebt; ist er geliebt, so ist er gerettet.

Aus der Römerbriefvorlesung (1515/16).
Scholie zu Röm 9,3 nach Ficker I, 2, Seite 217,26 ff

9 Wo sucht die Kirche ihre Stütze?

Jetzt aber rufen sie den Gott [zu] Akkaron[64] an und verlassen sich derart auf die Hilfe des Schwerts und der weltlichen Macht, daß sie selbst mit den höchsten Königen und Fürsten um Kriegsruhm zu streiten wagen. Hätte jemand zur Zeit der Märtyrer derartige Ereignisse in der Kirche prophezeit, daß um zeitlicher Güter willen die Bischöfe, die Väter der Seelen, soviel Christenblut vergießen würden, – ob sie dies wohl gutgeheißen hätten?

Aus der Psalmenvorlesung (1513/15). WA 3,442,10 ff

10 Luthers Lehramt verpflichtet zur Kritik

Ich beschwöre euch aber: Ahme mich keiner darin nach. Ich sage ja solches nur vom Schmerz genötigt und der Pflicht gehorchend. Denn die Beiziehung der Gegenwart trägt zum Verständnis des Textes außerordentlich viel bei. Zugleich tue ich dies, weil ich kraft apostolischer Autorität ein öffentliches Lehramt verwalte. Meine Pflicht ist,

64 Vgl. 2. Könige 1, 2.

auszusprechen, was ich an Unrecht – auch bei Höheren – geschehen sehe.

Aus der Römerbriefvorlesung (1515/16).
Scholie zu Röm 13,1 nach Ficker I, 2, Seite 301,25 ff

11 Die wahren Priester

Die vornehmste und erste aller Sorgen ist – könnte ich das doch mit Flammenworten in eure Herzen[65] rufen und, wie der Prophet spricht[66], Hagel, glühende Kohlen, Wüstenbrände und die scharfen Pfeile eines Starken wie Blitze [unter euch] schleudern! So nötig ist das heute, mehr als alles andere! –, daß die Geistlichen Überfluß haben zuvörderst am Wort der Wahrheit. Der ganze Erdkreis wimmelt, ja ist heutzutage überschwemmt vom Schmutz aller möglichen Lehren: mit so viel Satzungen, so viel Menschenmeinungen, überhaupt so viel Aberglauben wird das Volk mehr überschüttet als gelehrt, so daß das Wort der Wahrheit kaum noch ein wenig flimmert, ja an vielen Orten kein Fünklein mehr davon da ist. Und was mag das für eine Geburt sein, wo durch Menschenwort, nicht durch Gotteswort gezeugt wird! Wie das Wort, so die Geburt; wie die Geburt, so das Volk. Wir wundern uns gewöhnlich, daß im Volke Christi so viel Zwietracht, Zorn, Neid, Hoffart, Ungehorsam, schnöde Lust und Freßgier herrscht, die Liebe hingegen gänzlich erkaltet, der Glaube erloschen und die Hoffnung entleert ist. Wundert euch bitte nicht mehr! Das ist gar nicht zum Verwundern. Es ist unsre, der Prälaten und Geistlichen, Schuld. Über diese sollte man sich vielmehr wundern, daß sie so blind sind, so pflichtvergessen, daß eben die Leute, welche der geistlichen Geburt mit dem Wort der Wahrheit dienen sollten, das gänzlich unterlassen, weil sie mit anderem beschäftigt sind und in Sorgen um das irdische Gut ersticken. Denn die Mehrheit lehrt, wie gesagt, Fabeln und Menschenfündlein. Und wir wundern uns noch, daß aus solchen Worten solch ein Volk entsteht! ...

So dickfellig und unsinnig ist heute die Sicherheit der Bischöfe, daß sie nicht nur schweigen [wo sie reden sollten], sondern auch dem, was sie dann endlich mit vollen Backen ins Volk hineinposaunen, den Namen ›Predigt‹ und ›Lehre‹ beilegen, ohne überhaupt Rechenschaft abzulegen, ohne Furcht, ob es das Wort der Wahrheit sei, zur göttlichen Geburt geeignet, oder nicht. Und doch sind sie nur dazu, was sie sind, Geistliche und Priesterstand. Denn zu allem andern sind keine Geist-

65 Luther hat diese Predigt über 1. Joh 5,4 und 5 für seinen Freund Georg Mascov, Propst in Leitzkau, verfaßt. Mascov hat vermutlich die Predigt vor einer Synode, vielleicht im Jahre 1515, gehalten.
66 Vgl. Psalm 120, 4.

lichen nötig. Deshalb, wenn Bischöfe oder Geistliche sonst rundherum heilig und selig wären: tragen sie in diesem einen Punkt keine Sorge – wie fast alle –, daß das Wort der Wahrheit recht verwaltet werde, so werden sie gewiß nicht unter die Hirten, sondern unter die Wölfe gerechnet und vor Gott für Götzenbilder, nicht für Bischöfe gehalten werden. Mag einer sonst keusch, leutselig, gelehrt sein, mag er die Einkünfte mehren, Häuser bauen, seinen Einfluß vergrößern, ja mag er Wunder tun, Tote erwecken, böse Geister austreiben: nur der ist Geistlicher und Hirte, der ein Engel des Herrn der Heerscharen d. h. ein Bote Gottes ist, der das Volk mit dem Wort der Wahrheit leitet und ihm zu dieser göttlichen Geburt verhilft. *WA 1,12,11 ff*

12 Die Verderbnis der Kirche

Man muß nur staunen über die undurchdringlich dichte Finsternis unsrer Zeit. Die Geistlichen, d. h. die nach zeitlichen Gütern weit aufgerissenen Rachen, nehmen heutzutage nichts schwerer, als wenn die Freiheiten der Kirche, ihre Rechte, ihre Belange, ihr Vermögen angetastet werden. Da exkommunizieren sie sofort mit allen Bannstrahlen und erklären [die Übeltäter] zu Ketzern und schreien sie mit erstaunlicher Kühnheit als Feinde Gottes und der Kirche und der Apostel Petrus und Paulus aus. Dagegen sind sie nicht im geringsten [von der Forderung] beunruhigt, daß wenigstens sie selber Freunde [Gottes] oder [jedenfalls] keine schlimmeren Feinde als jene sein sollten. So sehr haben sie Gehorsam und Glauben mit dem Schutz, der Vermehrung und Verteidigung der zeitlichen Güter gleichgestellt. Du kannst hoffärtig sein, ein Verschwender, ein Geizhals, händelsüchtig, jähzornig, undankbar sein und über den ganzen Lasterkatalog verfügen, den der Apostel in 2 Tim 3 aufstellt, ja du magst himmelschreiende Fehler haben; trotzdem bist du der fromme Christ, wenn du die Rechte und die Freiheiten der Kirche schützest. Achtest du diese gering, so bist du kein treuer Sohn und Freund der Kirche mehr.

Aus der Römerbriefvorlesung (1515/16).
Scholie zu Röm 13,1 nach Ficker I, 2, Seite 298,14 ff

Der Ordensvikar

Im Mai 1515 hat das in Gotha tagende Ordenskapitel der deutschen Augustinerkongregation Luther zum Distriktsvikar über die zehn, später elf kursächsischen Klöster der Kongregation gemacht. Es dauert nicht lange, so spüren die Brüder eine neue, feste Hand. Der neue Distriktsvikar kümmert sich um jede Kleinigkeit. Er ist sich nicht zu gut, dem weggezogenen Ordensbruder Spenlein eine genaue Abrechnung über seine bescheidene Hinterlassenschaft – eine Kutte, ein paar Bücher – nachzusenden; die Versetzungen aus einem Kloster ins andere werden sorgfältig erwogen; der befreundete Erfurter Prior Johann Lang muß den Verbrauch an Speise und Trank für Gäste und Reisebrüder genau kontrollieren und Buch darüber führen und wird gefragt, ob sein Konvent ein Kloster oder eine Kneipe sei; Michael Dressel, der Prior in Neustadt, unfähig, einen streitsüchtigen Konvent in Eintracht zu erhalten, wird ohne viel Federlesen abgesetzt.

Es ist eine schlimme Zeit, in der Luther Ordensvikar wird. In den Klöstern verfällt die alte Zucht; um so erbitterter wird von den Eiferern des Gesetzes ihre Gültigkeit aufgerichtet und verteidigt. Beide, die Übertreter und die Verteidiger des Gesetzes, weist Luther auf Christus hin, der die Sünde der einen trägt und die Gerechtigkeit der andern vernichtet. Unter *Sündern* wohnt Christus – bei derselben Ordensversammlung, auf der Luther das neue Amt übertragen wird, müssen die erstaunten Brüder am 1. Mai 1515 eine scharfe und über den Ordenskreis hinaus Aufsehen erregende Predigt von ihm gegen die »fratres sanctuli«, die Miniaturheiligen, anhören. Unter Sündern wohnt Christus – am eindringlichsten, am schönsten hat Luther dies seinem Ordensbruder Georg Spenlein vor Augen gestellt (1), einem jener gewissenhaften Eiferer, die (wie Luther früher auch) mit aller Kraft danach strebten, vor Gott im Schmuck ihrer Tugenden und Verdienste in Gerechtigkeit und Würdigkeit dazustehen. Auch er soll erkennen, daß solches Trachten Vermessenheit, unmöglich, ein gefährlicher Irrtum ist, daß er mit dem Verlangen nach Sündlosigkeit die höchste Sünde begeht und so nie zu Christus kommt, daß er den Frieden erlangen wird durch die *getroste Verzweiflung* an seinen Werken und durch den aus der Verzweiflung aufsteigenden Lobgesang auf Christus, der allein sein Trost und seine Gerechtigkeit ist.

Unter den Sündern wohnt *Christus* – darum kann Luther, der Liebe Christi gewiß, die Sünder und Irrenden unter den Brüdern *lieben*. Die zuchtlosen Brüder sollen mit Geduld getragen werden, ja, ein unter schmachvollen Umständen entsprungener Ordensbruder erhält die Zusicherung, er werde bei freiwilliger Rückkehr mit offenen Armen, mit Freuden aufgenommen werden (2). Darum kann Luther, selbst von Gott wunderbar getröstet, den friedensseligen Prior Dressel scharf und liebevoll *trösten*: Der Friede, den der Geplagte begehrt, die Ruhe vor Kreuz und Anfechtung, die selige Stille im geschützten Paradiesgärtlein des Klosters, ist ein falscher Friede; der wahre Friede Gottes, über aller Vernunft, ist gerade in Kreuz und Leiden verborgen, das Marterholz des Kreuzes wird dem, der es willig trägt, zum Segensholz

(3). Ja, auch der Zorn Gottes ist ein Gnadenbeweis, darum darf der Glaube sich Unglück und Seuchen nicht anfechten lassen (4).

Luthers Arbeitsbelastung steigert sich im Herbst 1516 ins fast Unerträgliche. Damals hat Luther angefangen, die klösterlichen Stundengebete, zu denen er auch als Professor verpflichtet blieb, zusammenzusparen und gewissermaßen in einer Pauschalsumme abzubeten – ein Verfahren, das nicht ohne Schädigung seiner Gesundheit möglich war (5). Er könnte zwei Schreiber beschäftigen, so viel amtliche Lasten liegen auf ihm; dazu kommt noch die Pest in Wittenberg, der er, Staupitz den schuldigen Gehorsam weigernd, nicht durch Flucht ausweicht (6); dazu kommen die ständigen Anfechtungen, so daß sein Leben täglich mehr der Hölle sich nähert (4). Aber der stärkste Druck von außen und innen vermag ihn nicht mehr zu zerbrechen, denn er ist gewiß, daß der Herr ihn aus Furcht und Sorge, aus Schuld und Not herausreißt. Das ist der Ertrag seiner Klostergeschichte; ihm verleiht er klassischen Ausdruck in seiner ersten deutschen Schrift, der im März 1517 erschienenen Erklärung der sieben *Bußpsalmen.*

Was Luther seinen Ordensbrüdern geschrieben hat, schreibt er nun nochmals, aber nicht für Geistliche und Gebildete, sondern für die Gemeinde, seine ›rohen Sachsen‹. In den Bußpsalmen – es werden der 6., 32., 38., 51., 130. und 143. Psalm von ihm ausgelegt – findet Luther seine eigene Erfahrung wieder, wie wunderlich Gott am Menschen handelt, wie er ihn durch Widersprüche hindurchführt, durch Verzweiflung selig macht und wie ein Bildschnitzer die Form des künftigen Bildes herausarbeitet, indem er alles überflüssige Holz weghaut. Was ist die eigene Gerechtigkeit? Nicht mehr als eine Spielmünze, ein gemalter Gulden, Betrug, wenn man ihn für echte Münze ausgibt! In scharfem Angriff wendet sich Luther gegen alle geistliche Selbstzufriedenheit, in welche der Fromme, seines vorbildlichen Lebens, seiner guten Werke sicher, so gerne versinkt. Welcher Wahn des geistlichen Menschen, gut zu sein, während unter der dünnen Decke angemaßter, erdichteter Reinheit der schlimmste Unflat, die Selbstsucht, die tödliche Ungerechtigkeit, der Raub an Gottes Ehre verborgen liegt! Wie der Psalmist ist Luther still geworden und hat gelernt, daß seine Rechtschaffenheit Unrecht ist, daß Recht und Gnade nur bei Gott zu finden sind.

1 Die getroste Verzweiflung · Brief aus Wittenberg an Georg Spenlein, Augustiner in Memmingen, vom 8. April 1516

Gnade und Friede sei mit Dir von Gott dem Vater und dem Herrn Jesus Christus! ...[67]

Im übrigen begehre ich zu wissen, wie es um Deine Seele bestellt ist, ob sie nicht endlich lernt, der eigenen Gerechtigkeit überdrüssig, in Christi Gerechtigkeit Ruhe zu finden und sich auf sie zu verlassen. In unsrer Zeit werden ja viele von glühender Vermessenheit versucht, und ganz besonders solche, die aus aller Kraft nach Gerechtigkeit und Tugend streben. Sie kennen die Gerechtigkeit Gottes nicht, die uns doch in Christus in Fülle und umsonst geschenkt ist, und streben aus sich selbst nach guten Werken, so lange, bis sie die Gewißheit erreicht hätten, vor Gott im Schmuck ihrer Tugenden und Verdienste bestehen zu können – was doch unmöglich ist. Du lebtest bei uns auch in diesem Glauben, vielmehr in diesem Irrtum. Ich war auch darin befangen, doch jetzt kämpfe ich gegen diesen Irrtum; allein mein Kampf ist noch nicht zu Ende.

Darum, mein lieber Bruder, lerne Christus kennen, und zwar den Gekreuzigten. Lerne, ihm zu lobsingen und – mitten aus der Verzweiflung über Dich selbst heraus – zu ihm zu sprechen: ›Du, Herr Jesus, bist meine Gerechtigkeit, ich aber bin deine Sünde; du hast das Meine angenommen und mir das Deine geschenkt; du hast angenommen, was du nicht warst, und mir gegeben, was ich nicht war.‹ Hüte Dich, je einmal nach solcher Makellosigkeit zu trachten, daß Du vor Dir selbst kein Sünder mehr scheinen oder gar kein Sünder mehr sein willst. Denn Christus wohnt nur unter Sündern. Dazu kam er ja vom Himmel, wo er unter Gerechten wohnt, damit er auch unter Sündern seine Wohnung habe. Diese seine Liebe bedenke unermüdlich, so wirst Du seinen allersüßesten Trost ersehen. Müßten wir durch unsre eigenen Mühen und Qualen zur Ruhe des Gewissens gelangen, – wozu ist er dann gestorben? Darum wirst Du nur in ihm, durch die getroste Verzweiflung an Dir und Deinen Werken, den Frieden finden; Du wirst überdies von ihm lernen, daß ebenso, wie er Dich aufnahm und Deine Sünde zu der seinen machte, er auch seine Gerechtigkeit zu der Deinen gemacht hat.

Glaubst Du dies fest, wie Du mußt – denn verflucht ist, wer dies nicht glaubt –, dann nimm auch Du Deine zuchtlosen und immer noch irrenden Brüder an und ertrage sie mit Geduld; ihre Sünden ma-

67 Der ausgelassene Briefabschnitt (Br. 1,35,4–14) enthält eine Abrechnung über die Hinterlassenschaft Spenleins, der kurz zuvor von Erfurt nach Memmingen übergesiedelt war.

che zu den Deinen; hast Du etwas Gutes, lasse es das Ihre sein. Der Apostel sagt ja (Röm 15, 7): »Darum nehmet euch untereinander auf, gleichwie euch Christus hat aufgenommen zu Gottes Lobe«, und wiederum (Phil 2, 5 f): »Ein jeglicher sei gesinnet, wie Jesus Christus auch war, welcher, ob er wohl in göttlicher Gestalt war, hielt er's nicht für einen Raub ...« So halte auch Du es nicht für einen Raub, wenn Du Dich besser dünkst, als ob das nur Dir allein gehörte, sondern entäußere Dich selbst; vergiß, was Du bist, und sei einer der Ihren, damit Du sie zu tragen vermagst.

Es ist trostlos mit der Gerechtigkeit eines Menschen bestellt, der die andern an sich mißt, sie nicht ertragen will, wenn er sie schlechter findet und nach Flucht und Wüste trachtet, während er doch durch seine Geduld, sein Gebet, sein Vorbild ihnen auf der Stelle helfen müßte. Das heißt die Pfunde des Herrn vergraben[68] und den Mitknechten nicht geben, was man ihnen schuldet.[69] Bist du also eine Lilie und eine Rose Christi, so wisse, daß Dein Wandel unter Dornen sein wird.[70] Nur siehe zu, daß Du nicht durch Ungeduld, schnellfertiges Urteilen und versteckten Hochmut selbst ein Dorn wirst. Das Reich Christi ist inmitten seiner Feinde, sagt der Psalm (Ps 110, 2). Was träumst Du also von einem Leben inmitten von Freunden? Was Dir auch mangelt –, wirf Dich dem Herrn Jesus zu Füßen und flehe darum. Er selbst wird Dich alles lehren; achte nur darauf, was er für Dich und für alle Menschen getan hat; dann wirst auch Du lernen, was Du für andre tun mußt. Hätte er nur unter guten Menschen leben und nur für seine Freunde sterben wollen: ich bitte Dich, für wen wäre er dann gestorben, oder mit wem hätte er zusammenleben können?

Tue also, lieber Bruder, und bete für mich. Der Herr sei mit Dir! Lebe wohl in dem Herrn!

Wittenberg, am 3. Tage nach Misericordias Domini 1516.

Dein Bruder Martin Luther, Augustiner.

Br 1,35,4 ff

2 Fürsorge für den gefallenen Bruder · Brief aus Dresden an Johann Bercken, Prior in Mainz, vom 1. Mai 1516

Jesus.

Gruß im He zuvor! Ehrwürdiger und lieber Vater Prior! Wie ich durch ein böses Gerücht vernahm, weilt bei Euch, Vater, mein Bruder Georg Baumgartner aus unsrem Dresdener Konvent; er ist zu uns-

68 *Vgl. Matthäus 25,18.*
69 *Vgl. Matthäus 18,28.*
70 *Hoheslied 2,2.*

rem Schmerz zu Euch, ehrwürdiger Vater, gelangt aus Beweggründen und unter Umständen, die schmachvoll sind. Um so mehr danke ich Euch für die Treue und zuvorkommende Dienstfertigkeit, mit der Ihr ihn aufnahmet, damit die Schande aufhöre. Es ist mein verlorenes Schaf; zu mir gehört es; es ist meine Sache, es zu suchen und das Irrende zurückzuführen, wenn es dem Herrn Jesus so gefällt.

Ich bitte Euch daher, ehrwürdiger Vater, um unsres gemeinsamen Glaubens an Christus und um unsres gemeinsamen Gelübdes bei dem heiligen Augustin willen, schickt ihn mir – wenn es Euch in Eurer dienstwilligen Liebe irgend möglich ist – nach Dresden oder nach Wittenberg, oder vielmehr überredet ihn, selbst zu gehen, legt ihm freundlich und gütig nahe, freiwillig zu kommen. Ich werde ihn mit offenen Armen aufnehmen, wenn er nur kommt; er braucht keine Angst zu haben, ich sei beleidigt.

Ich weiß recht gut, daß Ärgernis kommen muß; es ist kein Wunder, wenn ein Mensch zu Fall kommt, wohl aber ist es ein Wunder, wenn er wieder aufsteht und stehenbleibt. Petrus fiel, damit er wüßte, daß er ein Mensch sei; es fallen heute noch die Zedern des Libanon, die mit ihren Wipfeln den Himmel streifen; ja es fiel – und das übertrifft alles! – der Engel im Himmel[71] und Adam im Paradiese. Kein Wunder also, wenn das Rohr vom Sturmwind bewegt und der glimmende Docht ausgelöscht wird![72] Der Herr Jesus wolle Euch lehren, mit Euch handeln und das gute Werk vollbringen! Amen. Lebt wohl!

Aus Dresden in unsrem Konvent.[73] Am Tage der hl. Philippus und Jakobus.

Bruder Martin Luther, Professor der heiligen Theologie und Vikar der Augustinereremiten für Meißen und Thüringen. *Br 1,38,3 ff*

3 Der wahre Friede Gottes · Brief aus Wittenberg an Michael Dressel, Prior in Neustadt an der Orla, vom 23. Juni 1516

Jesus.

Heil und Frieden [wünsche ich Dir], doch nicht den handgreiflichen Frieden nach menschlicher Vernunft, sondern den Frieden im Herrn, der unter dem Kreuz verborgen ist und höher ist als alle Vernunft[74] . . .[75]

71 *Luther denkt an den Fall Luzifers.*

72 *Vgl. Jesaja 42,3.*

73 *Luther befand sich damals auf einer Visitationsreise.*

74 *Vgl. Philipper 4,7.*

75 *Im ausgelassenen Teil (Br 1,46,6–47,26) schreibt Luther über die Aufnahme eines Deutschherrnritters in den Orden und über Versetzungen von Ordensbrüdern.*

Nun suchst und trachtest Du ja wohl nach Frieden, doch verkehrt. Denn Du suchst den Frieden, wie ihn die Welt gibt,[76] nicht wie ihn Christus gibt. Oder weißt du nicht, teurer Vater, daß Gott darum so wunderbar unter seinem Volke ist, weil er seinen Frieden hineingestellt hat mitten in die Friedlosigkeit, d. h. mitten in lauter Versuchungen? Er spricht ja (Ps 110, 2): »Herrsche unter deinen Feinden.« Darum hat nicht *der* Frieden, den niemand stört – das ist ja der Friede der Welt –, sondern der hat Frieden, den alle und alles stören und der das alles mit freudiger Ruhe erträgt. Du sprichst mit Israel (Jer 6, 14): »Friede, Friede«, und es ist doch nicht Friede; sprich lieber mit Christus: Kreuz, Kreuz, und es ist doch nicht Kreuz. Denn in dem Augenblick ist das Kreuz nicht mehr Kreuz, in dem Du fröhlich sprichst: Gebenedeites Kreuz, unter allem Holze ist keins dir gleich!

Sieh doch, wie liebreich Dich der Herr zum wahren Frieden ruft, indem er Dich durch so viel Kreuz wie mit einer Mauer umgibt! Das ist der wahre Friede Gottes, der höher ist als alle Vernunft, d. h. man kann ihn nicht fühlen, nicht fassen, nicht ausdenken; kein Gedanke kann ihn schauen und verstehen; nur wer sein Kreuz willig trägt in allem, was er fühlt, denkt, versteht, ein so Geplagter erfährt hernach diesen Frieden. Denn all unser Fühlen, all unser Tun und Denken hat Gott unter diesen Frieden gestellt und ans Kreuz geschlagen – d. h. in mancherlei Unruhe und Qual gestürzt. Darum ist es ein Friede *über* alle Vernunft und anders, als wir träumen und wünschen, ja unvergleichlich besser. Solchen Frieden suche, und Du wirst ihn finden; Du kannst ihn aber gar nicht besser suchen, als indem Du die Anfechtungen freudig auf Dich nimmst – als wären es heilige Reliquien – und darauf verzichtest, einen Frieden nach Deinem Gutdünken und Meinen suchen und auswählen zu wollen.

Lebe wohl und bete für mich, teurer Vater; der Herr möge Dich leiten! Aus Wittenberg, im Jahr 1516, am Tag der zehntausend Märtyrer.

Bruder Martin Luther, Distriktsvikar.

Br 1,46,4 ff

4 *Die Gnade im Zorn Gottes · Bruchstück aus einem Brief an Propst Georg Mascov in Leitzkau, vermutlich vom Herbst 1516*

Sei tapfer in Christus und lasse Dich's nicht anfechten, wenn Menschen und Vieh sterben.[77] Das sind viel mehr Gnaden- als Zornbeweise Gottes. Er zürnt nämlich dann viel mehr, wenn er nicht mehr

76 *Vgl. Johannes 14,27.*

77 *In der Magdeburger Gegend wütete im September 1516 die Pest; daraus läßt sich dieses Briefstück datieren.*

zürnt, wie er durch Hesekiel (16, 42) spricht: »Ich will dir nicht weiter zürnen« und »Mein Eifer soll von dir genommen werden.« Das ist – doch nur für die Verworfenen – ein entsetzliches Wort. Zum Schluß dieses Briefes bitte ich Dich flehentlich, daß Du für mich Fürbitte tust vor Gott; denn ich muß Dir bekennen, daß mein Leben sich täglich mehr der Hölle nähert, weil ich jeden Tag schlechter und elender werde. Sei aus Wittenberg gegrüßt!

Martin Luther, Augustiner, ein verbannter Sohn Adams.

Br. 1,60, Fragm. 1 ff

5 Die Anhäufung der Stundengebete

Als ich Mönch war, wollte ich von den [Stunden]gebeten nichts preisgeben. Als ich aber durch öffentliche Vorlesungen und Schriftstellerei ins Gedränge kam, sammelte ich meine Stundengebete oft eine ganze Woche bis auf den Sonnabend, ja zwei oder drei Wochen, und sperrte mich drei ganze Tage ein, aß und trank nichts, bis ich ausgebetet hatte. Da ward mir der Kopf so toll davon, daß ich in fünf Nächten kein Auge zutat, krank bis auf den Tod darniederlag und [wie] von Sinnen kam. Als ich aber rasch wieder genesen war, ging mir alles im Kopf herum, wenn ich lesen wollte. So zog mich unser Herrgott fast mit Gewalt von jener Folter des Betens hinweg. Derart war ich gefangen. *Aus TR 1,495 (Frühjahr 1533)*

6 Luthers Arbeitsüberlastung · Brief aus Wittenberg an Prior Johann Lang in Erfurt vom 26. Oktober 1516

Jesus

Gruß zuvor! Es wäre fast not, ich hätte zwei Schreiber oder Kanzlisten; den ganzen Tag tue ich nichts anderes als Briefe schreiben. Darum weiß ich nicht, ob ich nicht immer dasselbe wiederhole; Du wirst es ja sehen. Ich bin Konventsprediger und Tischprediger;[78] täglich werde ich auch als Prediger in der Pfarrkirche begehrt, ich bin Studienleiter,[79] bin Ordensvikar, d. h. elffacher Prior, ich bin Fischereiverwalter in Leitzkau[80] und Sachwalter der Herzberger Angelegenheiten in Torgau,[81] ich lese über Paulus und sammle Stoff für eine Psalmenvorlesung;[82] dazu kommt noch mein Briefwechsel, der, wie

78 Nach der Klosterregel wurde bei Tisch gepredigt.

79 Beim Generalstudium des Ordens.

80 Offenbar besaß das Wittenberger Kloster dort einen Fischteich.

81 Es handelte sich um einen Streit zwischen dem Herzberger Kloster und dem Torgauer Rat um die Torgauer Pfarrkirche.

82 Vermutlich handelt es sich hier um die Bußpsalmen, die Luther im März 1517 in Druck gab.

ich schon erwähnte, den überwiegenden Teil meiner Zeit beansprucht. Selten einmal habe ich Zeit genug, um die Horen zu beten und die Messe zu lesen – gar nicht zu reden von meinen Anfechtungen durch Fleisch, Welt und Teufel. Du siehst, was für ein Faulpelz ich bin! ...[83].

Du schreibst, daß Du jüngst mit der Vorlesung über das zweite Buch der Sentenzen[84] angefangen habest; ich beginne morgen mit dem Galaterbrief,[85] fürchte allerdings, daß mir der Ausbruch der Pest die Fortsetzung dieses Vorhabens nicht erlaubt. Bis jetzt hat die Pest bei uns höchstens zwei oder drei Leute – doch nicht jeden Tag [sondern insgesamt] – weggerafft; dem Schmied, unsrem Nachbarn gegenüber, begrub man heute einen gestern noch gesunden Sohn, ein zweiter liegt angesteckt darnieder. Kurz, sie ist da und beginnt plötzlich ihr grausames Werk, besonders gegen die Jugend. Du rätst mir und dem Magister Bartholomäus[86] zur Flucht mit Dir zusammen. Aber wohin soll ich fliehen? Die Welt stürzt ja nicht ein, wenn Bruder Martin fällt. Die Brüder werde ich allerdings, wenn die Pest weiter um sich greift, über das ganze Land verteilen. Ich selbst bin durch meine Gehorsamspflicht hierhergestellt; fliehen darf ich nicht, bis es mir nochmals befohlen wird.[87] Es ist nicht so, daß ich keine Angst vor dem Tode hätte – bin ich doch nicht der Apostel Paulus, sondern lese nur über ihn –, aber ich habe die Zuversicht, daß der Herr mich aus meiner Furcht reißen wird ...[88] *Br 1,72,4 ff*

Die Wittenberger Universitätsreform

Der dreiunddreißigjährige Professor Luther ist außerhalb seines Ordens ein fast unbekannter Mann. Seine Vorlesungen ziehen die Hörer an; seine Predigten wirken durch ihren Ernst und Eifer, aber seine neuen Sätze über die Gerechtigkeit aus dem Glauben, seine scharfen Worte gegen die verweltlichte Kirche verhallen innerhalb der Wände

83 *In dem hier ausgelassenen Briefteil (Br 1,72,14–73,26) macht Luther Mitteilungen über Versetzung und Austausch einzelner Mönche.*

84 *Vgl. Seite 37, Anmerkung 41.*

85 *Vom 27. Oktober 1516 bis zum 10. März 1517 las Luther über den Galaterbrief.*

86 *Luthers Schüler Bartholomäus Bernhardi aus Feldkirch.*

87 *Staupitz hatte als Luthers Vorgesetzter diesem schon am 8. Oktober die Flucht aus Wittenberg befohlen.*

88 *Der Schlußteil des Briefes (Br 1,73,40–59) enthält noch eine Reihe von Personalnachrichten.*

seines Hörsaales, dringen über den Kreis seiner Predigthörer nur selten hinaus.

Dagegen beginnt ein anderes Werk die Universität Wittenberg zu bewegen. Ist nicht immer noch *Aristoteles* der Lehrer des christlichen Abendlandes? Und schaut nicht, mehr oder minder verhüllt zwar, aber doch deutlich genug durch die Formeln der Scholastik hindurch seine Ethik, daß der Mensch, der strebend sich bemüht, der vernunftgeläuterte und tätig ringende, die vollkommene Tugend erreichen könne? Kann Luther mit ansehen, wie seine Ordensbrüder Geist und Gaben an eine Lehre verschwenden, die in die tiefste Sünde hineinführt? Wie die Universitäten gute Bücher verbrennen und in einem Todesschlaf befangen die schlechten weiter lehren? Luthers Urteil über den böswilligen Ränkeschmied Aristoteles steht fest; er kennt kein größeres Verlangen, als diesem Schauspieler die Maske vom Gesicht zu reißen (1).

Luther ist nicht der einzige, der die Beseitigung der Vorherrschaft des Aristoteles erstrebt. Die Luft hallt wider vom Kampfgeschrei der *Humanisten*: aus der unmittelbaren Begegnung mit der antiken Welt erwacht die Freude an Kunst und Wissenschaft; die alten Sprachen, jahrhundertelang mißbraucht von der Begriffsbildung der Scholastik, tauchen frisch und gegenwartsnah aus der grauen Vergangenheit auf, und in der Ferne steigt leuchtend das Ideal auf, das Jahrhunderte blendete: das Bild der freien, in sich mächtigen, zur Vollkommenheit durchgebildeten Persönlichkeit.

Allein wenn auch Luther eine Zeitlang von den Humanisten als einer der Ihren begrüßt wird, so zeigt sich doch rasch, daß sie nur in der Verneinung, nicht im Ziel einig sind. Für Luther ist an die Stelle des Aristoteles in den letzten Jahren mehr und mehr *Augustin* getreten, der lange mißachtete, dem Luther zunächst nur die Schrecken seiner Prädestinationsanfechtungen verdankt, den er aber nach der Entdekkung des Evangeliums mit neuen Augen liest und in dem er sein Verständnis des Evangeliums wiederzufinden glaubt. Vor und während der Römerbriefvorlesung hat sich Luther gründlich mit Augustin vertraut gemacht; nicht ohne Anerkennung sagt Melanchthon später: »Er hatte alle Werke Augustins nicht nur oft gelesen, sondern hatte sie auch tadellos im Gedächtnis.« Ja, Augustin kommt für Luther unmittelbar nach der Schrift; bei allen Kirchenvätern zusammen finde man nicht die Hälfte dessen, was bei Augustin allein. Auch später, nachdem er die Grenze, die ihn auch von Augustin trennt, erkannt hat, hält er ihn doch für den besten Ausleger der Heiligen Schrift (2) und für den besten Theologen (3). Ja, der junge, unbekannte Mönchsgelehrte, unempfindlich gegen den Qualm humanistischer Beweihräucherung, unbestechlich gegenüber dem Mythos wissenschaftlicher Größe, wagt sogar, auf einem Umwege dem berühmten Schulhaupt der Humanisten, dem gefeierten *Erasmus* von Rotterdam,[89] die Lektüre Augustins dringend zu empfehlen, und wagt zu hoffen, Erasmus werde auf diesem Wege auch Paulus besser und richtig verstehen. Und kurze Zeit später spricht er mit dürren Worten aus, daß ihm Erasmus nicht mehr gefalle: er stelle das Menschliche über das Göttliche (4).

Im Laufe des Winters 1516/1517 fällt in Wittenberg die *Entscheidung zwischen Aristoteles und Augustin.* Ein Schüler Luthers, auf Augustin sich stützend, disputiert in scharfen Sätzen gegen die occamistisch-aristotelische Lehre von der Möglichkeit, das Gute in eigener Kraft zu tun. Es entsteht eine heftige Fehde unter den Professoren, allein Luthers Kollegen, vor allem Karlstadt und Amsdorf, müssen sich geschlagen geben und fallen Luther zu; der Sieg seiner Theologie ist entschieden. Diese Umgestaltung der Lehrordnung der Universität wäre nicht so schnell vor sich gegangen, hätte Luther nicht am Hofe des Kurfürsten in dessen Geheimsekretär, Bibliothekar und Hofprediger Georg *Spalatin*[90] einen unermüdlichen Fürsprecher und Gönner gehabt, der noch oft genug Gelegenheit finden sollte, den zähen,

89 *Desiderius Erasmus von Rotterdam, 1466–1536, als Priestersohn geboren, in seiner Jugend durch eine lange Klosterzeit körperlich geschädigt, vervollkommnete in Paris, England und Rom seine Kenntnisse des Altertums und widmete, ohne festen Beruf bald in Basel, bald in England lebend, aber bald weithin bekannt und berühmt, sein Leben der Herausgabe aller wichtigeren heidnischen und altchristlichen Schriftsteller. Luthers Auftreten mußte er, dessen Ziel die Reform der Kirche durch den Humanismus war, als Störung empfinden. Nach der Auseinandersetzung mit Luther und nach der Reformation Basels 1529 zog er in das katholisch gebliebene Freiburg im Breisgau, sich ähnlich wie der Mystiker Staupitz wieder zur alten Kirche zurückwendend.*

90 *Georg Spalatin (1484–1545), in Spalt bei Nürnberg mit dem Familiennamen Burckhardt geboren, mit den Erfurter Humanisten befreundet, 1508 zum Priester geweiht, trat 1509 als Prinzenerzieher in immer engere Beziehungen zum kursächsischen Hof. Als Seelsorger und Geheimsekretär Friedrichs des Weisen war er, durch Luther für die neue Lehre gewonnen, der gegebene Vermittler zwischen Luther und dem Fürsten, ohne sich freilich damit immer Luthers Dank zu verdienen. Nach dem Tode des Kurfürsten führte er die Reformation in Altenburg durch; dank seiner diplomatischen Geschicklichkeit war er an allen großen Auseinandersetzungen mit den Altgläubigen wie auch am Aufbau der reformatorischen Kirche unablässig beteiligt.*

schwerfälligen und vorsichtigen Fürsten unmerklich zugunsten Luthers zu beeinflussen.

So kommt es, daß Luther im Mai 1517 dem Freunde Johann Lang vom Niedergang des Aristoteles und vom Fortschritt der eigenen Theologie und Augustins berichten kann (5). Dem Kampfe um die Erneuerung der theologischen Wissenschaft gilt nun seine ganze Kraft. Im September 1517 versendet er neue, noch schärfere Disputationsthesen: Der sündige Mensch kann nur das Böse wollen und will selber Gott sein; Gottesgesetz und Menschenwille stehen in unversöhnlichem Gegensatz; man kann nur ohne, nie aber mit Aristoteles Theologe werden. Er erwartet gespannt, was die gelehrte Welt zu diesem Angriff sagen wird. Aber die Antwort ist ein tödliches Schweigen. Luthers Paradoxien werden ignoriert. Daß seine Sätze eine Welt umstürzen, wird von niemand bemerkt. Was sein neues Schriftverständnis für Kirche und Welt bedeutet, sollte ohne sein Zutun an einem andern Punkt offenbar werden.

1 Luther will Aristoteles bekämpfen · Aus einem Brief aus Wittenberg an Prior Johann Lang in Erfurt vom 8. Februar 1517

Nach nichts brennt mein Herz so sehr als danach, diesen Schauspieler, der mit seiner griechischen Maske die Kirche so gründlich angeführt hat, zu entlarven und seine Schande vor aller Welt aufzuweisen, wenn ich nur Zeit dazu hätte. Ich habe einen kleinen Kommentar[91] zum ersten Buch seiner Physik unter den Händen, mit dessen Hilfe ich die Fabel von Aristäus nochmals aufzuführen gedenke gegen diesen meinen Proteus,[92] den hinterlistigsten Verführer der Geister; ja, hätte Aristoteles nicht Fleisch und Blut gehabt – ich würde die Behauptung nicht scheuen, er sei der leibhaftige Teufel gewesen.

Br 1,88,17 ff

2 Augustin der beste Exeget

Der Kirchenlehrer Augustin war der beste Ausleger der Schrift und überragte alle andern. Ich kann mich nicht genug darüber wundern, daß die andern Doktoren über die allerschönsten Texte weggelaufen sind, wo sie doch mit den Füßen hätten darüberfallen müssen.

Aus TR 2,2544 b (März 1532)

3 Augustin der größte Theologe nach Paulus

Augustin ist ein Denker; er will wissen und nicht wähnen und un-

91 Von diesem Werk Luthers ist nichts erhalten geblieben.

92 Der römische Dichter Vergil erzählt (Georgica, Buch IV), daß der griechische Gott Aristäus den weissagenden Meergreis Proteus, der sich in immer neue Gestalten verwandeln kann, überlistete.

terrichtet einen auch [dementsprechend]. Er ist der größte Theologe unter denen, welche nach den Aposteln schrieben. Wir Mönche freilich lasen nicht ihn, sondern den Scotus.[93]

Aus TR 4,5009 (Mai/Juni 1540)

4 *Urteil Luthers über Erasmus · Aus einem Brief aus Wittenberg an Prior Johann Lang in Erfurt vom 1. März 1517*

Ich lese unsern Erasmus[94] und dabei vergeht mir die Lust an ihm alle Tage mehr. Zwar gefällt mir, daß er Mönche und Priester so tapfer wie umsichtig in ihrer eingewurzelten und verschlafenen Unwissenheit an den Pranger stellt und verdammt; aber ich fürchte, er treibt nicht genug Christus und Gottes Gnade . . .: das Menschliche hat bei ihm viel mehr Gewicht als das Göttliche. Wiewohl ich nicht gern über ihn zu Gericht sitze, so tu ich's doch, um Dich zu warnen, alles von ihm zu lesen oder gar urteilslos zu übernehmen. Denn die Zeiten sind heute gefährlich, und ich sehe, daß einer nicht schon darum ein wahrhaft weiser Christ ist, weil er gut Griechisch und Hebräisch kann . . . Denn anders ist das Urteil, wo einer dem Willen des Menschen noch etwas zuschreibt, anders, wo einer außer der Gnade *nichts* kennt. Ich behalte jedoch dieses Urteil streng bei mir, um nicht den Chor seiner Neider zu bestärken. Vielleicht wird ihm der Herr zu seiner Zeit Verstand geben. *Br 1,90,15 ff*

5 *Der Sieg der neuen Theologie · Aus einem Brief aus Wittenberg an Prior Johann Lang in Erfurt vom 18. Mai 1517*

Unsere Theologie und St. Augustin machen rüstige Fortschritte und beherrschen dank Gottes Fügungen unsre Universität. Mit Aristoteles geht es allmählich bergab, er neigt sich zum nahe bevorstehenden, endgültigen Untergang. Die Vorlesungen über die Sentenzen werden auffallend gemieden und niemand kann auf Hörer rechnen, der sich nicht zu dieser Theologie, d. h. zur Bibel oder zu St. Augustin oder zu einem andern Lehrer von kirchlicher Autorität, bekennt. *Br 1,99,8 ff*

Der alte und der neue Glaube

So befreiend die Wiederentdeckung des Evangeliums für Luther persönlich war, so gewichtig sich die Auswirkungen bereits auf dem Gebiet des theologischen Studiums zeigten – so wenig ahnt Luther in dieser Stunde, welch tiefgreifende Folgen der neue Glaube hat für die ganze Welt, in der er groß geworden war.

93 *Vgl. Seite 20, Anmerkung 15.*
94 *Vgl. Seite 75, Anmerkung 89.*

Die *Bedeutung* des neuen Schriftverständnisses erschöpft sich nicht darin, daß Luther in der außer ihm liegenden Gnade Gottes den Halt seines Lebens gefunden hat, auch nicht darin, daß sich die gesamte scholastische Theologie durch seine Betonung der »passiven« Gerechtigkeit vor neue Fragen gestellt sah. Das neue Schriftverständnis ist vielmehr gleichbedeutend mit dem *Umsturz des Fundaments der alten Kirche.*

Das Geheimnis der katholischen Religion, die Grundlage des gewaltigen Baus ihrer Theologie, ihres Kirchenwesens, ihrer Frömmigkeit ist das *»Und«*.

Selbstverständlich weiß auch diese Kirche von Gott, der sich in Jesus Christus *geoffenbart* hat, der durch sein gnädiges und richtendes Wort zu der Welt redet und dessen Botschaft in der Heiligen Schrift bezeugt ist. Allein sie hat es verstanden, diese ihre Erkenntnis in einzigartiger Weise zu stützen, zu bekräftigen, zu vermischen mit dem Begriffe eines ganz anderen Gottes – und dadurch ist am Tage, daß ihr das Geheimnis des wahren, des einzigen, des offenbaren Gottes schon wieder in die Ferne gerückt ist. Sie kennt neben dem Gott der Bibel auch einen Gott, wie ihn schon Aristoteles geschaut hat, und wie er auch der natürlichen Vernunft *einsichtig* ist: in sich ruhend und sich selber genug, reiner Geist und reine Vernunft, und überall da offenbar, wo die Flamme geläuterter Vernunft die trübe Schwere irdischen Stoffs durchbricht.

Selbstverständlich rühmt auch die Kirche, deren treuer Sohn Luther ist und noch lange sein will, die reine, umsonst gegebene *Gnade* und weiß Gottes Freiheit, die ihn nur an das Gesetz der eigenen Milde bindet, mit starken Worten zu preisen. Allein sie lehrt gleichzeitig nicht nur die Möglichkeit, sondern die Notwendigkeit, daß der Mensch dieses Geschenk der lauteren Gnade Gott abverdiene, daß er also die Gnade durch das *Verdienst* seiner Leistungen erzwinge. Auch diejenigen Theologen, welche dem natürlich-freien Willen und seinen Kräften ein geringeres Zutrauen als andere entgegenbringen und in der Eingießung des sakramentalen »habitus«, einer neuen, wunderbaren Seinsform der Seele, die Voraussetzung für die Leistung guter Werke sehen, sind doch darin einig, daß eine »Bereitung« zur Gnade aus eigenem Willen, mit natürlichen Kräften erfolgen könne.

Demgemäß verzehrt sich die Frömmigkeit einerseits in der Anbetung der *Majestät* Gottes und erschauert, wie etwa beim Empfang des Altarsakraments, im Gefühl der eigenen Nichtigkeit vor Gottes Allmacht und Herrlichkeit. Allein daneben tritt das fromme *Ich;* in ruheloser Eigengerechtigkeit strebt es entweder darnach, durch gehäufte Werke, durch die Menge der Wallfahrten, Stiftungen, Messen, Ablässe und Beichten das für den Himmel erforderliche Maß zu erlangen, oder aber sucht es auf dem umgekehrten Wege durch Entsagung und Entwerdung, durch leidenschaftliche Selbstentäußerung und Abkehr von der Sinnenwelt sich des im Seelengrunde verborgenen Gottes zu bemächtigen. Beide Male verzehrt es sich in der peinigenden Ungewißheit, ob völlige Genugtuung, völlige Gottesgemeinschaft je erreicht werden kann.

Dieses *Nebeneinander* von Offenbarung und Vernunft, Gnade und Verdienst, Gott und Mensch ist durch das Luther gegebene neue Verständnis von Röm 1, 17 zerstört. An seine Stelle tritt das so oft mißverstandene, so schnell wieder vergessene *»Allein«* des Evangeliums, der Bibel, der wahren Kirche.

Luther verdankt den neuen Glauben *allein der Schrift*. Er hat sonst keine Antwort von Gott erhalten, weder in der Geschichte, der Tradition der Kirche, welche die Schrift erstickte unter der dichten Decke der wechselnden Auslegung der Väter, noch in seinem Orden, in der Gemeinschaft der Kirche, welche ihm die harte Begegnung mit der Schrift durch Scheintrost und kluge Seelenleitung zu ersparen suchte, noch in seinem Gewissen, dem angeblichen Anknüpfungspunkt für Gottes Wirken, in dem er nichts anderes fand als gänzliche Unvollkommenheit, völlige Verderbnis. Aber nun *hat*, nachdem alle andern Stimmen schweigen, Gott zu ihm geredet in der Schrift. Nun hört Luther Gottes Stimme nirgends anders als in der Schrift. Nun hält er fest: Nicht die Vernunft, nicht die innere Erleuchtung, sondern die Schrift ist der Ort der Offenbarung. Und ihre Gewißheit ruht in ihr selber; die Sache selber überwindet den Hörer, nicht die natürliche Einsichtigkeit oder die übernatürliche Beglaubigung durch Träume und Gesichte, Ekstasen und Wunderzeichen. Nun deckt die Autorität der Schrift den angefochtenen Einzelnen; in der Gewißheit, auf der Schrift zu stehen, stellt sich Luther Paulus an die Seite, weiß er sich der ganzen Theologie seiner Zeit überlegen.

In der Schrift hat Luther das Wort Gottes gehört, daß wir selig werden *allein aus Gnaden*. »Aktive« Gerechtigkeit – das ist diejenige Gerechtigkeit, welche Gott ausübt, indem er den Würdigen lohnt, den Unwürdigen straft. Diese Gerechtigkeit begründet eine Art Vertragsverhältnis, in dem der Mensch Rechte hat; der Maßstab des göttlichen Urteils ist die Würdigkeit des Menschen, über Gott steht das Gesetz, die Selbstrechtfertigung des Menschen ist der heimliche Richter. »Passive« Gerechtigkeit – das ist diejenige Gerechtigkeit, welche der Mensch erleidet, weil sie dem Sünder aus reiner Gnade ohne sein Verdienst und Würdigkeit zugesprochen wird. Das Urteil über den Unwürdigen ist gefällt, aber es ist ein Gnadenurteil: es reißt den Sünder, der im Bewußtsein seiner Unwürdigkeit auf Eigengericht und Selbstrechtfertigung verzichtet, aus der Mitte der Gottlosen heraus; es hat am Kreuze Christi alle Menschenkraft zunichte gemacht, damit der Sünder stark und selig werde durch Gotteskraft. Dieser Richter bleibt der unbedingte Herr des Menschen, aber er urteilt nach seiner Barmherzigkeit, und seine Gnade steht über dem Gesetz.

Die Rechtfertigung des Sünders geschieht *allein durch den Glauben.* Luther weiß, daß dieser Glaube das Gegenteil ist von dem, was er bisher »Glaube« nannte. Er ist nicht eine durch die übernatürlich eingegossene Gnade geformte Seelenhaltung, in der der Mensch vor Gott gefällige, würdige Werke vollbringt, wodurch er dem Urteil Gottes entflieht. Sondern er ist die Selbstauslieferung an Gottes Urteil auf Gnade und Ungnade: der Glaubende bekennt seine Sünde, er rechtfertigt sich nicht, sondern klagt sich an; er hält dem Spruch, der ihn tötet und lebendig macht, stand, er stimmt dem Urteil Gottes zu; er glaubt, daß nicht bei ihm, sondern allein bei Gott Rechtfertigung, Vergebung der Sünden, Gnade und Barmherzigkeit zu finden ist, er traut darauf, daß ihm diese Gnade durch Christi Verdienst zugerechnet ist; er ist in seinen Augen ein Sünder *und* er ist gewiß, daß er in Gottes Augen gerecht ist. Das ist die *Rechtfertigungslehre* der Reformation. Eine neue ›Lehre‹ neben vielen andern? Ein neuer ›Artikel‹, der einen Ausschnitt aus Gottes Werk formuliert und ›geglaubt‹ sein will wie so manches andere? Ein neuer Grundsatz der Theologie, ein wissenschaftliches Prinzip, von dem weitere Sätze, weitere Gemeinwahrheiten abgeleitet werden können?

Nein! Vielmehr: Die Rechtfertigungslehre ist die *Mitte* aller Theologie, der Herzpunkt jeder Glaubensaussage, das Zentrum aller Verkündigung! *Die Rechtfertigungslehre ist die Form, in der Luther Christus begegnet ist.* Gottes Gerechtigkeit erscheint in Jesus Christus. Darum verliert alle andere Gerechtigkeit ihren Wert. Christi Reich kommt. Das erschüttert die Kirche. Das erschüttert die Welt. Darüber, was die Rechtfertigungslehre für die *Welt* bedeutet, etwa für die Philosophie, die Welterkenntnis, oder für die Politik, die Weltgestaltung, sind wir uns auch heute noch nicht im klaren. Völlig deutlich ist aber, daß *Theologie und Kirche* ein anderes Gesicht erhalten werden, wenn diese Botschaft gilt; völlig deutlich auch, daß Luthers neue Wahrheit sich nicht auf seine Person, auf den Umkreis seines Klosters, auf die theologische Arbeit beschränken wird. Gott, der sich ganz in Christus offenbart, will auch den ganzen Menschen.

Der Kampf mit der mittelalterlichen Kirche

Um die Reinheit des Glaubens

1517 – 1521

Vom Ablaß-Streit bis zur Leipziger Disputation 1517–1519

Die fünfundneunzig Thesen

Das mittelalterliche *Bußsakrament* vermittelte dem reuigen Sünder die Absolution, den rechtskräftigen Zuspruch der Vergebung seiner Sünden vor Gott. Der Sünder darf glauben, daß seine Todsünden getilgt, daß die um ihretwillen verhängten ewigen Höllenstrafen aufgehoben sind. Allein schon hier zeigt sich eine schwerwiegende Verschiebung: die Schuld vor *Gott* ist der Sünder losgeworden, die Strafe der *Kirche* dagegen liegt noch auf ihm. Die zeitlichen Strafen (wozu auch das Fegfeuer gehört) sind in der Absolution nicht aufgehoben, sie müssen durch Genugtuungswerke wie Fasten, Almosengeben, Wallfahrten abgebüßt werden, welche der Beichtiger zumißt. Kein Wunder, daß der Sünder um der Todsünden willen verhängte ewige Strafen sehr leicht nimmt, dagegen vor den zeitlichen Strafen und den darauffolgenden Genugtuungswerken, die oft jahrelang dauern konnten, einen gründlichen Respekt empfindet.

Hatte so die Kirche Gottes Gebot und Verheißung zurückgeschoben und ihren eigenen Willen neben Gottes Willen gesetzt, so mußte sie folgerichtig auch noch einen zweiten Schritt tun, um ihre Herrschaft aufrechtzuerhalten: sie mußte einerseits die Strenge ihres Gesetzes dem Anspruch nach aufs schärfste betonen, andrerseits aber dem Menschen, der es halten wollte, so weit entgegenkommen, daß er es auch halten konnte.

Mehrere Jahre Fasten, jahrelanges Exil, Wallfahrten nach weit entfernten Orten, dazu die Aussicht, den unverbüßten Rest der Strafen im Fegfeuer abbüßen zu müssen, – geht es nicht auch einfacher? Nicht etwa die Gläubigen, sondern die Leitung der Kirche kam auf den Gedanken, die schweren und mühseligen Genugtuungswerke durch *kirchennützliche Ersatzleistungen* abzulösen: wer an einem Kirchbau mithilft, dem wird die Bußstrafe wenigstens zu einem Teil erlassen (»Ablaß«); wer gar auf einen Kreuzzug mitzieht, erhält vollkommenen Erlaß (Plenarablaß) seiner Genugtuungswerke. Welche Erleichterung für den Sünder: die Höllenstrafen hat ihm die Absolution weggenommen; und wenn er nun noch das ganze oder vereinfachte Genugtuungswerk leistet, so braucht er auch die zeitlichen Strafen einschließlich der Reinigungsstrafe des Fegefeuers nicht durchzumachen!

Es könnte freilich auch noch einfacher gehen. Die Teilnahme am

Kreuzzug ist ein persönliches Werk; kann die persönliche Ersatzleistung nicht, wie dies in aller Welt geschieht, in eine *dingliche* verwandelt werden, kann die Teilnahme am Kreuzzug nicht durch einen Ersatzmann oder durch Geld abgelöst werden? Schon im 12. Jahrhundert haben sich die Päpste auf diese neue Lösung eingelassen; der Ablaß begann eine Geldquelle für Rom zu werden.

War nun der Ablaß schon zu einer Ware geworden, so war nicht einzusehen, warum er nicht auch überall *feilgeboten* werden sollte. Es war nicht mehr nötig, daß die Gläubigen wie zur Zeit der Einführung des sog. Jubelablasses im Jahre 1300 nach Rom pilgerten, um dort fünfzehn Tage lang die Apostelgräber zu besuchen – nein, der Ablaß wird durch wandernde Händler ins Haus geliefert und bald hier, bald dort vertrieben; das »heilige Geschäft«, wie der Ablaß auch im amtlichen Sprachgebrauch der Kirche genannt wird, blüht.

Immer mehr kommt die Kirche dem drängenden Bedürfnis des Volkes nach Straferlaß entgegen; allein der von Fegfeuerangst Geplagte ist immer noch vom zufälligen Auftauchen eincs Ablaßhändlers abhängig. Um das Höchstmaß von Sicherheit zu erreichen, muß er über den Ablaß *jederzeit* verfügen können, muß ihn auf Vorrat beziehen können, ihn als Reserve für alle Fälle im Hause haben. Die Päpste stellen darum, zunächst nur für Vornehme, sodann aber für jedermann, die »Beichtbriefe« aus, um auch diesem Sicherheitsverlangen Rechnung zu tragen, und lassen sie gegen eine Taxe verkaufen. Der Beichtbrief wurde auf den Namen des Inhabers ausgestellt und berechtigte diesen, vor jedem beliebigen Priester zu beichten; der Beichtiger hingegen war verpflichtet, dem Inhaber dieses Himmelsschecks einmal in gesunden Tagen und einmal (später immer) in Todesgefahr vollkommenen Ablaß zu erteilen.

Aber noch fehlt eines. Die Lebenden sind nun gegen jegliche Strafen des Fegfeuers und der Hölle versichert; sollen die *Toten* von solchen Gnaden ausgeschlossen sein? Als nach langem Zögern der Päpste endlich im Jahre 1476 auch der Ablaß für die armen Seelen eingeführt wird, gibt es bald kein Zurück mehr. Das Geld fließt in Strömen, das Volk reißt sich um die Ablaßzettel; wer wollte nicht mithelfen, die armen Seelen aus der Fegfeuerqual zu erlösen?

So wird das Ablaßwesen zum stärksten Ausdruck für die Verweltlichung der Kirche. Das ist das Ende der Werkgerechtigkeit, daß Gottes Gnade auf den Märkten verschleudert wird. Die Kirche hat das Evangelium an das natürliche Sicherheitsstreben des frommen Menschen verraten, an den Familienegoismus, der auch über das Grab hinaus drängt, an die Habgier, welche geistliche Schätze zusammenscharrt; dafür hat sie sich ihre irdische Existenz, Macht und Einfluß, Reichtum und Ansehen gesichert.

Schon seit einiger Zeit steht *Luther* dem Ablaßwesen mißtrauisch gegenüber. Er weiß aus der Beichte, daß der Ablaß als Freibrief zu jeder Sünde aufgefaßt wird und dementsprechend wirkt. Und nun rückt das Unwesen gar noch in die Nähe! Zwar hat der Kurfürst Friedrich dem neuen Ablaß zum Bau von St. Peter in Rom seine Lande verschlossen; aber drüben über der Grenze, im Magdeburgischen, lärmt der Ablaßkommissar Johann *Tetzel* und bietet wie ein Marktschreier seine Ware feil. Die Wittenberger gehen über die Grenze nach Jüterbog und Zerbst, und Luther muß von den berüchtigsten seiner Beichtkinder den Lobpreis der billigen Gnade und eine Anzahl greulicher Sätze Tetzels hören, die er fast nicht glauben kann (1). Aber es kommt noch schlimmer. Im Herbst, nachdem Tetzels Lärm längst vergangen ist, fällt Luther das mit dem Wappen des Magdeburger Erzbischofs gezeichnete Instruktionsbuch für die Ablaßprediger in die Hände (1), in welchem er einen Teil der greulichen Tetzelschen Artikel, durch den bischöflichen Namen gedeckt, wiederfindet. Nun hat Luther keine Ruhe mehr, er muß um seiner Gehorsamspflicht willen an den Erzbischof schreiben, er muß ihn, um höchstes Unheil zu verhindern, aus tiefster Seele bitten, Abhilfe zu schaffen (2).

1 Tetzels Ablaßpredigt

Es geschah im Jahr 1517, daß ein Predigermönch namens Johann Tetzel,[1] ein großer Schreier, von sich reden machte. Herzog Friedrich[2] hatte ihn früher einmal in Innsbruck vom Sack erlöst, denn Maximilian hatte ihn zum Ersäuftwerden im Inn verurteilt – vermutlich um seiner großen Tugend willen. Herzog Friedrich ließ ihn daran erinnern, als er uns Wittenberger so zu lästern anfing; er gab es auch offen zu. Derselbe Tetzel ging nun mit dem Ablaß hausieren und verkaufte Gnade ums Geld aus Leibeskräften, so teuer oder so wohlfeil er konnte. Zu der Zeit war ich hier im Kloster Prediger und ein neugebackener Doktor, von heißer Liebe zur Heiligen Schrift erfüllt.

Als nun viel Volks von Wittenberg dem Ablaß nachlief nach Jüter-

1 Johann Tetzel, etwa 1465 in Pirna geboren, Dominikaner, war von 1504 bis 1510 für den Deutschorden Ablaßprediger und seit 1516 Unterkommissar für Erzbischof Albrecht von Mainz. Nach Luthers Angriff auf den Ablaß ließ man ihn fallen, worauf er im Dominikanerkloster in Leipzig Zuflucht suchte. Dorthin schrieb ihm Luther vor seinem Tode (1519) noch einen Trostbrief (vgl. Seite 128).

2 Es ist Kurfürst Friedrich von Sachsen gemeint.

bog und Zerbst usw., ich aber – so gewiß mich mein Herr Christus erlöst hat – nicht wußte, was der Ablaß war (wie es auch sonst kein Mensch wußte), fing ich vorsichtig an zu predigen, man könne wohl etwas Besseres tun, das gewisser sei als Ablaßlösen. Schon früher hatte ich hier auf dem Schlosse gegen den Ablaß gepredigt,[3] aber bei Herzog Friedrich keine Gnade verdient; denn er hatte sein Stift auch sehr lieb.[4] Nun – um zur rechten Ursache des »lutherischen Lärms« zu kommen[5] – ließ ich [zunächst] alles so gehen, wie es ging. Indes wird mir berichtet, Tetzel habe greuliche, schreckliche Artikel gepredigt, von denen ich diesmal einige nennen will:

Er hätte solche Gnade und Gewalt vom Papst, daß er es vergeben könnte, wenn einer gleich die heilige Jungfrau Maria, Gottes Mutter, geschwächt oder geschwängert hätte, wenn derselbe nur in den Kasten lege, was sich gebührt.

Weiter: Das rote Ablaßkreuz mit dem Wappen des Papstes, das in den Kirchen aufgerichtet werde, sei ebenso kräftig wie das Kreuz Christi.

Ferner: Wenn St. Peter jetzt hier wäre, hätte er keine größere Gnade oder Gewalt, als er habe.

Ferner: Er wollte im Himmel mit St. Peter nicht tauschen, denn er hätte mit [seinem] Ablaß mehr Seelen erlöst als St. Peter mit seinem Predigen.

Ferner: Wenn einer Geld für eine Seele im Fegfeuer in den Kasten lege, so führe die Seele aus dem Fegfeuer in den Himmel, sobald der Pfennig auf den Boden fiele und klänge.

Ferner: Die Ablaßgnade sei eben die Gnade, durch welche der Mensch mit Gott versöhnt werde.

3 *Genau ein Jahr vor dem Thesenanschlag, am 30. Oktober 1516, hatte Luther in einer Predigt in der Schloßkirche gegen den Ablaß Stellung genommen; dann nochmals wesentlich schärfer in einer Predigt am 24. Februar 1517.*

4 *Die Wittenberger Schloß- oder Stiftskirche enthielt einen vom Kurfürsten gesammelten, auch für die damalige Zeit außerordentlich großen Reliquienschatz, dessen Besuch allein schon reiche Ablaßgnaden verbürgte. Außerdem war in der Schloßkirche am Allerheiligenfest vollkommener Ablaß zu haben, wodurch Wittenberg zu einem in ganz Norddeutschland einzig dastehenden Gnaden- und Wallfahrtsort wurde. Für den Kurfürsten bedeutete die starke Inanspruchnahme der Ablaßgnaden seiner Stiftskirche gleichzeitig eine stattliche Einnahmequelle.*

5 *Herzog Heinrich von Braunschweig-Wolfenbüttel, gegen den die Schrift »Wider Hans Worst« gerichtet ist, hatte Luthers Sache den »lutherischen Lärmen« (Aufruhr, Skandal) genannt.*

Ferner: Es sei nicht nötig, Reue, Leid oder Buße für die Sünden zu tun, wenn einer den Ablaß oder die Ablaßbriefe kaufte (eigentlich sollte ich sagen: gewönne). Er verkaufte auch [Ablaß für] künftige Sünden. Derlei Dinge trieb er greulich viel; es war ihm dabei nur ums Geld zu tun.

Ich wußte aber zu jener Zeit noch nicht, für wen dies Geld bestimmt war. Da kam ein Büchlein heraus, gar herrlich unter dem Wappen des Bischofs von Magdeburg, in dem einige dieser Artikel den Ablaßkrämern zu predigen aufgetragen wurden. Da kam's an den Tag, daß Bischof Albrecht diesen Tetzel gedungen hatte, weil er ein so großer Schreier war ... *Aus »Wider Hans Worst« (1541). WA 51,538,23 ff*

2 Klage über den Ablaßhandel · Brief aus Wittenberg an Erzbischof Albrecht von Mainz vom 31. Oktober 1517

Jesus.

Gnade und Barmherzigkeit Gottes und alles, was er vermag und ist! Hochwürdiger Vater in Christus, durchlauchtigster Kurfürst, wollet mir verzeihen, wenn ich, die Hefe der Menschen, ein solches Maß von Vermessenheit habe, daß ich wage, auf einen Brief an Eure höchste Erhabenheit zu sinnen. Ich habe – und dessen ist mir der Herr Jesus Zeuge – im Bewußtsein meiner Niedrigkeit und Erbärmlichkeit schon lange hinausgeschoben, was ich nun mit unverschämter Stirn tue. Es bewegt mich aufs stärkste meine Treupflicht, deren ich mich Euch gegenüber, meinem hochwürdigen Vater in Christus, für schuldig erkenne. Darum wolle Eure Hoheit geruhen, mir, der ich nur Staub bin, Euer Augenmerk zuzuwenden und gemäß Eurer persönlichen und bischöflichen Milde meinem Verlangen Verständnis entgegenzubringen.

Es wird [im Lande] unter dem Schutz Eures erlauchten Titels der päpstliche Ablaß zum Bau von Sankt Peter feilgeboten. Ich klage dabei nicht so sehr über das Geschrei der Ablaßprediger, das ich [persönlich] nicht gehört habe. Wohl aber bin ich schmerzlich erzürnt über die grundfalsche Auffassung, die das Volk daraus gewinnt und mit der man sich öffentlich überall brüstet. Offenbar glauben die unglücklichen Seelen, ihrer Seligkeit sicher zu sein, sobald sie nur einen Ablaßbrief gelöst haben;[6] ebenso glauben sie, daß die Seelen sofort aus dem Fegfeuer fahren, sobald sie das Lösegeld in den Kasten gelegt hätten.[7] Weiter: So kräftig sei diese [Ablaß]gnade, daß jede noch so große Sünde vergeben werden könne, selbst in dem unmöglichen

6 *Vgl. unten (Seite 94 ff) These 32.*

7 *Vgl These 27.*

Fall, wenn einer – nach ihren Worten – die Mutter Gottes geschändet hätte.[8] Endlich soll der Mensch durch diesen Ablaß von jeglicher Strafe und Schuld frei werden.[9]

Ach lieber Gott, so werden die Seelen, die Eurer Fürsorge, teurer Vater, anvertraut sind, zum Tode unterwiesen! Und die schwere Verantwortung, die von Euch um dieser Seelen willen gefordert wird, wächst immer mehr an. Darum kann ich in dieser Sache nicht länger schweigen. Denn kein Mensch wird durch des Bischofs Amt und Werk seines Heils gewiß – erlangt er die Gewißheit ja nicht einmal durch die eingegossene göttliche Gnade –, vielmehr gebietet uns der Apostel, allezeit mit Furcht und Zittern zu schaffen, daß wir selig werden (Phil 2, 12); ja selbst der Gerechte wird kaum erhalten werden (1 Petr 4, 18). Endlich: Der Weg, der zum Leben führt, ist so schmal (Matth 7, 14), daß der Herr durch die Propheten Amos (4, 11) und Sacharja (3, 2) die zum Heil Kommenden einen Brand nennt, der aus dem Feuer gerissen wird. Überall betont der Herr, wie schwer es sei, die Seligkeit zu erlangen.

Wie ist's also möglich, daß sie durch erlogene Märchen und Versprechungen vom Ablaß das Volk in Sicherheit und Furchtlosigkeit wiegen? Die Ablässe tragen doch zum Heil und zur Heiligung der Seelen nichts bei, sondern tilgen nur die äußerliche Strafe, wie man sie ehemals nach den kanonischen Vorschriften aufzulegen pflegte![10]

Weiter: Die Werke der Gottesfurcht und der Liebe sind unendlich wertvoller als die Ablässe.[11] Und doch wird darüber weder mit solchem Gepränge noch mit solchem Eifer gepredigt, ja man schweigt davon, weil die Ablaßpredigt wichtiger ist, während es doch die erste und einzige Sorge aller Bischöfe sein sollte, daß das Volk das Evangelium und die Liebe Christi lerne. Die Ablaßpredigt hat Christus nirgends geboten, wohl aber mit großem Nachdruck die Evangeliumspredigt. Welch große Schande und welch große Gefahr ist es also für einen Bischof, wenn er das Evangelium schweigen läßt, dafür aber den Ablaßlärm unter seinem Volk erlaubt und dafür mehr übrig hat als für das Evangelium! Wird Christus nicht zu solchen sprechen: »Ihr seihet Mücken und schlucket Kamele« (Matth 23, 24)?

Dazu kommt, hochwürdiger Vater in dem Herrn, noch folgendes: In der Anweisung für die Ablaßkommissare, die unter Eurem Namen veröffentlicht worden ist, heißt es – sicherlich ohne Euer Wissen und

8 *Vgl. These 75. Tetzel hat dieses Gerücht als Verleumdung bestritten.*
9 *Vgl. These 21.*
10 *Vgl. These 5.*
11 *Vgl. These 43.*

Wollen –, eine der Hauptgnaden bestehe in dem unschätzbaren Gottesgeschenk der Versöhnung des Menschen mit Gott und der Tilgung sämtlicher Fegfeuerstrafen. Auch hätten die, welche Ablaß für die armen Seelen oder Beichtbriefe lösten, keine Reue nötig.[12]

Was kann ich anderes tun, hochedler Bischof und erlauchtester Fürst, als daß ich Euch, hochwürdiger Vater, bei unsrem Herrn Jesus Christus bitte, Ihr wollet in väterlicher Sorge Euer Auge dieser Sache zuwenden, jenes Büchlein völlig beseitigen und den Ablaßpredigern eine andere Predigtweise zur Auflage machen? Sonst könnte es so weit kommen, daß einer aufsteht, der durch seine Bücher die Ablaßprediger sowohl als auch jenes Büchlein öffentlich widerlegt – zur höchsten Schande Eurer erlauchten Hoheit. Davor graut mir in tiefster Seele, und doch fürchte ich dies für die nächste Zukunft, wenn nicht schnell Abhilfe geschaffen wird.

Ich bitte, Euer erlauchte Gnaden wolle diesen meinen bescheidenen, aber treuen Dienst als Fürst und Bischof, d. h. voll Huld entgegennehmen, wie ich ihn mit treuem und Euch, hochwürdiger Vater, ganz ergebenem Herzen darbringe. Denn auch ich bin ein Schaf Eurer Herde. Der Herr Jesus behüte Euch, ehrwürdiger Vater, in Ewigkeit. Amen.

Wenn es Euch, hochwürdiger Vater, beliebt, möget Ihr meine beiliegenden Streitsätze ansehen, damit Ihr erkennet, was für eine unsichere Sache die Auffassung vom Ablaß ist, wenn auch die Ablaßprediger ihre Sache für unbedingt gewiß halten.

Euer unwürdiger Sohn

Martin Luther, Augustiner, berufener Doktor der Theologie.

Br 1,110,5 ff

Luther ahnt vielleicht, daß der Erzbischof diesen seinen Brief gleichgültig oder unwillig beiseiteschieben wird. Aber die Not der verführten Seelen schreit nach Hilfe. Darum beschließt Luther, seine Meinung über den Ablaß wenigstens der gelehrten Öffentlichkeit vorzulegen und die Mitglieder der Universität zu einer öffentlichen Disputation über den Ablaß aufzufordern. In 95 Thesen faßt er alles zusammen, was von seinem Verständnis der Schrift aus gegen den Ablaß, über die päpstliche Vergebungsgewalt, über den Ablaß für die armen Seelen, über die zweifelhafte Wirksamkeit des Ablasses, sein Verhältnis zu den guten Werken, über den Greuel der Ablaßpredigt zu sagen ist, und bringt endlich noch in einigen spitzigen Fragen die Bedenken vor, die längst im Volk gegen den Ablaß umgehen. Nach dem Brauche der

12 *Vgl. These 33.*

gelehrten Welt werden die Thesen gedruckt, auch Erzbischof Albrecht erhält gleichzeitig mit Luthers Brief ein Exemplar davon, und am 31. Oktober 1517, dem Samstag vor Allerheiligen, dem weitberühmten Wittenberger Ablaßfest, schlägt Luther das Plakat mit den 95 Thesen an die Türe der Schloßkirche an. Keiner der Amtsgenossen und Freunde weiß von Luthers Vorhaben. Niemand kann auch voraussehen, was für einen Sturm diese Einladung zu einer gelehrten Disputation hervorrufen wird.

Im folgenden sind die Thesen (3) in deutscher Übertragung auf Grund des lateinischen Textes (WA 1, 233 ff) wiedergegeben. Außerdem sind in den Anmerkungen auch die Resolutionen (»Erläuterungen«) zu den Thesen beigezogen, welche Luther im Jahre 1518 veröffentlichte und in denen er die 95 Thesen ausführlich erklärt und begründet (WA 1, 522 ff).

3 Die 95 Thesen

Liebe zur Wahrheit und der Wille, sie ans Licht zu bringen, sind der Anlaß, daß die folgenden Sätze in Wittenberg unter dem Vorsitz des ehrwürdigen Vaters Martin Luther, Magisters der freien Künste und der heiligen Theologie, sowie ordentlichen Professors der Theologie daselbst, verhandelt werden sollen. Darum bittet er alle, die nicht persönlich anwesend sein und mündlich mit uns die Sache erörtern können, dies in Abwesenheit schriftlich zu tun. Im Namen unsres Herrn Jesu Christi, Amen.

I: Von der wahren Busse und der päpstlichen Vergebungsgewalt · These 1–7

a Die evangelische Buße umfaßt das ganze Leben

1 Unser Herr und Meister Jesus Christus hat mit seinem Wort »tut Buße« usw.[13] gewollt, daß das ganze Leben der Gläubigen [nichts als] Buße sein solle.

2 Dieses Wort kann nicht von der Buße als Sakrament verstanden werden, das heißt von der Buße der Beichte und der Genugtuung,[14] die durch das Amt der Priester ausgeübt wird.[15]

13 *Gleich zu Beginn der Thesen beruft sich Luther auf die Heilige Schrift (Matth 4,17). Er will auch hier nichts anderes sein als Ausleger der Schrift.*

14 *Beim katholischen Bußsakrament werden drei vom Beichtenden zu leistende Stücke unterschieden: die Reue (contritio), von Luther in der 2. These nicht besonders erwähnt, sodann die Beichte (confessio), die im Bekenntnis aller Todsünden besteht und vor einem Priester abgelegt werden muß, und endlich die Genugtuung (satisfactio); denn da im Bußsakrament die zeitlichen Strafen nicht getilgt werden, müssen diese durch genugtuende Werke*

3 Doch meint dieses Wort auch nicht nur eine innerliche Buße, ja es gibt überhaupt keine innerliche Buße, die nicht äußerlich mancherlei Abtötung des Fleisches bewirkt.

4 Deshalb dauert auch die Strafe so lange, als des Menschen Haß gegen das eigene Ich währt (das ist die wahre, innerliche Buße), nämlich bis zum Eingang ins Himmelreich.

b Des Papstes Vergebungsgewalt ist in ihrem Recht begrenzt

5 Der Papst will und kann keine anderen Strafen erlassen als diejenigen, die er entweder nach seiner eigenen oder nach der kanonischen Bestimmung auferlegt hat.[16]

6 Der Papst kann keine Schuld anders erlassen als durch die [nachträgliche] Erklärung und Bestätigung, daß sie von Gott erlassen *ist*;[17] außerdem kann er zweifellos Fälle, die er sich vorbehalten hat, erlassen; würde dies verachtet, so bliebe freilich die Schuld gänzlich unerlassen.[18]

7 Gott vergibt überhaupt keinem die Schuld, ohne ihn zugleich in allen Stücken gedemütigt dem Priester als seinem Stellvertreter zu unterwerfen.

II: Vom Ablass für die Toten · These 8–29

a Die kirchliche Strafgewalt hat am Tod ihre Grenze

8 Die kanonischen Bußsatzungen sind allein den Lebenden aufer-

(Fasten, Almosen, Beten, Wallfahrten u. ä.) getilgt oder, soweit dies nicht geschieht, im Fegefeuer gebüßt werden.

15 Die »evangelische« Buße, wie Luther in den »Erläuterungen« sagt, und die sakramentale Buße sind deshalb nicht dasselbe, weil das Bußsakrament nur einen Teil des irdischen Lebens umfaßt, weil die darin ausgesprochene Buße etwas Äußerliches ist und darum auch erheuchelt sein kann, und endlich, weil für das Bußsakrament kein ausdrücklicher Befehl Christi vorliegt; es ist vielmehr eine Einrichtung der Päpste und der Kirche. Luthers Kritik am Ablaß hat hier, in der evangelischen Kritik des Bußsakraments, seine eigentliche, tiefliegende Wurzel.

16 Luther stellt hier den geltenden kirchlichen Wertmaßstab, wonach die kirchlichen, sog. kanonischen Strafen die wichtigsten sind, auf den Kopf und stellt in den »Erläuterungen« eine neue Reihe auf, bei welcher die ewige Pein voransteht; dann folgt das Fegefeuer, weiter die freiwillige Pein, im Sterben des Fleisches bestehend, ferner die göttlichen Züchtigungen und zuletzt die von der Kirche festgesetzten Strafen.

17 Luther unterscheidet hier zwischen der von Gott vollzogenen und der vom Papst mitgeteilten Vergebung der Schuld.

18 Hieraus wie auch aus These 7 wird deutlich, wie gewissenhaft Luther die bestehenden kirchlichen Einrichtungen schont und anerkennt.

legt; Sterbenden darf – entsprechend eben diesen Satzungen – nichts auferlegt werden.

9 Daher tut uns der heilige Geist im Papste darin wohl, daß er in seinen Verfügungen immer den Fall des Todes und der äußersten Not ausnimmt.

10 Unverständig und übel handeln die Priester, die den Sterbenden die kanonischen Bußleistungen noch für das Fegfeuer aufsparen.

11 Jenes Unkraut von der Verwandlung der kanonischen Strafe in die Fegfeuer-Strafe wurde offensichtlich ausgesät, als die Bischöfe schliefen.[19]

12 Früher wurden die kanonischen Strafen nicht *nach*, sondern *vor* der Absolution auferlegt, gewissermaßen zur Prüfung der wahren Reue.[20]

13 Die Sterbenden bezahlen mit dem Tode alles, sie sind den kanonischen Gesetzen schon abgestorben und also von Rechts wegen davon los und frei.

b Im Fegefeuer soll die Furcht sterben, die Liebe wachsen

14 Ist der Sterbende [geistlich] nicht genesen oder unvollkommen in der Liebe, so bringt dies unvermeidlich große Furcht mit sich, und zwar um so größere Furcht, je kleiner der Glaube und die Liebe ist.[21]

15 Diese Furcht und dieser Schrecken sind schon für sich allein hinreichend (von anderem zu schweigen!), um die Pein des Fegfeuers zu bereiten, da dieser Schrecken dem Schrecken der Verzweiflung ganz nahe kommt.[22]

16 Offensichtlich unterscheiden sich Hölle, Fegfeuer und Himmel so, wie sich Verzweiflung, annähernde Verzweiflung und Gewißheit voneinander unterscheiden.

19 Vgl. Matthäus 13,25.

20 In der seit Tertullian bestehenden altkirchlichen Bußordnung mußte der Sünder, um die Wiederaufnahme in die kirchliche Gemeinschaft zu erlangen, Genugtuung leisten (durch öffentliches Schuldbekenntnis, Kasteiung, Trauer in Sack und Asche usw.), worauf ihm die Absolution und die Wiederaufnahme zuteil wurde. Luther will mit diesem geschichtlichen Hinweis die 8. These stützen, daß die Satisfaktionen nicht den Toten, sondern nur den Lebenden aufgelegt werden dürfen.

21 Diese These ist formuliert im Anschluß an 1 Johannes 4,18.

22 Luther ist damals vom Dasein eines Fegfeuers noch überzeugt, höhlt aber tatsächlich die überlieferte Vorstellung schon innerlich aus, indem er die höllischen Strafen als Schrecken und Flucht vor Gott beschreibt. Später erklärte er das Fegfeuer für »lauter Teufelsgespenst«.

17 Es scheint für die Seelen im Fegfeuer notwendig, daß bei ihnen der Schrecken abnimmt und in demselben Maß die Liebe wächst.[23]

18 Augenscheinlich ist es auch weder durch Vernunftgründe noch durch Schriftstellen erwiesen, daß die Seelen im Fegfeuer sich ausserhalb des Standes befinden, in dem ein Verdienst erworben werden oder die Liebe wachsen kann.[24]

19 Ebenso aber scheint nicht erwiesen zu sein, daß die Seelen im Fegfeuer über ihre Seligkeit sicher und gewiß sind – wenigstens nicht alle –, auch wenn *wir* darüber ganz sicher sind.

c Der Papst hat keine Erlaßgewalt über die Fegfeuerstrafen

20 Deshalb versteht der Papst unter »vollem Erlaß aller Strafen« nicht schlechthin die Vergebung *aller* Strafen, sondern er meint damit lediglich *die* Strafen, die er selbst auferlegt hat.[25]

21 Es irren deshalb diejenigen Ablaßprediger, die sagen, durch des Papstes Ablässe werde der Mensch von *aller* Strafe los und ledig, frei und selig.

22 Ja, keine einzige Strafe erläßt der Papst den Seelen im Fegfeuer, die sie in diesem Leben nach den kirchlichen Satzungen hätten büßen müssen.

23 Wenn je ein vollständiger Erlaß aller Strafen einem Menschen gegeben werden kann, dann ist es sicher, daß er nur den Vollkommensten, und d. h. nur ganz Wenigen, gegeben wird.[26]

23 *Diese These will sagen: Die Fegfeuerpein ist keine von Menschen, sondern von Gott auferlegte Reinigungsstrafe. Im Fegfeuer soll, wie Luther in den »Erläuterungen« sagt, der Rest des alten Menschen vertilgt und das neue Leben im Geiste geboren werden; die Strafangst schwindet, Glaube und Liebe wachsen.*

24 *Luther empfindet die Belegung Verstorbener mit Kirchenstrafen als Eingriff in Rechte, die sich Gott selbst vorbehalten hat.*

25 *Luther greift hier zurück auf Papst Urban II., der 1095 jedem Teilnehmer am ersten Kreuzzug einen vollkommenen Nachlaß der von der Kirche auferlegten Sündenstrafen gewährte (Plenarablaß). Später erweiterte sich der Plenarablaß zum Erlaß der göttlichen Sündenstrafen, ja überhaupt der Sündenschuld.*

26 *In den »Erläuterungen« spricht Luther noch deutlicher aus, »daß überhaupt niemand, weder ganz Vollkommenen noch Unvollkommenen, der Erlaß aller Strafen gewährt werden kann«. Auch wenn Gott die Vollkommenen mit seinen Züchtigungen verschone, so bleiben doch unaufhebbar auch für sie wie für alle Menschen die innerliche Buße und der Tod und die mit ihm zusammenhängenden Strafen. Denn Gottes Absicht sei ja, durch die Strafen die Menschen dem Bilde seines Sohnes – und das bedeute: dem Kreuze – gleichförmig zu machen.*

24 Deshalb ist es unausbleiblich, daß der größte Teil des Volkes betrogen wird durch jenes unterschiedslose und wichtigtuerische Versprechen, ihre Strafe sei getilgt.[27]

d Nicht Geld, sondern Fürbitte brauchen die »armen Seelen«

25 Die gleiche Gewalt, die der Papst über das Fegfeuer hat im allgemeinen, die hat auch jeder beliebige Bischof und Pfarrer in seinem Bezirk und seiner Pfarrei im besonderen.

26 Sehr wohl tut der Papst daran, wenn er nicht durch die Schlüsselgewalt (die er für das Fegfeuer gar nicht hat), sondern in Form der Fürbitte den Seelen Nachlaß gewährt.[28]

27 Menschenlehre predigen die, welche sagen, sobald die Münze in den Kasten falle und klinge, fahre die Seele alsbald aus dem Fegfeuer heraus.[29]

28 Das ist sicher: Sobald die Münze im Kasten klingt, können Gewinn und Geiz zunehmen; die Fürbitte der Kirche aber steht allein in Gottes Wohlgefallen.

29 Wer weiß, ob alle Seelen im Fegfeuer überhaupt erlöst werden wollen, wie vom heiligen Severinus und Paschalis berichtet wird?[30]

III: Vom Ablass für die Lebenden · These 30–40

a Der Ablaß kann keine Heilsgewißheit vermitteln

30 Niemand ist sicher über die Echtheit seiner Reue, wieviel weniger über die Erlangung des vollen Erlasses.[31]

27 *In den »Erläuterungen« bemerkt Luther: »Ich habe mit eigenen Ohren gehört, daß viele es so auffaßten, daß sie durch den Ablaß ohne jede Strafe durchschlüpfen könnten.« Er denkt dabei wohl an seine Erfahrungen im Beichtstuhl, da Beichtkinder, denen er um ihrer Unzucht und sonstiger Sünden willen die Absolution verweigerte, auf ihren Ablaßzettel pochten. Auf diese Weise wurde der Ablaß eine Gefahr für das Bußsakrament und für jede geordnete kirchliche Seelenführung.*

28 *In den «Erläuterungen« zu dieser These weist Luther auf Grund von Matth 16,19 nach, daß die dort den Schlüsseln verliehene Binde- und Lösegewalt auf die Erde beschränkt sei.*

29 *Aus der Predigt des Ablaßkommissars Tetzel.*

30 *In den »Erläuterungen« sagt Luther dazu: »Ich habe zwar keine glaubwürdige Schrift über die beiden gelesen. Doch habe ich erzählen hören, sie hätten durch ihre Verdienste (aus dem Fegfeuer) befreit werden können, jedoch auf Kosten ihrer künftigen Verherrlichung; darum hätten sie lieber im Fegfeuer ausgehalten, um die Herrlichkeit der Gottesschau nicht zu mindern.«*

31 *Wenn die »Reue«, welche die Voraussetzung des Bußsakraments ist (vgl. Seite 89, Anmerkung 14), unsicher ist, so ist damit das ganze Bußsakrament in Frage gestellt.*

31 Wie selten ein wahrhaft Bußfertiger zu finden ist, so selten ist einer, der in Wahrhaftigkeit Ablässe kauft, ja ihrer sind sehr wenige.[32]

32 Verdammt in Ewigkeit samt ihren Lehrmeistern werden die sein, die durch Ablaßbriefe ihres Heils gewiß zu sein glauben.[33]

33 Vor denen muß man sich ganz besonders hüten, die sagen, der Ablaß des Papstes sei jene unschätzbare Gottesgabe, durch welche der Mensch mit Gott versöhnt wird.

34 Denn jene Ablaßgnaden beziehen sich nur auf die Strafen der sakramentalen Genugtuung, die von Menschen eingesetzt sind.[34]

35 Unchristlich predigen die, welche lehren, wer Seelen aus dem Fegfeuer loskaufe oder Beichtbriefe[35] löse, habe die Reue nicht nötig.[36]

b Sündenvergebung hat der Reuige auch ohne Ablaß

36 Jeder Christ ohne Ausnahme, der wahrhaft Reue empfindet, *hat* völlige Vergebung von Strafe und Schuld, die ihm auch ohne Ablaßbriefe gebührt.

37 Jeder wahre Christ, ob lebendig oder tot, *hat* teil an allen Gütern Christi und der Kirche; diese Teilnahme ist ihm auch ohne Ablaßbrief von Gott gegeben.[37]

32 *Vgl. Matthäus 7,14.*

33 *Einer der schärfsten Sätze! In den »Erläuterungen« wird er begründet mit dem Hinweis auf Jer 17,5; Apg 4,12; 15,11. Hier und in den folgenden Sätzen geißelt Luther jene volkstümliche Predigt, die die Leute zum Spenden und Bezahlen auffordert und auf solche frommen Werke die Seligkeit bauen hilft.*

34 *Vgl. These 5 und 20.*

35 *Vgl. Seite 83.*

36 *»Wären sie gute Seelenhirten und wahre Christen« – sagt Luther in den »Erläuterungen« von den Ablaßpredigern –, »so würden sie allen Fleiß darauf verwenden, den Sünder zur Gottesfurcht und zur Sündenangst zu bringen, und würden mit Weinen, Beten, Mahnen, Schelten nicht ruhen, bis sie die Seele des Bruders gewonnen hätten.« Würde ihnen der verstockte Sünder Geld anbieten, so müßten sie es ihm ins Gesicht zurückwerfen und ihn mit 2 Kor 12,14 und Apg 8,20 strafen, anstatt das Geld anzunehmen.*

37 *Was die Teilnahme des Christen an Christi geistlichen Gütern bedeutet, sagt Luther in den »Erläuterungen«, mitten im Text zu Jubel und Lobpreis hingerissen, in tief eindrücklichen Worten: »So kommt es durch die unvergleichlichen Reichtümer der Barmherzigkeit Gottvaters, daß ein Christ alle Gaben in Christus rühmen und im Glauben genießen kann: ja, Gerechtigkeit, Kraft, Geduld, Demut, kurz alle Verdienste Christi sind auch die seinigen kraft der Einheit des Geistes im Glauben an ihn. Und wiederum: alle seine Sünden sind nicht mehr die seinen, sondern Christi Sünden kraft derselben*

38 Doch darf man darum die Vergebung und Austeilung des Papstes auf keine Weise verachten, weil sie (wie gesagt) eine Erklärung der göttlichen Vergebung ist.[38]

39 Es ist überaus schwer auch für die allergelehrtesten Theologen, *zugleich* vor dem Volk reichliche Ablaßgnaden *und* die wahrhaftige Reue zu rühmen.

40 Wahrhaftige Reue sucht und liebt die Strafen; reichliche Ablässe aber erleichtern die Strafen und bewirken Haß gegen dieselben, zum mindesten schaffen sie Gelegenheit dazu.

IV: Vom Ablass und den guten Werken · These 41–52

a Die guten Werke stehen im Wert weit über dem Ablaß

41 Vorsichtig muß man den apostolischen Ablaß[39] predigen, damit das Volk nicht zu der falschen Ansicht kommt, dieser Ablaß stehe über den andern guten Werken der Liebe.[40]

42 Lehren muß man die Christen, daß es keineswegs die Meinung des Papstes ist, der Ablaßkauf sei irgendwie den Werken der Barmherzigkeit gleichzustellen.

43 Lehren muß man die Christen: Wer dem Armen gibt oder dem Bedürftigen leiht, tut besser, als wenn er Ablaß löst.

44 Denn durch das Werk der Liebe wächst die Liebe und der Mensch wird besser; aber durch die Ablässe wird er nicht besser, sondern nur freier von der Strafe.[41]

45 Lehren muß man die Christen: Wer einen Bedürftigen sieht, ihn

Einheit; denn in Christus sind sie alle verschlungen ... Ja, er legt seine Hand auf uns, und wir haben's gut; er breitet seinen Mantel aus und überdeckt uns, der hochgelobte Erlöser in Ewigkeit, Amen.«

38 Papst und Priester »erklären«, d. h. verkündigen die göttliche Vergebung, fällen also bei der Absolution nicht einen Richterspruch, wie es die katholische Lehre behauptet. Der Glaube an das Wort der Verheißung rechtfertigt. »Deshalb rechtfertigt dich weder das Sakrament noch der Priester, sondern der Glaube an das durch den Priester und sein Amt vermittelte Wort Christi.«

39 D. h. den päpstlichen Ablaß.

40 Bei den guten Werken, die durch Geldausgaben möglich sind, stellt Luther eine fallende Wertreihe auf: Zunächst kommen die Gaben für Arme, Notleidende und Bedürftige. Sodann folgen die Spenden für Kirchen, Krankenhäuser und öffentliche Bauten. Sind dann noch Mittel übrig, mögen sie für den Ablaß verwendet werden.

41 »Das einfache Wegnehmen der Strafe macht nicht gut oder besser in der Liebe« (Erläuterungen).

aber mißachtet und sein Geld für Ablässe ausgibt, der erwirkt sich damit nicht den Ablaß des Papstes, sondern Gottes Ungnade.[42]

46 Lehren muß man die Christen: Wer nicht reichlich mit überflüssigem Gut versehen ist, ist verpflichtet, die Notdurft für sein Haus zurückzubehalten und keinesfalls für Ablaß zu verschwenden.[43]

47 Lehren muß man die Christen, daß der Kauf von Ablässen freiwillig ist, nicht befohlen.

b Auch der Papst selber denkt über den Ablaß nicht anders

48 Lehren muß man die Christen: Wie der Papst beim Ablaßgewähren viel eher des Gebetes bedarf, so *wünscht* er auch für sich viel mehr ein andächtiges Gebet als willfährige Zahlung.[44]

49 Lehren muß man die Christen: Der Ablaß des Papstes ist nützlich, wenn man nicht sein Vertrauen auf ihn setzt, aber er ist äußerlich schädlich, wenn man durch ihn die Furcht vor Gott verliert.[45]

50 Lehren muß man die Christen: Wenn der Papst die Beitreibungen und die Schinderei der Ablaßprediger wüßte, wollte er lieber, daß die St. Peterskirche in Asche verwandelt, als daß sie mit Haut, Fleisch und Knochen seiner Schafe gebaut würde.

51 Lehren muß man die Christen: Der Papst wollte gerne – wie er auch schuldig ist –, selbst wenn er dazu die Peterskirche verkaufen müßte, von seinem eigenen Gelde all den vielen schenken, welchen jetzt gewisse Ablaßprediger das Geld aus der Tasche locken.

52 Eitel und nichtig ist das Vertrauen, durch Ablaßbriefe das Heil zu erlangen,[46] auch wenn der Kommissar, ja der Papst selbst seine eigene Seele zum Pfand dafür gäbe.

42 *Vgl. 1 Johannes 3,17.*

43 *In den »Erläuterungen« wird dazu 1. Timotheus 5,8 angeführt.*

44 *In dieser wie in den folgenden Thesen glaubt Luther die wahre Meinung des Papstes zu verteidigen, den er in rührender Geduld schont, solange es möglich ist; gleichzeitig appelliert er dabei vom schlecht unterrichteten an den besser zu unterrichtenden Papst.*

45 *Luther läßt in den Thesen und »Erläuterungen« den Ablaß noch bestehen, weist ihm aber eine sehr bescheidene Rolle zu: Er ist eine Straferleichterung für verwöhnte, kalte, hartherzige Christen. Wenn man sich aber schon auf die Werke der Liebe nicht verlassen und seine Sicherheit darauf gründen kann, wieviel weniger auf die so weit im Wert unter diesen stehenden Ablässe!*

46 *»Ewig unselig sei jede Predigt, die den Leuten Sicherheit und Vertrauen einredet auf etwas anderes als auf die nackte Barmherzigkeit Gottes, die Christus ist« (Erläuterungen).*

a Das Evangelium hat den Vorrang vor aller Ablaßpredigt

53 Feinde Christi und des Papstes sind die, welche um der Ablaßpredigt willen das Wort Gottes in anderen Kirchen ganz zum Schweigen bringen.

54 Dem Worte Gottes geschieht Unrecht, wenn in derselben Predigt gleich viel oder gar noch mehr Zeit für den Ablaß verwendet wird als für das Wort Gottes.

55 Die Meinung des Papstes kann keine andere sein als diese: Wenn schon die Ablässe (als das Geringste) mit *einer* Glocke, *einer* Prozession und Festlichkeit begangen werden, dann muß das Evangelium (als das Größte) mit hundert Glocken, hundert Prozessionen, hundert Festlichkeiten gepredigt werden.[47]

b Der wahre Schatz der Kirche ist das Evangelium

56 Die Schätze der Kirche, woraus der Papst den Ablaß austeilt, sind weder genügend mit Namen genannt noch bekannt bei dem Volke Christi.

57 Daß es bestimmt nicht zeitliche Schätze sind, geht schon daraus hervor, daß viele von den Predigern sie nicht so leicht ausschütten, sondern bloß einsammeln.

58 Auch sind es nicht die Verdienste Christi und der Heiligen, denn diese bewirken immer, auch ohne den Papst, Gnade für den inneren Menschen, Kreuz, Tod und Hölle für den äußeren Menschen.[48]

47 *Diese Gegenüberstellung zeigt besonders klar, worum es Luther geht. In den »Erläuterungen« sagt er dazu: »Besser ist's noch, das Sakrament zu unterlassen als das Evangelium nicht zu verkündigen.«*

48 *Nach der im 13. Jahrhundert ausgebildeten Lehre vom »Schatz der Kirche« verfügt die Kirche über einen Schatz überschüssiger Verdienste und Werke, ein geistliches Kapital, das aus dem überschüssigen Verdienst Christi sowie aus den überschüssigen guten Werken der Jungfrau Maria und der Heiligen besteht. Jeder Christ, der der Gemeinschaft der Gläubigen, dem Leibe Christi, angehört, hat ein Nutzungsrecht an diesem Schatz der Kirche, und zwar nicht nur als Glied der himmlisch-triumphierenden, sondern auch als Glied der irdisch-kämpfenden und im Fegfeuer leidenden Kirche. Über diesen unerschöpflichen Schatz verfügt die Kirche und kann ihn dazu benützen, ihren Gliedern mit Hilfe der überschüssigen Verdienste zur Befreiung von den zeitlichen Sündenstrafen – die entweder auf Erden getilgt oder im Fegfeuer gebüßt werden müssen – zu verhelfen. Luther hat in den »Erläuterungen« seinen Angriff in zwei Stößen geführt. Zunächst wird die Behauptung widerlegt, daß die Heiligen viele Werke über ihre Pflicht hinaus, sog. »überschüssige Werke«, leisteten, die noch nicht belohnt worden sind, sondern in*

59 Der heilige Laurentius nannte die Armen der Kirche den Schatz der Kirche; aber er redete nach dem Sprachgebrauch seiner Zeit.

60 Wohlüberlegt sagen wir: Die Schlüssel der Kirche (durch das Verdienst Christi uns geschenkt) sind dieser Schatz.

61 Denn es ist klar, daß zum Erlaß der Strafen und besonderer Fälle die Gewalt des Papstes allein genügt.[49]

62 Der wahre Schatz der Kirche ist das hochheilige Evangelium der Ehre und Gnade Gottes.[50]

63 Dieser Schatz aber ist mit Recht der allerverhaßteste, weil er aus Ersten Letzte macht.[51]

64 Der Schatz der Ablässe aber ist mit Recht der allerangenehmste, weil er aus Letzten Erste macht.[51]

65 Deshalb sind die Schätze des Evangeliums die Netze, mit denen man einst *Menschen* von Reichtum gefischt hat.[52]

66 Die Schätze des Ablasses sind die Netze, mit denen man jetzt den *Reichtum* von Menschen fischt.[52]

67 Die Ablässe, die die Prediger als die größten Gnaden ausschreien, sind in der Tat als solche anzusehen, sofern sie nämlich großen Gewinn einbringen.

68 In Wirklichkeit sind sie jedoch die allergeringsten Gnaden im Vergleich mit der Gnade Gottes und der Barmherzigkeit des Kreuzes.[53]

den Schatz der Kirche zurückgelegt wurden: »Kein Heiliger hat in diesem Leben die Gebote Gottes hinreichend erfüllt, also haben sie überhaupt nichts Überschüssiges getan . . . Jeder Heilige ist schuldig, Gott zu lieben, soviel er kann, ja, mehr als er kann; das aber hat keiner getan und konnte es auch nicht tun.« Noch ausführlicher weist Luther nach, daß der Ablaßschatz auch nicht auf dem Verdienst Christi beruhen könne. »Da Christus das Lösegeld und der Erlöser der Welt ist, ist er darum auch in aller Wahrheit der einzige Schatz der Kirche. Aber daß er der Schatz der Ablässe ist, bestreite ich bis auf bessere Belehrung.«

49 *Vgl. These 5 und 20.*

50 *Mit dieser These hat Luther den gesamten Inhalt der reformatorischen Glaubenserkenntnis ausgesprochen. In den »Erläuterungen« sagt er dazu: »Wenn das sündige Gewissen diese allersüßeste Botschaft hört, wird es wieder lebendig, frohlockt und jauchzt, ist voll Vertrauen und fürchtet weder den Tod noch die Todesstrafen noch die Hölle. Wer sich darum immer noch vor den Strafen fürchtet, der hat Christus und die Stimme des Evangeliums noch nicht gehört, sondern die Stimme Moses. Darum wird aus diesem Evangelium die wahre Ehre Gottes geboren, sofern wir unterwiesen werden, daß nicht durch unsre Werke, sondern durch die erbarmende Gnade Gottes in Christus das Gesetz erfüllt ist und erfüllt wird, nicht durchs Werken, sondern durchs Glauben, nicht dadurch, daß wir Gott etwas anbieten, sondern*

69 Die Bischöfe und Seelsorger sind verpflichtet, die apostolischen[54] Ablaß-Kommissare mit aller Ehrerbietung zuzulassen.[55]

70 Aber viel mehr noch sind sie verpflichtet, ganz Auge und ganz Ohr zu sein, damit die Ablaß-Prediger nicht anstelle des päpstlichen Auftrags ihre eigenen Träume predigen.

71 Wer gegen die Wahrheit der apostolischen[54] Ablässe redet, der sei verbannt und verflucht.[56]

72 Wer aber gegen die zügellosen und zuchtlosen Worte eines Ablaß-Predigers auf der Wacht ist, der sei gesegnet.

73 So wie der Papst gerechterweise alle die mit seinem Bannstrahl trifft, die zum Schaden des Ablaß-Geschäftes mit irgendwelchen Machenschaften am Werke sind,

74 so und noch viel mehr ist er darauf bedacht, alle die mit seinem Bannstrahl zu zerschmettern, die unter dem Vorwand des Ablasses zum Schaden der heiligen Liebe und Wahrheit am Werke sind.

75 Die Meinung, die päpstlichen Ablässe seien so wirksam, daß sie einen Menschen lossprechen könnten, auch wenn er (unmögliche Sache!) die Mutter Gottes geschändet hätte,[57] ist reiner Wahnsinn.

dadurch, daß wir alles von Christus empfangen und daran teilhaben – von ihm, aus dessen Fülle wir alle empfangen und teilhaben.«

51 *These 63 und 64 sind formuliert im Anschluß an das Wort Jesu von den Ersten und Letzten (Matth 19,30; 20,16; Luk 13,30). Der Schatz des Evangeliums macht aus Ersten Letzte nach der »Regel des Kreuzes« (»Erläuterungen«), vor der alle zurückschrecken, die das Irdische und das Ihrige lieben. Der Schatz des Ablasses macht aus Letzten Erste, indem er lehrt, daß man vor den verdienten Strafen fliehen könne.*

52 *In scharfer und spöttischer Gegenüberstellung zeigt Luther, wie der Auftrag Jesu an Petrus (Matth 4,9) und seine Ausführung (2. Kor 12,14) ins Gegenteil verkehrt worden ist.*

53 *»Ja, im Vergleich mit der Gnade Gottes sind sie null und nichtig, da sie viel eher das Gegenteil der Gnade Gottes wirken; doch um der Lässigen und Faulen willen werden sie geduldet« (»Erläuterungen«).*

54 *D. h. päpstlichen.*

55 *In den »Erläuterungen« verlangt Luther, man solle auch die ungerechten päpstlichen Lasten und Kundgebungen in willigem und demütigem Gehorsam tragen. Freilich gibt er dafür eine besondere Begründung: »So muß man die Lasten tragen, nicht weil sie zu Recht bestehen oder zu billigen wären, sondern als Geißel, mit der Gott züchtigt und deren Schläge darum demütig auszuhalten sind.« Diese Demut bringt der Christ nicht dem Papst als Inhaber der Schlüsselgewalt entgegen, sondern nach Matth 5,25 und 39 und Röm 12,19 dem Widersacher, dessen Bosheit er um der Ehre Gottes willen nicht widerstreben darf.*

76 Wir sagen dagegen, daß die päpstlichen Ablässe auch nicht die kleinste von den läßlichen Sünden[58] wegnehmen können, was deren *Schuld* betrifft.

77 Daß man sagt, auch Sankt Petrus könnte, wenn er jetzt gerade Papst wäre, keine größeren Gnaden geben, ist eine Lästerung gegen den heiligen Petrus und gegen den Papst.

78 Wir sagen dagegen, daß auch der jetzige und überhaupt jeder Papst größere Gnaden [als den Ablaß] hat, nämlich das Evangelium, geistliche Kräfte, Gaben der Heilung usw., s. 1 Kor 12.

79 Zu sagen, das mit dem päpstlichen Wappen herrlich aufgerichtete Ablaßkreuz habe den gleichen Wert wie das Kreuz Christi, ist eine Lästerung.

80 Bischöfe, Seelsorger und Theologen, die zulassen, daß man solche Predigten dem Volk öffentlich bietet, werden dafür Rechenschaft ablegen müssen.

VI: Von den Bedenken der Laien gegen den Ablass · These 81–91

81 Diese unverschämte Ablaßpredigt macht, daß es auch für gelehrte Männer nicht leicht ist, die Ehrfurcht vor dem Papst zu retten vor böser Nachrede oder vor den freilich spitzigen Fragen der Laien.[59]

82 So z. B.: Warum befreit der Papst nicht aus dem Fegfeuer allein um der allerheiligsten Liebe und der höchsten Not der Seelen willen – das ist doch der allerwichtigste Grund –, wenn er doch unzählig viele Seelen befreit um des unseligen Geldes willen, zum Bau der Peterskirche – also aus einem ganz nichtigen Grunde?

83 Ferner: Warum bleiben die Leichenbegängnis- und Jahresfeiern[60]

56 *In seiner Geduld gegen die kirchliche Überlieferung hat Luther in den »Erläuterungen« den Ablaß als »Erleichterung wenigstens der zeitlichen Strafen« zu rechtfertigen versucht.*

57 *Luther läßt die Frage offen, ob diese Formulierung wirklich in Ablaßpredigten vorkam oder ob das Volk nur diese Meinung heraushörte. Aber gerade diese »Meinung« (wie auch immer sie entstand), ist zu verabscheuen und zu verdammen.*

58 *Die katholische Kirchenlehre unterscheidet läßliche Sünden, für welche keine Beichtpflicht besteht, und Todsünden, die gebeichtet werden müssen. Für Luther ist auch die kleinste läßliche Sünde Schuld vor Gott; darum kann sie der Papst nicht vergeben (vgl. These 6), der Ablaß nicht tilgen.*

59 *Es folgen nun als Beispiele acht solcher Fragen (These 82–89), denen man die bittere Ironie, aber auch die Gewissensnot anmerkt.*

60 *Die katholische Kirche begeht als Leichenbegräbnisfeier das Totenamt am Todestage, die Seelenmesse am 3. Tag nach dem Tode, endlich die jähr-*

für die Verstorbenen immer noch bestehen, und warum gibt der Papst nicht alle Pfründen zurück oder erlaubt die Zurücknahme der für die Toten gestifteten Gelder, wenn es doch Unrecht ist, für die schon Erlösten noch zu beten?

84 Ferner: Was ist das für eine neue Heiligkeit Gottes und des Papstes, daß sie einem gottlosen und feindseligen Menschen um des Geldes willen gestatten, eine fromme und von Gott geliebte Seele zu erlösen, und daß sie dennoch dieselbe um der *Not* derselben frommen und geliebten Seele willen nicht aus freier, uneigennütziger *Liebe* erlösen?

85 Ferner: Warum werden die Bußsatzungen, die ja der Sache nach und durch ihren Nichtgebrauch schon längst abgeschafft und tot sind,[61] immer noch mit Geld abgelöst durch die Bewilligung des Ablasses, wie wenn sie in voller Lebenskraft stünden?

86 Ferner: Warum baut der Papst, dessen Vermögen heute größer ist als das des allerreichsten Crassus,[62] nicht wenigstens die *eine* Kirche des heiligen Petrus lieber von seinem eigenen Geld als von dem der armen Gläubigen?

87 Ferner: Was schenkt denn der Papst Ablaß oder Anteil an geistlichen Güter denen, die durch vollkommene Reue schon das Recht auf völlige Vergebung und Anteilnahme haben?

88 Ferner: Was könnte der Kirche Besseres widerfahren, als wenn der Papst, wie er jetzt *ein*mal tut,[63] so hundertmal am Tage jedem Gläubigen diese Vergebung und Anteilnahme schenkte?

89 Wenn doch der Papst durch die Ablässe mehr das Heil der Seelen als das Geld sucht, warum hebt er dann schon früher gewährte Briefe und Ablässe auf, die doch ebenso wirksam sind?[64]

lich am Todes- oder Begräbnistag erfolgende Wiederholung dieser Gottesdienste (»Jahresfeiern«). Voraussetzung für die Abhaltung dieser Feiern ist das Vorhandensein einer besonderen Stiftung (einer Meßpfründe).

61 *Die altkirchlichen Bußsatzungen (vgl. Seite 91, Anmerkung 20) waren durch die Einführung des Ablasses längst außer Kraft gesetzt; trotzdem berief sich die Lehre vom Ablaß ständig auf sie. Das Volk empfand dies mit Recht als Widerspruch.*

62 *Crassus: ein Römer, dessen Reichtum sprichwörtlich war (gest. im Jahr 53 v. Chr.).*

63 *Luther denkt wohl an den päpstlichen Segen, den der Papst in Rom dem Volk und den Pilgern an bestimmten hohen Festen zu erteilen pflegt und mit welchem für die im Stande der Gnade befindlichen Anwesenden ein vollkommener Ablaß verbunden war.*

64 *Auch an dieser brennenden Stelle will Luther nicht bestreiten, daß man alles, was der Papst tut, ertragen muß; aber es schmerzt ihn, daß er die*

90 Diese ganz spitzigen Fragen und Folgerungen der Laien mit bloßer Gewalt unterdrücken und nicht Rede und Antwort stehen und sie widerlegen, heißt die Kirche und den Papst dem Gelächter der Feinde aussetzen und die Christen unglücklich machen.

91 Wenn also der Ablaß nach dem Geist und dem Sinn des Papstes gepredigt würde, würden jene Einwände alle leicht zerstreut, ja sie wären überhaupt nicht vorhanden.

VII: Vom falschen Frieden und Christi Kreuz · These 92–95

92 Deshalb fort mit all *den* Propheten, die dem Volke sagen »Friede, Friede«, und ist kein Friede.[65]

93 Wohl ergehen soll's all *den* Propheten, die dem Volke Christi sagen »Kreuz, Kreuz«, und ist kein Kreuz.

94 Ermahnen muß man die Christen, daß sie ihrem Haupt Christus durch Leiden, Tod und Hölle nachzufolgen trachten.

95 Und so sollen sie viel mehr ihr Vertrauen darauf setzen, durch viele Trübsale ins Himmelreich einzugehen,[66] als durch die Sicherheit eines [falschen] Friedens. *WA 1,233 ff*

1517

Die Veröffentlichung der 95 Thesen durch Luther bedeutet den Ruf zur *Aufrichtung der Herrschaft Jesu Christi in der Kirche.*

Luther hebt die Teilung der Gewalten zwischen Gott und Mensch auf. *Christus* ist allein, ganz und in jeder Beziehung der Herr der Kirche. Christi Ruf zur *Buße* umfaßt unser ganzes Leben bis zum letzten Augenblick; er läßt sich nicht mit einer Teilbuße abspeisen; wer ihn liebt und ihm gehorcht, kann vor Buße und Strafe nicht

päpstlichen Maßnahmen nicht als gut anerkennen kann. Die Erläuterungen erheben sich an dieser Stelle zu prophetischer Wucht, da Luther ausruft: »Die Kirche bedarf einer Reformation, die aber nicht Aufgabe eines Einzelnen, des Papstes oder vieler Kardinäle sein kann, wie die beiden letzten Konzile bewiesen haben, sondern die Sache des ganzen Erdkreises, ja vielmehr Gottes allein ist. Den Zeitpunkt dieser Reformation kennt allein Er, der Schöpfer aller Zeiten. Inzwischen dürfen wir die offen zutage liegenden Mißstände nicht wegstreiten. Die Schlüsselgewalt wird mißbraucht und befindet sich in der Knechtschaft von Habgier und Ehrsucht. »Der Abgrund« – womit Luther nichts anderes als den Antichrist meint – »wallt auf mit seinem Ungestüm, und es kann nicht unsere Sache sein, ihn zurückzudämmen. Unser Unrecht fällt auf uns zurück, und einem jeglichen wird seine Predigt zur schweren Last.«

65 *Vgl. Jeremia 6,14; 8,11; Hesekiel 13,10; 1 Thessalonicher 5,3.*

66 *Apostelgeschichte 14,22.*

fliehen, sondern zeigt seinen Gehorsam, indem er Buße tut und die Strafe trägt. Christus allein hat Gewalt über die *Toten,* die Schlüssel der Hölle und des Todes sind in seiner Gewalt; die Macht des Papstes reicht über die Todesgrenze nicht hinaus, und seine Vergebungsgewalt erstreckt sich nicht auf die armen Seelen. Der Papst hat die Schlüsselgewalt auf Erden; für die armen Seelen kann er Fürbitte tun, nicht mehr. Christus allein hat das *Heil* für uns in seinen Händen, und er allein schenkt völlige Vergebung der Sünden. In ihm ruht die Gewißheit unsres Heils, die Menschensatzung der Ablässe kann diese Gewißheit nicht geben; Teilnahme an den geistlichen Gütern der Kirche hat der gläubige Christ auch ohne den Ablaß. Christus verlangt unsre ganze *Liebe,* und dies sein Gebot will gehalten sein vor allen andern Geboten und Vorschriften der Menschen; wer Liebe übt, wächst in der Liebe, wer sich von der Liebespflicht durch den Ablaß, d. h. durch Geld, loskauft, flieht das Gebot Christi und verdient sich den Zorn Gottes.

Christus ist der Herr der *Kirche,* die sein Evangelium zu verkünden hat. Darum muß in der Kirche vor allem andern das *Wort Gottes* gepredigt werden. Unmöglich kann um der Ablaßpredigt willen die Predigt des Wortes eingestellt werden; denn ohne Messe, ohne Ablaßpredigt kann der Mensch leben, nicht aber ohne das Wort. Gibt es einen Schatz der Kirche, so ist dies das *Evangelium,* das den Angefochtenen tröstet, den Gebundenen freimacht, den Geängstigten und Verzweifelten von der Todes- und Höllenfurcht erlöst. Die Kirche ist nicht das Bankhaus, der Gläubige nicht der Rentner, der von dem auf Zins gelegten Schatz der überschüssigen Verdienste in falscher Sicherheit und doch ohne Gewißheit lebt, sondern die Kirche ist der Ort, da dieses Evangelium verkündigt wird, das die falsche Sicherheit vernichtet und die rechte Gewißheit gibt. Darum haben die Verantwortlichen in der Kirche, die Bischöfe, das *Amt,* über die Verkündigung zu wachen und die Lästerungen der Ablaßprediger nicht zu schützen, sondern zu verhindern; sie werden einmal dafür Rechenschaft ablegen müssen, wenn sie dulden, daß das Volk durch falsche Predigt verführt wird. Darum sollen sie die Stimme der *Gemeinde* hören, die dem Ablaßunfug gegenüber spitzige Fragen genug auf der Zunge hat; die Ehrfurcht vor dem Papste wird nur zunehmen, wenn die Kirche sich entschließt, solchen Fragen Antwort zu geben, sie ernst zu nehmen und ihnen mit offener Liebe, nicht mit Gewalt zu begegnen.

So sprengt Luther das heimliche Bündnis, das die verweltlichte Kirchengewalt mit dem Verlangen der frommen Selbstsucht, die des Heils auf Erden *und* im zukünftigen Leben sicher sein will, geschlossen hat.

Wo Christus herrscht, hat dieser falsche Friede nichts mehr zu suchen. Wo er ist, ist das *Kreuz*, und wie das Haupt durch Leiden, Tod und Hölle ging, so werden auch die Glieder nur durch Trübsale in Gottes Reich eingehen. –

Luther ist bestrebt, in den 95 Thesen jeden Schein zu vermeiden, als wolle er Papst und Kirche aufheben. Der päpstliche Ablaß, ja sogar die Ablaßkommissare dürfen nicht verächtlich behandelt werden. Der Priester bleibt Gottes »Vikar«, der die Schuld vergeben darf. Aber ebenso klar tritt sein Grundsatz hervor: Die *Papst- und Kirchengewalt* handelt nur dann in Vollmacht, wenn sie in der *Gewalt Christi* handelt. Was wird die Kirche dazu sagen?

Luther ist nicht erstaunt, daß sich zu der von ihm ausgeschriebenen Disputation niemand meldet. Wohl aber ist er bestürzt, daß durch seine Freunde die Thesen überall verbreitet werden, so daß sie »fast in vierzehn Tagen« (d. h. in der denkbar kürzesten Zeit) »durch ganz Deutschland liefen«. In Nürnberg werden die Thesen deutsch gedruckt, sie tauchen in Erfurt, Ingolstadt und Basel auf, sie werden öffentlich angeschlagen und von Laien und Geistlichen eifrig diskutiert. Besonders die Laien stimmen begeistert zu; Luther hat der Meinung, welche ganz Deutschland bewegt, Ausdruck verliehen und gilt nun als der Mann, der dreinfuhr, als niemand anders wagte, »der Katze die Schelle anzubinden«. Aber er freut sich nicht, sondern erschrickt über die Folgen seines Schritts. Kann er verantworten, daß seine Sätze, zu gelehrter Erörterung aufgestellt, nun überall als Tatsachen aufgefaßt und zum Angriff gegen die kirchliche Praxis verwendet werden? Das reichlich gezollte Lob ist ihm nicht angenehm; »das Lied wollte meiner Stimme zu hoch werden«.

In einer Tischrede aus der ersten Hälfte der dreißiger Jahre (TR 1, 1206) sagt Luther später rückblickend:

»In die Arbeit des Evangeliums bin ich unwissend von Gott hineingestoßen worden. Hätte ich vorausgesehen, was ich jetzt hinter mir habe, hätte ich mich nie hineintreiben lassen. Aber Gottes Weisheit ist größer als die des Menschen. Der hat mich einfach geblendet, wie man ein Pferd blendet, wenn man auf die Bahn reiten soll. Darum, als ich zuerst anfing, sagte ich unserem Herrgott mit großem Ernst und von ganzem Herzen in meinem Stüblein: wenn er ein Spiel mit mir anfangen wollte, daß er es allein für sich täte und mich davor behütete, daß ich nicht mich, d. h. meine Weisheit, hineinmengte. Dieses Gebet hat er gewaltig erhört. Er gebe weiter Gnade!«

Das Spiel beginnt sehr rasch. Die Freunde in der Fakultät sind bestürzt und ängstlich, die Ordensbrüder fürchten öffentliche Schande und Verfolgung, Spalatin hält sich zurück, der Kurfürst schweigt wie gewöhnlich. Andere dagegen schweigen nicht: es sind Tetzels mit ihm angegriffene Ordensbrüder, die Dominikaner, welche in ihren Predigten einen gewaltigen Lärm gegen den Ketzer erheben. Tetzel selbst gibt der freundlichen Hoffnung Ausdruck, binnen drei Wochen werde Luther brennen; er läßt Gegenthesen erscheinen. Auch der bekannte Dr. *Eck* von Ingolstadt fällt in scharfen, kritischen Anmerkungen, den »Obelisken«, über den vermessenen Toren, den Hussiten und Ketzer her – für Luther, der sich an die Seite von Huß gestellt sieht, eine schwere Kränkung und bittere Enttäuschung, zumal er mit Eck in freundschaftlichem Briefwechsel stand. Immerhin ist Eck so scharfsichtig, so instinktsicher, daß er als erster Theologe die volle Tragweite von Luthers Vorgehen ahnt: nicht der Ablaß, sondern das ganze Kirchensystem ist durch den Wittenberger Mönch bedroht! Luther muß sich nach allen Seiten hin verteidigen, er schreibt den Winter über in deutscher Sprache den »Sermon von Ablaß und Gnade«, der im März 1518 erscheint. Hier faßt er seine Ansicht vom Ablaß nochmals in zwanzig kräftigen, volkstümlichen Thesen zusammen: Die Heilige Schrift verlange vom Sünder nicht Strafe und Genugtuung, sondern ein bußfertiges Herz, Hinwendung zum Kreuze Christi, Selbstverleugnung und aufrichtige Liebe zum Nächsten. Gerade diese Schrift, besonders in den volkreichen Städten Süddeutschlands viel gelesen, hat die öffentliche Meinung nachhaltig beeinflußt.

Merkwürdigerweise hört Luther in jener Zeit von Erzbischof Albrecht, an den er sich doch in erster Linie gewandt hat, nichts. Albrecht wünscht mit der leidigen Angelegenheit möglichst wenig zu tun zu haben. Darum gibt er den ganzen Handel an die Kurie weiter; mag der Papst selber darüber entscheiden, er, der Erzbischof, kann es mit dem großen Augustinerorden nicht verderben. Um so eifriger arbeiten aber die Dominikaner im verborgenen. Sie beschließen beim Konvent des sächsischen Kapitels in Frankfurt an der Oder auf Betreiben Tetzels, Luther beim Papst förmlich wegen des Verdachtes der Ketzerei zu verklagen. Sie sind ihrer Sache gewiß und frohlocken schon, der Ketzer werde in kurzer Zeit auf dem Scheiterhaufen brennen. Dieser Haß ist nicht leichtzunehmen, zumal die ganze Inquisition, die kirchliche Ketzerbekämpfung, in Händen des Dominikanerordens liegt. Trotzdem zieht Luther getrost zum Ordenskapitel der deutschen Augustiner, das Staupitz auf den 25. April 1518 nach *Heidelberg* einberufen hat; er muß persönlich anwesend sein, denn unter seinem Vorsitz soll die übliche Disputation stattfinden, zu der er auch die Thesen verfaßt hat.

Es bedeutet eine Auszeichnung für Luther, daß er die Disputation in Heidelberg leiten darf. Sein Orden, insbesondere Staupitz, läßt ihn trotz der auf ihn erfolgten Angriffe nicht fallen. So hat Luther, als er im Anschluß an die Ordensversammlung die Disputation eröffnet und sein junger Ordensbruder Leonhard Beyer seine Thesen verteidigt, keine Gegner vor sich, sondern Leute, die zum Hören bereit sind. Wie er nach seiner Heimkehr an Spalatin berichtet (1), erfolgte die Disputation auch in höflichsten Formen. Freilich die Erfurter Occamisten, Luthers alte Lehrer, verstehen ihn nicht mehr. Seine ganze Disputation ist *ein* Angriff auf ihre Theologie. Usingen schüttelt den Kopf; Trutvetter, den er auf der Heimreise in Erfurt aufgesucht hat, bricht später den Verkehr mit Luther ab. Um so begeisterter ist die Zustimmung der Studenten und der ganzen Jugend: sie drängen sich um ihn; die beiden Schwaben Johannes Brenz aus Weilderstadt und Erhard Schnepf aus Heilbronn, der Pfälzer Theobald Billikan und der Elsässer Martin Butzer aus Schlettstadt empfangen von dieser Disputation einen für ihr ganzes Leben bestimmenden Eindruck. So ist die Heidelberger Disputation alles andere als eine Schuldisputation hinter Ordensmauern; der Zusammenhang zwischen Theologie und kirchlichem Leben wird offenbar.

Für die Disputation selbst hat Luther 28 theologische und 12 philosophische Thesen aufgestellt. In den philosophischen Thesen wendet er sich mit scharfen Worten gegen die Metaphysik des Aristoteles, überhaupt gegen eine Philosophie, welche ihre Arbeit auf dem Gebiet der natürlichen Vernunft und des Sichtbaren für das einzig Gültige und Wesentliche hält. Wer ohne Gefahr mit Aristoteles Philosophie treiben wolle, müsse vorher mit Christus ein rechter Tor geworden sein, sagt Luther. Als Einleitung zu den theologischen Thesen – Paradoxien, wie er sie nennt – zeigt er seine Absicht: er verdanke seine Ansichten Paulus, dem auserwählten Rüstzeug Gottes, und Augustin, seinem getreuen Dolmetscher; nun sollen die Sachverständigen, deren Urteil er sie demütig unterbreite, entscheiden, ob er Paulus und Augustin gut oder schlecht ausgelegt habe.

Bei den *Thesen* (2) – in der Wiedergabe folgen wir WA 1,353 ff und ziehen die Schriftbeweise, die Luther zu jeder These geschrieben hat, bei – unterscheidet Luther zwischen dem praktischen Verhalten des Menschen und der theologischen Erkenntnis. Im ersten Teil (These 1–18) wird nachgewiesen, daß der Mensch kein Recht habe, sich vor Gott auf seine *sittlichen* Leistungen zu berufen. Nicht einmal das *Ge-*

setz Gottes macht den Menschen gerecht; der Buchstabe tötet vielmehr. Ebensowenig rechtfertigen die aus natürlicher Kraft kommenden *Werke* den Menschen; nach dem Urteil der Schrift sind auch die besten Menschenwerke zwar keine Verbrechen in irdischem Urteil, wohl aber Sünden vor Gott (These 2–12). Vollends töricht wäre es, in dem *freien Willen* der sittlichen Entscheidung die Möglichkeit zur Rechtfertigung vor Gott zu erblicken; denn nach dem Zeugnis der Schrift ist der seiner Bestimmung nach ›freie‹ Wille immer ein Sklave der Sünde (These 13–15). Darum gibt es auch keine *Bereitung zur Gnade*, indem der Mensch ›tut, was an ihm liegt‹; dadurch wächst nur die Sünde. Für den Empfang der Gnade ist nur der tauglich, der völlig an sich selbst, seinem Willen und Werke verzweifelt und seine ganze Zuversicht auf Christus setzt (These 16–18).

In derselben Demut stehe – so hören wir im zweiten Teil (These 19 bis 22) – auch die theologische *Erkenntnis*. Man sollte eigentlich, wie es die Theologie der Herrlichkeit will, Gott erkennen aus seinen »Werken«, im Geschaffenen, also in heutiger Sprache, im Anschauen der Natur und ihrer ewigen Gesetze oder im Betrachten der Geschichte und ihrer Ziele oder in der Verehrung großer Persönlichkeiten, welche bestimmend in das Schicksal der Welt eingreifen. Aber die Schrift zeigt nur, daß die Menschen diese Möglichkeit der Gotteserkenntnis mißbraucht haben. Die wahre Theologie erkennt Gott nicht in seiner Kraft, sondern im Leiden und in der Schwachheit, im gekreuzigten Christus (These 19 und 20). Wir stehen hier vor Luthers *Theologie des Kreuzes*. Wie aus Luthers Römerbriefvorlesung hervorgeht, hat er 1516 *Tauler*[67] kennengelernt und sich mit dessen mystischen Predigten befaßt. Kurze Zeit später fiel ihm eine ähnliche Schrift in die Hand, welche ein Frankfurter Priester verfaßt hatte. Sie machte auf Luther einen so großen Eindruck, daß er sie 1516 stückweise, 1518 ganz unter dem Titel »Ein deutsch Theologia« herausgab. Er glaubte, bei Tauler wie auch bei dem Frankfurter in den Schilderungen der Wehen der Seele vor der Geburt Gottes in der Seele, im ›Erleiden Gottes‹, im Nichtigwerden des Ich seine eigene Erfahrung wiederzufinden. Es ging ihm auch hier wie bei Augustin, daß er bekannte Worte mit dem Inhalt eigenen Erlebens füllte. In Wahrheit ist Luthers Theologie des Kreuzes nichts als ein an-

67 *Johann Tauler, um 1300 in Straßburg geboren, 1361 gestorben; Dominikaner, als Prediger, Seelsorger und mystischer Seelenleiter von großem Einfluß. Sein Ziel ist die ›Gelassenheit‹, die vollkommene Seeleneinsamkeit in der göttlichen ›Wüste‹, dem ›Abgrund‹; daher sein Kampf gegen Werkgerechtigkeit und frommen Betrieb. Die Anerkennung der bestehenden Kirche ist jedoch Voraussetzung für seine mystische Haltung.*

derer Ausdruck für seine Rechtfertigungslehre, keine Anweisung, im Seelengrunde mit Gott eins zu werden und als ›geschaffener Abgrund‹ im ›ungeschaffenen Abgrunde‹ zu versinken und aufzugehen, auch keine Station auf einem mystischen Heilsweg oder ein Teilstück in einer mystischen Heilslehre, sondern wiederum die *Mitte* seiner ganzen Theologie und Verkündigung: daß Christus den verlorenen Sünder rettet, nicht den Gerechten, daß Gott nicht im Menschen, sondern nur am Kreuze seines Sohnes zu finden ist. Nur die Kreuzestheologie sieht die Wirklichkeit und nennt die Dinge beim Namen (These 21); alle andere Weisheit bläht auf, verblendet und macht hart (These 22).

Aber es bleibt noch ein *Mißverständnis* zu beseitigen, auf das Luther im dritten Teil der Thesen (These 23–28) eingeht. Der vom Gesetz, von seinem Werk, von seiner Freiheit lebende Mensch könnte fragen: Soll das alles, meine Freiheit, mein Werk, das Gesetz, aufgehoben sein? Luther antwortet: Das Gesetz wirkt freilich den Zorn Gottes (These 23), aber das Gesetz ist so wenig böse, wie die Weisheit an sich schlecht ist. Böse wird alles nur durch menschlichen Mißbrauch (These 24). Nur das Selbstwirken des Menschen macht sein Werk böse; umgekehrt schafft der *Glaube* an Christus die Gerechtigkeit der Werke (These 25). Das Gesetz weist in die Zukunft, aber in eine Zukunft ohne Erfüllung; der Glaube lebt von dem, was in Christus schon längst geschehen ist (These 26). Damit aber sind unsere Werke gerade nicht mehr das, was wir in ihnen sehen: von uns gewirkte Werke, vielmehr wirkt Christus sein Werk in uns und durch uns (These 27). In seinem Schriftbeweis weist Luther hier auf die zahlreichen Stellen, insbesondere auch aus dem Römerbrief, hin, aus denen Gott zu ihm geredet hat. Endlich faßt Luther in der 28. These die Kreuzestheologie nochmals zusammen: Die *Liebe* Gottes schafft sich ihren Gegenstand, die Liebe des Menschen entzündet sich an ihrem Gegenstand; die Liebe Gottes verschenkt das Ihre, die Liebe des Menschen sucht das Ihre; die Liebe Gottes sucht die Sünder, die Liebe des Menschen flieht die Sünder.

1 Die Erlebnisse in Heidelberg · Brief aus Wittenberg an Hofprediger Georg Spalatin vom 18. Mai 1518

Jesus.

Gruß zuvor! Endlich, lieber Spalatin, bin ich wieder durch Christi Gnade nach Hause zurückgekehrt, und zwar kam ich in Wittenberg an am Samstag nach Himmelfahrt. Ich fuhr zu Wagen ein, der ich zu Fuß ausgezogen war, da ich auf Geheiß der Vorgesetzten zuerst mit den Nürnbergern fast bis Würzburg fuhr, dann mit den Erfurtern, von Erfurt an mit den Eislebenern, die für Aufwand und Pferde aufkamen und mich vollends nach Wittenberg führten. Ich war auf der ganzen Reise wohlbehalten, und Speise und Trank schlug bei mir wunderbar an, so daß ich manchen stärker und beleibter vorkomme.

Eine treffliche Aufnahme fand ich bei dem erlauchten Fürsten Pfalzgraf Wolfgang[68] sowie bei Magister Jakob Simler,[69] aber auch bei dem Hofmeister Hazius.[70] Er lud nämlich uns, d. h. den Vater Vikar Staupitz und unsern Freund Lang, nunmehr Distriktsvikar, zu sich ein; wir erfreuten uns miteinander einer freundlichen und angenehmen Unterhaltung, aßen und tranken und besahen endlich alle Kleinodien der pfalzgräflichen Hofkapelle,[71] darauf die Kriegswerkzeuge und endlich alle Schätze dieses königlichen und hochberühmten Hofes. Magister Jakob konnte das Empfehlungsschreiben unsres Fürsten für mich[72] nicht hoch genug rühmen und rief in seinem Neckardialekt: »Ihr habt by Gott einen köstlichen Kredenz«.[73] Es fehlte an nichts, was die Höflichkeit verlangt.

Weiter: Meine Disputation haben die Doktoren (der Heidelberger theologischen Fakultät) mit Vergnügen zugelassen und mit solcher Bescheidenheit mit mir diskutiert, daß sie sich dadurch mir aufs beste empfahlen. Denn wiewohl ihnen meine Theologie fremd schien, manövrierten sie nichtsdestoweniger scharfsinnig und trefflich gegen sie; mit einer Ausnahme freilich: der fünfte, ein neugebackener Doktor,[74] brachte die ganze Zuhörerschaft zum Lachen durch seinen Ausspruch: »Wenn das die Bauern hörten, würden sie Euch gewiß steinigen und totschlagen.«

Für die Erfurter hat freilich meine Theologie den Tod im Topf; vor allem hat der Eisenacher Doktor[75] alle meine Lehrsätze auf die Schwarze Liste gesetzt und mir brieflich jegliches Verständnis der Dialektik, von der Theologie zu schweigen, abgesprochen. Ich hätte auch bei ihnen disputiert, wenn der Beginn der Litaneien[76] es nicht verhindert

68 *Pfalzgraf Wolfgang, ein Bruder des regierenden Pfälzer Kurfürsten, war seit 1516 Rektor der Heidelberger Universität.*

69 *Jakob Simler aus Durlach war Reisebegleiter des Pfalzgrafen.*

70 *Vielleicht der spätere Kanzler Heinrich Haaß.*

71 *In der Heilig-Geist-Kirche.*

72 *Kurfürst Friedrich der Weise hatte ein Empfehlungsschreiben für Luther an Pfalzgraf Wolfgang ausgestellt, um ihn vor etwaigen Nachstellungen zu schützen.*

73 *Beglaubigungsbrief.*

74 *Georg Niger aus Löwenstein.*

75 *Trutvetter und Usingen, Luthers alte Lehrer in Erfurt.*

76 *In der mit dem Sonntag Rogate beginnenden »Kreuzwoche« wurden mit Fasten verbundene Bitt- und Bußandachten gehalten.*

hätte. Doch habe ich mit Trutvetter mündlich verhandelt und wenigstens so viel erreicht, daß er einsah, er könne weder seine Ansicht beweisen noch die meinige widerlegen, daß seine Sätze vielmehr jenem Untier der Fabel gleichen, das sich selbst auffrißt. Aber tauben Ohren predigt man immer vergeblich. Sie bleiben hartnäckig bei ihren Haarspaltereien, auch wenn sie zugeben müssen, keine andere Autorität als ihre sogenannte natürliche Vernunft dafür geltend machen zu können; für uns, die wir nur das wahre und einzige Licht Jesus Christus predigen, ist das dasselbe wie die Finsternis über der Tiefe.[77]

Mit Doktor Usingen[75] habe ich mehr als mit allen andern verhandelt, um ihn zu überzeugen – er fuhr mit mir im gleichen Wagen –, doch weiß ich nicht, ob ich Erfolg hatte. Ich ließ ihn in Nachdenken und Staunen versunken zurück. Eine so folgenschwere Sache ist es, wenn jemand mit einer schlechten Theologie alt geworden ist. Aber die ganze heranwachsende Jugend weiß sich weltenweit von ihnen geschieden. Darum hege ich die unbeschreiblich schöne Hoffnung, daß, wie Christus zu den Heiden ging, als ihn die Juden verstießen, so auch heute seine wahre Theologie, von jenen eingebildeten Alten verstoßen, sich zur Jugend wende. So viel von mir.

Zum Schluß spreche ich noch die Hoffnung und Bitte aus, Ihr möchtet unsre Universität nicht vergessen, d. h. für Lehrstühle der griechischen und hebräischen Sprache sorgen. Das Leipziger[78] Vorlesungsverzeichnis – wie immer ein Rivale des unsrigen – habt Ihr wohl schon gesehen. Sie kündigen darin eine Menge Vorlesungen an, die vermutlich nie gehalten werden.

Den Brief an den erlauchten Fürstbischof von Naumburg konnte ich nicht besser als durch Euch besorgen. Tut darum, was Eure besten Freunde von Euch erbitten. Lebet wohl im Herrn.

In unsrem Kloster, am 18. Mai 1518.

Bruder Martinus Eleutherius.[79] Augustiner

Br 1,173,1 ff

2 Die wichtigsten theologischen Thesen

Vom Gesetz (1. These)

Das Gesetz, diese heilsamste Lehre des Lebens, vermag den Menschen nicht zur Gerechtigkeit zu fördern, sondern hindert ihn eher daran.

77 *1 Mose 1,2.*

78 *Die Leipziger Universität stellte sich gegen das neugegründete Wittenberg von Anfang an sehr feindselig ein.*

79 *›Der Freie‹, zugleich ein Wortspiel mit dem Namen Luther(us). Von jetzt an schreibt Luther seinen Namen nicht mehr, wie er bisher dem Familienbrauch folgend getan hatte, ›Luder‹, sondern regelmäßig ›Luther‹.*

Von den Werken (2. These)

Noch viel unrichtiger ist die Behauptung, häufige Wiederholung menschlicher Werke mit Hilfe des natürlichen Gebots verhelfe zur Gerechtigkeit.[80]

Vom freien Willen (13. These)

Der freie Wille nach dem Sündenfall besteht nur dem Namen nach; wenn er tut, was ›an ihm‹ ist, begeht er eine Todsünde.[81]

Die Bereitung zur Gnade (16. These)

Wer glaubt, er könne zur Gnade gelangen, indem er tut, was ›an ihm‹ ist, häuft Sünde auf Sünde und wird so doppelt schuldig.

Von der Erkenntnis Gottes (19. und 20. These)

Nicht der darf verdientermaßen ein Theologe genannt werden, welcher Gottes unsichtbares Wesen am Geschaffenen innewird und anschaut, sondern derjenige, welcher das unsichtbare Wesen und die Rückseite[82] Gottes durch Leiden und Kreuz anschaut und in sich aufnimmt.

Aus den »Beweisen« zur 20. These

Die Rückseite und das sichtbare Wesen Gottes ist das Gegenteil seines unsichtbaren Wesens, nämlich Menschlichkeit, Schwachheit, Torheit (1 Kor 1, 25). Da nämlich die Menschen mit der Erkenntnis Gottes aus seinen Werken Mißbrauch trieben, wollte Gott umgekehrt aus Leiden erkannt werden und jene Weisheit des Unsichtbaren verwerfen durch die Weisheit des Sichtbaren, damit auf diese Weise diejenigen, welche den aus seinen Werken offenbaren Gott nicht ehrten, den im Leiden verborgenen Gott ehren sollten (1 Kor 1, 21). Es soll niemand genug und von Nutzen sein, wenn er Gott in seiner Herrlichkeit und Majestät erkennt, wenn er nicht denselben Gott in der Erniedrigung und Schmach des Kreuzes erkennt.

80 *Im »Beweis« zu dieser These erklärt Luther: Das Gesetz Gottes hilft dem Menschen über seine natürlichen Kräfte hinaus zum Guten; trotzdem schafft der Mensch nicht Gutes, sondern Böses. Wie kann er dann aus eigener Kraft ohne Gottes Hilfe Gutes wirken?*

81 *Im »Beweis« zur 6. These macht Luther dies durch ein hübsches Bild deutlich: »Das ist, wie wenn einer mit einem schartigen und zackigen Beil einhaut; auch wenn der Arbeiter ein guter Schmied ist, macht doch das Beil üble, gefährliche und häßliche Hiebe. So ist es auch bei Gott, wenn er durch uns wirkt.«*

82 *Vgl. 2 Mose 33,23.*

Gesetz und Evangelium (26. These)

Das Gesetz spricht: ›Tue das!‹ und es geschieht niemals. Der Glaube spricht: ›Glaube an diesen [Mann]!‹ und schon ist alles geschehen.

Die Liebe Gottes (28. These)

Die Liebe Gottes findet ihren Gegenstand nicht [als schon vorhanden], sondern schafft ihn sich selbst; die Liebe des Menschen entsteht an ihrem Gegenstand.

Aus den »Beweisen« zur 28. These

Die Sünder sind deshalb angenehm, weil sie geliebt werden; sie werden nicht deshalb geliebt, weil sie angenehm sind.

Vor Cajetan auf dem Augsburger Reichstag

Der Brief, mit welchem Luther auf den wohlmeinenden Rat von Vater Staupitz am 30. Mai 1518 seine »Erläuterungen« (Resolutionen) zu den Thesen unmittelbar dem Haupte der Christenheit, dem Papst *Leo X.*, übersendet, schließt mit gehäuften Versicherungen seiner völligen Ergebenheit in den Willen des Papstes. Möge der Heilige Vater selber erkennen, wie reinen und einfältigen Herzens Luther die Macht der Kirche und die Würde des päpstlichen Schlüsselamtes ehre, wie töricht, wie ungerecht, wie falsch die Schmähungen seiner Gegner seien. Mit Gut und Blut wirft sich Luther der Heiligkeit zu Füßen: »Machet lebendig, tötet, rufet, widerrufet, billiget, verwerfet nach Eurem Gefallen: Ich werde Eure Stimme anerkennen als Stimme Christi, der in Euch regiert und spricht. Habe ich den Tod verdient, so will ich gerne sterben.« Allein vor diesen demütigen, die geschmeidige Hand Freund Spalatins verratenden Sätzen steht wie ein Felsklotz der andere: »*Widerrufen kann ich nicht*, auch da ich sehe, welch erschreckender Haß gegen mich auflodert ob dieser Veröffentlichung.«

Ahnt Luther schon, was inzwischen geschah, weiß er bereits, daß er in die Mühle des gegen die Ketzer gerichteten Kirchengerichtsverfahrens hineingeraten ist? Der Papst hat an sich wichtigere Sorgen als das ferne Mönchsgezänk, allein auf Drängen der Dominikaner willigt er in die Einleitung des Disziplinarverfahrens gegen Luther. Der theologische Sachverständige der Kurie, Sylvester *Prierias*, wirft in drei Tagen ein Gutachten über die 95 Thesen aufs Papier, das in schroffster Weise die neu aufkommende Theorie, daß die Kirche der Papst und der Papst die Kirche sei, zum Ausdruck bringt (1), Luthers Thesen als ketzerisch verwirft und von groben, unsachlichen Ausfällen gegen den Aussätzigen, den bissigen Sohn eines Hundes, strotzt. Luthers demütiger Brief an den Papst kommt zu spät. Auf Grund dieses Gutachtens – von seinem Verfasser seltsamerweise »Dialogus« geheißen – kann der Oberste Richter der Kurie nicht anders als die übliche »Zitation« ausfertigen: am 7. August 1518 wird Luther eine Vorladung zugestellt, er habe sich binnen 60 Tagen zur Verantwortung über seine Lehre in Rom einzufinden. Gleichzeitig erhält er das Gutachten des Prierias und erschrickt zum ersten Male während seines ganzen Handels (2), allein sein Schrecken weicht bald dem Jubel des Überlegenen. In zwei Tagen ist seine Entgegnung fertig: *Christus* ist die Kirche, und wenn die Kirche eine irdische Vertretung hat, dann ist diese nicht der Papst, sondern das Konzil, obwohl auch ein Konzil irren kann.

Aber schon ist Luther wieder durch die Sache selbst einen Schritt weitergeführt worden. In der mittelalterlichen Kirche ist der *Bann* das Mittel zur Durchsetzung politischer und finanzieller Ansprüche der Kirche. Der Gebannte ist von den Gnadenmitteln der Kirche, dann auch vom bürgerlichen Handel und Wandel ausgeschlossen und wird nach seinem Tode in ungeweihter Erde verscharrt, da man gewiß ist, er sei durch den Bann der ewigen Seligkeit verlustig gegangen. Ist irgendwo ein Stadtrat gegen ein Kloster, ein Fürst gegen einen Bischof störrisch, gehen irgendwo die Zehnten nicht ein, werden kirchliche Schulden nicht bezahlt, wird irgendwo ein Kleriker verhaftet, so wird gebannt. Ja, es gibt sogar eine Art Sippen- und Nachbarschaftshaftung, wenn der Gebannte störrisch bleibt. Als Luther am 16. Mai 1518, dem Sonntag Exaudi, über das Evangelium predigt – es steht im Johannesevangelium und enthält die Worte: ›Sie werden euch in den Bann tun, und es kommt die Zeit, daß wer euch tötet, wird meinen, er tue Gott einen Dienst damit‹ (Joh 16, 2) –, hört seine Gemeinde von ihm, daß einer, der im ungerechten Bann sterbe, *selig* sei, selig, auch wenn er ohne Sakrament stirbt, in ungeweihter Erde verscharrt wird, ja, wenn sein Leichnam sogar wieder ausgegraben und ins Wasser geworfen wird. Der Bann kann dem Christen nur die äußere, die vor Menschen sichtbare Kirchengemeinschaft rauben, nicht aber den Anteil an himmlischen Gütern, den ihm Christus selbst verliehen hat. Was Luther hier sagt, ist die durchaus folgerichtige Weiterbildung seiner bisherigen Erkenntnis: ist *Christus* der Grund des rechtfertigenden Glaubens, so bestimmt er und nicht eine angemaßte Kirchengewalt auch die *Grenzen der Kirche.*

Auch ohne die Spione, die unter Luthers Kanzel sitzen und den Inhalt seiner Predigt in gehässiger Entstellung weitergeben, wären diese Worte auf Windesflügeln durch die Lande geeilt. Luther hat nach dem

Ablaß nun auch den Bann angegriffen und wieder unbeabsichtigt einen empfindlichen Nerv der römischen Macht- und Finanzpolitik berührt. Es dauert nicht lange, so weiß auch der Kardinal *Cajetan* davon, der Legat des Papstes auf dem im Sommer 1518 in *Augsburg* zusammengetretenen Reichstag. Jetzt muß der Papst einschreiten; nicht nur Cajetan drängt darauf, sondern auch Kaiser *Maximilian* richtet ein Schreiben an den Papst: Luther müsse selbst in den Bann getan werden, seine Lehre vergifte nicht nur das unwissende Volk, sondern bereits schon einflußreiche Fürsten. Nun wird von Rom aus – als prozessuale Sicherheitsmaßregel – ein Verhaftungsbefehl gegen Luther ausgestellt, den Cajetan auszuführen hat, und Luthers Landesherr um Auslieferung des Ketzers ersucht. Eine dunkle Wolke hängt über dem Nichtsahnenden, er ist nicht mehr zu retten, wenn ihn nicht das blitzschnelle Spiel der hohen Politik, in die Kaiser und Papst, Fürsten und Bischöfe verfangen sind, gerettet hätte.

Das Interesse des alternden Kaisers Maximilian geht auf dem Augsburger Reichstag dahin, die deutschen Kurfürsten auf die Wahl seines Enkels Karl von Spanien zu seinem Nachfolger zu verpflichten. Die deutsche Kaiserkrone, so gewiß sie nur noch ein Schatten einstiger Herrlichkeit ist, kann noch am ehesten die gewaltige Ländermasse in der Mitte Europas zusammenhalten. Allein in denselben Augusttagen, in denen der Papst gegen Luther vorgeht, hat der im Reich hochangesehene Kurfürst Friedrich von Sachsen eine Bindung zugunsten Karls und damit der habsburgischen Macht abgelehnt und damit einen Herzenswunsch des Papstes erfüllt; denn wie soll der Kirchenstaat noch bestehen können, wenn Karl, Herr über Spanien und Neapel, nun auch noch die deutsche Krone trägt und den Kirchenstaat, wie einst die Staufer, völlig umklammert? Die Wünsche des Kurfürsten (3), man möge Luther väterlich in Augsburg verhören und ihn auf jeden Fall wieder ungehindert nach Wittenberg zurückkehren lassen, finden bei Cajetan freundlichstes Entgegenkommen; er erhält vom Papst für das Verhör Luthers freie Hand, ihn loszusprechen oder zu verurteilen. Wie die Verhandlung ausgeht, liegt also völlig bei Cajetan – und bei Luther.

Nicht ohne Furcht und zum Tode bereit (4), aber fest entschlossen, nicht zu widerrufen (5), zieht Luther nach Augsburg. In der Zwischenzeit, die vergeht, um ihm Geleitsbriefe von Kaiser und Rat zum Schutze seiner persönlichen Sicherheit zu verschaffen, versucht ein vornehmer Italiener aus dem Gefolge des Kardinals vergeblich, ihn zum Widerruf zu bewegen (6). Endlich, am Morgen des 12. Oktober 1518, steht Luther vor dem Kardinal. *Cajetan* verdankt den Purpur des Kardinals nicht nur seinem wissenschaftlichen Eifer für die Theologie des Thomas von Aquino, nicht nur seiner gewissenhaften Amtsführung als Dominikanergeneral, sondern wohl noch mehr seinem entschlossenen Eintreten für die päpstliche Unfehlbarkeit. Er weiß, daß nach der Rangordnung der Kurie ein Kardinal den Vortritt vor Königen hat, und betont in Augsburg den Glanz seiner Legatenwürde durch auffallende Prunkentfaltung. Obwohl sein Hauptauftrag dahin geht, Deutschland zu einem Kreuzzug gegen die Türken aufzurufen, hat er Luthers Schriften studiert und sich sogar schon schriftlich mit ihnen befaßt. Nun sieht er den Mönch mit den tiefen Augen und den seltsamen Einfällen (7) zum ersten Male. Er verlangt von ihm im Auftrag des Papstes den Widerruf seiner Irrtümer, künftige Enthaltung davon und strenge Vermeidung jeglicher Störung des Kirchenfriedens. Insbesondere die 58. These ist Irrlehre; wie kann Luther behaupten, der Schatz der Kirche und die Verdienste Christi seien nicht dasselbe? Weiß er nicht, daß diese Behauptung einer päpstlichen Bulle zuwiderläuft?

Damit ist das Thema des Augsburger Gesprächs angeschlagen: Ist *die Gnade Besitz der Kirche oder Gabe Gottes*? Um nichts anderes geht es in dem Verhör, das Cajetan mit allen Mitteln, bald mit väterlicher Milde, dann mehr und mehr mit Zornesausbrüchen führt. Kein Wunder, daß man nach zwei Tagen wieder am Ausgangspunkt angelangt ist. Wie Luther kurz nachher aufgezeichnet hat (8), wurde von Cajetan auf dem Höhepunkt der Verhandlung aufs stärkste betont, daß nach der Bulle Christus der streitenden Kirche durch seine Verdienste einen Schatz erworben habe. Demgegenüber Luther: So richtig dies ist, so wenig sind Christi Verdienste der Schatz selber; sie sind vielmehr das Mittel, durch welches er den Schatz erwarb. Was aber hat Christus anderes erworben als die Vergebung der Sünden, die er durch das Schlüsselamt austeilt? Also ist die Kirche nicht Rentnerin des Verdienstkapitals, sondern ihr einziger Schatz ist das Evangelium von der freien Gnade; also sind die Thesen von der 58. bis zur 62., die Cajetan bestreitet, richtig, also sind auch die andern richtig, die darauf aufgebaut sind.

Als Cajetan auch hierauf nichts anderes zu sagen hat als den Schrei nach dem Widerruf, wendet sich Luther zum Gehen. Wollte er hier widerrufen, müßte er das Evangelium widerrufen. Sein Urteil über Cajetan ist fertig; er hält ihn in dieser Sache für völlig ungeeignet (9). Der Kardinal versucht noch über Staupitz auf Luther einzuwirken, aber Staupitz lehnt mit diplomatischer Klugheit ab (8). Nun ist die Entscheidung gefallen. Am 16. Oktober setzt Luther unter Mitwirkung der beiden sächsischen Räte Rühel und Feilitzsch vor Notar und Zeugen eine Urkunde auf, in welcher er von dem schlecht unterrichteten an den besser zu unterrichtenden Papst appelliert, die bisherigen Richter als befangen und sachunkundig ablehnt und ein neues Verfahren an sicherem Orte verlangt; auf keinen Fall aber sei er bereit, seinem Gewissen entgegenzuhandeln. Am 18. Oktober erhält Cajetan von Luther diese Appellation und die Mitteilung, daß ein längeres Warten in Augsburg für Luther zwecklos sei. Aber der Kardinal schweigt. Sein Schweigen ist vielsagend, denn der Verhaftungsbefehl gegen Luther ist nicht aufgehoben und jederzeit vollstreckbar. Darum wird Luther von seinen Freunden in der Nacht des 20. Oktober heimlich aus Augsburg fortgeschafft; in beschwerlichem Ritt (10) erreicht er am 31. Oktober Wittenberg und ist damit vorläufig geborgen.

1 Die Autorität des Papstes – der Blitzstrahl des »Meisters des heiligen Palastes«

Wollte der Papst in den kleinsten Artikeln und bei ganz groben und handgreiflichen Irrtümern zur Einsicht kommen und sich dem Konzil unterwerfen, so gäbe er seine Autorität preis. Denn er rühmt sich, das Haupt der Kirche zu sein, dem alle Glieder gehorsamspflichtig sind. Deshalb klagen sie das Konstanzer Konzil[83] an, es habe sich Autorität über den Papst angemaßt. Darum, wenn sie uns im geringsten Artikel [etwas] einräumen, so ist der Bügel am Kranz entzwei, und alle werden schreien: Ist nicht bestimmt worden, der Papst sei das Haupt der Kirche und könne nicht irren? Das ist der Grundsatz und das Hauptstück des Papsttums. So wollte mich Sylvester *Prierias*,[84] der Meister des heiligen Palastes, durch diesen Blitzstrahl erschrecken, indem er sagte: Wer an einem Wort oder Werk der römischen Kirche zweifelt, ist ein Ketzer! Zu jener Zeit war ich noch schwach; ich wollte den Papst nicht angreifen, ich hatte Respekt vor solchen Argumenten.
Aus TR 3,3720 (Januar/Februar 1538)

2 Luthers erstes Erschrecken über die Schrift des Sylvester Prierias

Der Papst hat mir nie wehgetan, mit Ausnahme des ersten Mals, als Sylvester gegen mich schrieb und seinen Titel voranstellte: Meister

83 Das Konstanzer Konzil (1414–1418) hatte unter Gersons Einfluß am 6. April 1415 durch das Dekret »Sacrosancta« erklärt, daß dem Konzil die höchste Kirchengewalt in der Christenheit zukomme und daß es infolgedessen über dem Papst stehe. Es hatte diese Sätze auch sofort durch Ab- und Einsetzung eines Papstes durchgeführt.

84 Sylvester Mazzolini, nach seiner Vaterstadt Prierio Prierias genannt, 1456–1523, Thomist und Dominikaner, war als »Magister sacri palatii« Bücherzensor und theologischer Sachverständiger, Inquisitor und Richter des Ketzergerichts.

des heiligen Palastes. Da dachte ich: [Potz] Leichnam,[85] will es dahin gelangen, daß die Sache vor den Papst kommt? Dennoch gab mir unser Herrgott die Gnade, daß ich lachen mußte, als der Bacchant[86] so böse Dinge schrieb. Seither bin ich nie [mehr] erschrocken.

Aus TR 1,491 (April 1533)

3 Kurfürst Friedrich greift ein

Ich werde angeklagt beim Papst, es wird meine Vorladung nach Rom übersandt und es erhebt sich das ganze Papsttum gegen mich einzelnen Mann. Das geschieht im Jahre 1518 auf dem unter Maximilian[87] in Augsburg gehaltenen Reichstag. Dort spielte den Legaten von seiten des Papstes der Kardinal Cajetan;[88] an diesen wandte sich in meiner Sache der hocherlauchte Herzog von Sachsen, Kurfürst Friedrich,[89] und setzte es durch, daß ich nicht gezwungen wurde, nach Rom zu gehen, sondern daß man mich herbeirufen würde, und daß er selbst die Sache untersuchen und beilegen sollte. Bald darauf wurde der Reichstag aufgelöst.

Inzwischen warteten die Deutschen mit gespannter Aufmerksamkeit auf den Ausgang einer so wichtigen Sache, an die vorher kein Bischof und kein Theologe zu rühren gewagt hatte. Denn sie waren's müde, die Ausplünderungen, das Jahrmarktswesen und die endlosen Betrügereien der römischen Schwindler zu ertragen. Es begünstigte mich auf jede Weise die im Volke verbreitete Stimmung, daß jene Ränke und Römerstreiche schon allgemein verhaßt waren, mit denen sie den ganzen Erdkreis erfüllt und müde gemacht hatten.

Aus der Vorrede zu Band I der Lateinischen Werke (1545).
WA 54,180,21 ff

4 Luthers Angst vor Augsburg

Während der Reise war mein Gefühl: Nun muß ich sterben! Und

85 »Beim Leibe Christi!«

86 D. h. fahrender Schüler, dann auch Vagabund, Taugenichts.

87 Maximilian I. von Habsburg, 1459 geb., Kaiser des Römischen Reiches Deutscher Nation von 1493 bis zu seinem 1519 erfolgten Tode.

88 Jakob de Vio, 1469–1534, nach seinem Geburtsort Gaeta Cajetan genannt, Dominikaner mit dem Ordensnamen Thomas, Professor der Theologie, wurde 1508 Dominikanergeneral und 1517 von Leo X. zum Dank für seine Verteidigung der päpstlichen Unfehlbarkeit zum Kardinal ernannt. Er war eines der bedeutendsten Mitglieder des Kardinalkollegiums, von einwandfreiem Wandel, von der Kurie gerne zu schwierigen Missionen benützt, Verfasser eines geschätzten Kommentars zu Thomas von Aquino und einer lateinischen Bibelübersetzung.

89 Friedrich der Weise, 1463–1525, seit 1486 Kurfürst von Sachsen, war Luthers Landesherr.

ich stellte mir den gerüsteten Scheiterhaufen vor Augen und sagte oft: Ach, welche Schande werde ich meinen lieben Eltern sein! Dergestalt ängstigte mich das Fleisch. *Aus TR 2,268 b (September 1532)*

5 Der Entschluß, nicht zu widerrufen · Brief aus Augsburg an Melanchthon in Wittenberg[90] *vom 11. Oktober 1518*

... Hier geschieht nichts Neues oder Besonderes außer dem Einen, daß die Stadt voll ist vom Lärm über meine Person, und daß alle den Menschen zu sehen begehren, welcher der Herostratus[91] einer so großen Feuersbrunst ist. Du aber handle weiterhin als Mann und lehre die jungen Leute das Richtige. Ich gehe hin, mich für Euch und für sie opfern zu lassen, wenn Gott will. Lieber will ich zugrunde gehen und – das allein fällt mir bitter schwer – den so beglückenden Umgang mit Euch für ewige Zeiten entbehren, als daß ich widerrufe, was ich recht lehrte, und bei diesen ebenso törichten als erbitterten Feinden der Wissenschaft und Gelehrsamkeit der Anlaß zum Untergang reinsten wissenschaftlichen Eifers werde. Italien ist in die Stockfinsternis Ägyptens versunken, so wenig wissen alle von Christus und von dem, was Christi ist. Und doch halten wir solche Leute für die Herren und Meister des Glaubens und Lebens. So erfüllt sich Gottes Zorn über uns, der spricht: »Ich will ihnen Jünglinge zu Fürsten geben, und Kindische sollen über sie herrschen« (Jes 3, 4).

Lebe wohl, lieber Philipp, und wende Gottes Zorn ab durch dein keusches Gebet! *Br 1,213,8 ff*

6 Die Tage in Augsburg vor dem Verhör

So kam ich denn zu Fuß und mittellos nach Augsburg, ausgestattet auf Kosten von Kurfürst Friedrich und mit Empfehlungsschriften von ihm an den Rat und an einige wackere Männer. Drei Tage lang war ich dort, ehe ich zu dem Kardinal ging. Denn jene trefflichen Männer hielten mich zurück und warnten mich aufs nachdrücklichste, doch ja nicht ohne ein schützendes kaiserliches Geleite zum Kardinal zu gehen, ungeachtet dessen, daß der Kardinal mich an den einzelnen Tagen durch einen gewissen Unterhändler[92] rufen ließ. Dieser Mann

90 Melanchthon war seit August 1518 als Lehrer des Griechischen an der Universität Wittenberg.

91 Herostratus zündete 356 v. Chr. den berühmten Artemistempel seiner Vaterstadt Ephesus an, um dadurch seinen Namen der Nachwelt zu überliefern.

92 Es war Urban von Serralonga.

fiel mir lästig genug: Ich solle nur widerrufen, dann sei alles in Ordnung. Aber lang ist das Unrecht, lange die Umwege.[93]

Endlich am dritten Tage kam er und stellte mich ernstlich zur Rede, warum ich nicht zu dem Kardinal ginge, der mich doch voll Herzensgüte erwarte. Ich gab zur Antwort, ich müßte mich streng nach den Ratschlägen trefflicher Männer richten, denen ich von Kurfürst Friedrich empfohlen worden sei; deren Rat aber gehe dahin, ich solle unter keinen Umständen ohne den Schutz des Kaisers oder ohne öffentliche Sicherheit zu dem Kardinal gehen; sei dies erreicht – es unterhandelten aber jene Männer beim kaiserlichen Rat, um es zu bekommen –, so würde ich alsbald hingehen.

Da sagte jener gereizt: »Was? Glaubst du, Kurfürst Friedrich würde deinetwegen zu den Waffen greifen?« – Ich sagte: »Das wollte ich ganz und gar nicht.« – »Und wo willst du dann bleiben?« – Ich antwortete: »Unter dem Himmel.« – Darauf der andere: »Wenn du den Papst und die Kardinäle in deiner Gewalt hättest, was würdest du dann tun?« – Ich erwiderte: »Alle Achtung und Verehrung erweisen.« – Darauf machte jener nach italienischer Gebärdensprache eine Bewegung mit dem Finger und sagte: »Hm!«[94] Und so ging er weg und kehrte nicht wieder.

Aus der Vorrede zu Band I der Lateinischen Werke (1545).
WA 54,181,13 ff

7 Cajetans Eindruck von Luther

Der Kardinal sagte in Augsburg über mich: Dieser Bruder hat tiefe Augen; darum hat er auch so seltsame Einfälle im Kopf.

TR 2,2327 (Dezember 1531)

8 Bericht über das Verhör durch Cajetan · Brief aus Augsburg an Hofprediger Georg Spalatin vom 14. Oktober 1518

Jesus.

Gruß zuvor! Lieber Spalatin, nur ungern schreibe ich an den durchlauchtigsten Kurfürsten selbst; nehmt darum Ihr als sein Vertrauter meinen Brief entgegen und tut ihn dem gnädigen Herrn zu wissen. Heute ist schon der vierte Tag, daß der Herr Legat mit mir – beziehungsweise gegen mich – verhandelt; um des durchlauchtigsten Fürsten willen verspricht er mir zwar mit guten Worten eine milde und väterliche Behandlung, in Wirklichkeit macht er alles mit reiner, lauterer, unbeugsamer Gewalt. Er wollte nicht, daß ich ihm in öffentlicher Disputation Antwort gebe, er wollte auch nicht allein mit mir dispu-

93 *Sprichwortartiger Satz, etwa: »Unrecht muß weit umlaufen«.*
94 *Ausdruck tiefster Verachtung und Verstimmung.*

tieren. Er wiederholte nur unaufhörlich eines: »Widerrufe, gestehe deinen Irrtum zu, so will es der Papst und nicht anders, du magst wollen oder nicht«, und dergleichen. Den stärksten Druck übte er auf mich aus mit der Extravagans »Unigenitus« Clemens VI.[95] »Hier, hier«, rief er, »siehst du, daß der Papst festsetzt, Christi Verdienste seien der Schatz für den Ablaß.[96] Glaubst du's oder glaubst du's nicht?« Er duldete weder Erklärung noch Antwort, sondern schrie mich einfach nieder.

Endlich ließ er sich, doch nur durch zahlreiche Fürsprache, so weit erweichen, mir die Abfassung eines schriftlichen Rechenschaftsberichts zu erlauben. Heute habe ich ihn übergeben, in Gegenwart des zu diesem Zweck beigezogenen D. Philipp Feilitzsch,[97] der im Namen und Auftrag des Kurfürsten nochmals dessen Bitte vorbrachte. Doch zuletzt gab mir der Legat die Schrift mit Verachtung zurück und erhob aufs neue den Schrei nach dem Widerruf. Er überschüttete mich mit einem Wortschwall, den er den Fabeln des Thomas von Aquino entnahm, und gab sich den Anschein, als habe er mich überwunden und in die Enge getrieben. Wohl zehnmal setzte ich zum Sprechen an, ebenso oft donnerte er mich nieder und beherrschte allein das Feld.

Schließlich fing ich auch an zu schreien und rief: »Wenn sich nachweisen läßt, daß jene Extravagans sagt, Christi Verdienste seien der Schatz des Ablasses, so will ich Euch den Willen tun und widerrufen.« Lieber Gott! Da hättet Ihr seine Gebärden sehen, sein Gelächter hören sollen! Er riß plötzlich das Buch an sich und las mit Dröhnen und Schnauben, bis er zu der Stelle kam, wo es heißt, daß Christus durch sein Leiden einen Schatz erworben habe usw. Da rief ich: »Halt, hochwürdiger Vater! Achtet auf dieses Wörtlein ›erworben‹! Wenn Christus durch seine Verdienste den Schatz erworben hat, so sind nicht die Verdienste selbst der Schatz, sondern das, was die Verdienste erkauften, nämlich das Amt der Schlüssel.[98] Also ist meine These[98]

95 *Die »Extravagantes«, d. h. freischweifende Erlasse, gehören zwar in das Corpus juris canonici, in die Sammlung des päpstlichen Kirchenrechts, gelten aber nur als Privatarbeit des Joh. Chappuis. Sie enthalten Anordnungen der Päpste des 14. und 15. Jahrhunderts. Im genannten Erlaß sprach Papst Clemens VI. (1342–1352) von einer Austeilung der Verdienste Christi durch den Ablaß.*

96 *Vgl. These 58, oben Seite 97.*

97 *Philipp von Feilitzsch war mit Dr. Johann Rühel als kursächsischer Rat auf dem Augsburger Reichstag; sie hatten im Auftrag des Kurfürsten über Luthers Sicherheit zu wachen.*

98 *Vgl. die 58. und 60. These.*

richtig.« Da wurde er mit einem Schlag verwirrt, sprang aber, um seine Verwirrung nicht zeigen zu müssen, geschickt auf andere Gegenstände über und wollte mit kluger Absicht darauf nicht mehr zurückkommen. Da brach ich – freilich sehr respektlos – im Zorne los: »Ihr möget nur nicht glauben, hochwürdigster Vater, uns Deutschen sei die Grammatik unbekannt; ›ein Schatz sein‹ und ›einen Schatz erwerben‹ sind zweierlei Dinge!« Da war seine Zuversicht gebrochen, wenn er auch immer noch schrie, ich solle widerrufen. Ich ging; da rief er mir nach: »Hebe dich weg, laß dich nicht mehr vor mir sehen, es sei denn zum Widerruf!«

Und nun gebt acht! Bald nach dem Mittagsmahl ruft der Legat den hochwürdigen Vater Vikar Doktor Staupitz zu sich, umschmeichelt ihn mit vielen Worten, er solle mich zum Widerruf bewegen – alles in meiner Abwesenheit –, und versichert sogar, ich hätte kaum einen besseren Freund als ihn. Staupitz gab zur Antwort, er habe mich von jeher bis zum heutigen Tag zu überzeugen versucht, ich müsse mich demütig der Kirche unterwerfen, was ich ja schon früher öffentlich bezeugt hatte; doch sagte er, er sei mir – seiner Meinung nach – in der Kenntnis der H. Schrift und an Geist nicht gewachsen; endlich aber sei der Legat als Stellvertreter des Papstes und als unser aller Prälat dazu hier, um mich selbst zu überzeugen. Es lief schließlich darauf hinaus, daß der Legat mir die Artikel bezeichnen wollte, die ich widerrufen und bezeugen sollte.

So ist der Handel nun in der Schwebe. Doch habe ich keine Hoffnung und kein Vertrauen auf ihn. Ich gehe jeden Tag mit meiner Appellation[99] um und gedenke keine Silbe zu widerrufen. Die Antwort aber, die ich ihm übergab, werde ich öffentlich erscheinen lassen, damit er in aller Welt zuschanden gemacht wird, wenn er wie bisher so weiterhin mit Gewalt vorgehen will. Lebet wohl, es eilt!
Augsburg, am Tage des hl. Calixt 1518.

Bruder Martin Luther, Augustiner.

Br 1,214,7 ff

9 Luthers Urteil über Cajetan · Aus einem Brief aus Augsburg an Karlstadt in Wittenberg vom 14. Oktober 1518

Er ist vielleicht ein namhafter Thomist, aber ein unklarer, versteckter, unverständlicher Theologe oder Christ, und deshalb zum Richten, Verstehen und Urteilen in dieser Sache ebenso geschickt wie ein Esel zum Harfenschlagen. *Br 1,216,39 ff*

99 Die von Luther am 16. Oktober 1518 schriftlich und notariell niedergelegte Appellation an den Papst zu dessen besserer Unterrichtung (a papa male informato ad papam melius informandum).

Der Kurfürst Friedrich sah ihn nicht gerne von Augsburg zurückkehren, wie er ihm auch nicht geraten hatte, dorthin zu gehen. Nicht wenig betroffen in dieser Verlassenheit ging er mit sich zu Rate, wohin er gehen sollte. In Deutschland war keine Hoffnung. In Frankreich[100] war kein sicheres Verweilen wegen der Drohungen des Papstes. So war er damals in höchster Bedrängnis. Deshalb ging er nach Sachsen zurück. Am ersten Tage kam er von Augsburg bis Monheim.[101] Er hatte einen hart trabenden Klepper, hatte keine Hosen an, nur Kniehosen, kein Messer und keine Wehr, keine Sporen, und trotzdem kam er so bis Wittenberg.

Aus TR 1,1203 (1. Hälfte der dreißiger Jahre)

Verhandlungen zwischen Rom und Wittenberg

Was soll nun mit Luther geschehen? Der Kurfürst ist in peinlicher Verlegenheit. Auf der einen Seite suchte der Kardinal Luthers Auslieferung zu *erzwingen*: der Kurfürst hat einen Brief Cajetans vom 25. Oktober 1518 erhalten, in dem entweder Luthers Auslieferung nach Rom oder wenigstens seine Ausweisung aus kursächsischen Landen gefordert wird. Rom wird die unheilvolle Angelegenheit weiterverfolgen; will der edle Fürst wirklich um eines einzigen armseligen Mönches willen seinen und seiner Vorfahren blankes Ehrenschild beschmutzen? Und auf der anderen Seite bietet Luther an, er wolle dem Kurfürst zuliebe *freiwillig* Sachsen verlassen. In einer wohlüberlegten, Cajetans Vorwürfe nochmals Punkt für Punkt widerlegenden Briefschrift – wohl vom 21. November 1518 – weiß er sich freilich keiner anderen Sünde zu zeihen als der einen, daß er die sechs Buchstaben »Revoco« – Ich widerrufe – nicht ausgesprochen habe; aber ehe er zuläßt, daß der Kurfürst an ihm zum Mörder wird und ihn nach Rom ausliefert, wo nicht einmal der Papst seines Lebens sicher ist, erklärt er: »Ich verlasse Eure Lande, ich werde dahin gehen, wo mich der barmherzige Gott haben will, und ich werde mich seinem Willen anbefehlen, komme, was da wolle!«

Für einen Augenblick gibt es ein verwirrendes Durcheinander. Luther ist entschlossen, nach Frankreich zu gehen. Schon weiß es die

100 Staupitz war auf den Plan gekommen, Luther müsse sich um der ihm drohenden Gefahren willen in die Universität Paris zurückziehen, die den päpstlichen Absolutheitsansprüchen Widerstand leistete.

101 Monheim liegt acht Meilen von Augsburg entfernt, nördlich von Donauwörth.

Wittenberger Gemeinde aus seinem eigenen Mund. Schon hat er am 28. November 1518 nach dem Vorgang der Pariser Universität, zur Sicherung seines durch den Papst bedrohten Rechts, von dem nicht gut beratenen Papst an ein allgemeines, »rechtmäßiges und an einem sicheren Orte versammeltes« *Konzil* appelliert. Da trifft während des Abschiedsmahles, das er den Freunden im Schwarzen Kloster gibt, ein Brief Spalatins ein: Der Kurfürst, bisher mit Luthers Auswanderung durchaus einverstanden, wünscht, daß *Luther bleibt*. Wie Luther später erzählt hat (1), hat sich der Kurfürst durch den welterfahrenen Rat seiner Luther günstig gesonnenen Umgebung umstimmen lassen. Damit war bei dem im Entschluß schwerfällig-langsamen, in der Durchführung zäh-beharrenden Fürsten eine Entscheidung gefallen, an der er auch später unverbrüchlich festhielt.

So blieb Luther in Wittenberg. Er ist in jenen bewegten Tagen von völliger innerer Ruhe und Gelassenheit; er hat in aller Unruhe Zeit, im Dezember 1518 seine »Deutsche Auslegung des Vaterunsers« für einen Neudruck zu bearbeiten. Er möchte mit dieser Schrift auch seinen Gegnern einen Dienst erweisen; gleichzeitig zeigt er, wo für ihn selbst die Quelle seiner Glaubenskraft entspringt. Er weiß, daß der Kampf jetzt erst recht beginnt, daß er sich auf Menschenhilfe nicht stützen darf; ja, wie er am 2. Dezember 1518 an Spalatin schreibt, ist ihm die allgemeine Meinung, der Kurfürst stehe nunmehr hinter ihm, so peinlich, daß er *deshalb* am liebsten doch auswandern würde! Jetzt erstmals beginnt er zu ahnen, um was es geht in seinem Kampfe: es ist keine Auseinandersetzung zwischen Orden und Fakultäten, Schulmeinungen und Kirchengruppen, nein, der Kampf zwischen *Christus* und dem *Antichrist* hat begonnen! (2)

Haben angesichts dieser Lage Verhandlungen viel Sinn? Wird Herr Karl *von Miltitz* (3) noch viel erreichen? Ritter Karl, bisher einer der vielen adligen Stellenjäger in Rom, verdankt seinen guten verwandtschaftlichen Beziehungen einen nicht unwichtigen Doppelauftrag: der Papst will durch ihn endgültig den Kurfürsten für seine Politik bei der Kaiserwahl gewinnen – darum darf Miltitz dem Fürsten die goldene Tugendrose, eine hohe päpstliche Auszeichnung, überbringen; der Papst will gleichzeitig wenn möglich Luther vernichten – darum trägt Herr Karl, bei sich tief verborgen, eine Bannbulle gegen den Wittenberger Ketzer. Allein selbst Miltitz erkennt aus der Stimmung in Deutschland rasch genug die Unmöglichkeit dieses klug ersonnenen Planes und wagt es schnell entschlossen, als ehrgeizig-vertrauensseliger Neuling auf dem gefährlichen Felde hoher Politik, seinen Auftrag zu überschreiten: nichts Geringeres als eine *Versöhnung* zwischen

Papst und Luther ist das Ziel, für das er sich begeistert und als ersten den Kurfürsten zu gewinnen versteht. Als er freilich selbst mit Luther in *Altenburg* in den ersten Januartagen 1519 verhandelt (4), stößt er auf hartes Holz; was schließlich zustandekommt, ist nicht mehr als eine Art Stillhalteabkommen und Luthers Einwilligung, sich durch ein Schiedsgericht die zu widerrufenden Artikel bezeichnen zu lassen (4): für Luther ein Zugeständnis, das er mit gutem Gewissen machen konnte, für Miltitz Anlaß, den scheinbar gezähmten Feind unter tränenreichen Küssen zu umarmen, sich seines diplomatischen Erfolges in höchster Befriedigung zu freuen und Tetzel, den Urheber des unseligen Ablaßstreits, dem allgemeinen Unwillen als Sündenbock zum Opfer zu bringen (3).

Luther hat in den folgenden Monaten den Altenburger Vertrag gewissenhaft gehalten. Die Wittenberger Arbeit schwillt mächtig an, aus aller Herren Ländern strömen die Studenten herbei, nirgends mehr reicht der Raum, es soll ein neues, großes Gebäude für Vorlesungen errichtet werden; überall, in Nürnberg und Augsburg, in Basel und Heidelberg, werden die Humanisten auf Luther aufmerksam und schikken ihre Scholaren nach Wittenberg. Es ist neben Luther insbesondere der von ihm hochgeschätzte *Melanchthon* (5), der die Anziehungskraft der früheren Winkeluniversität an den Grenzen der Zivilisation verstärkt und als Lehrer des Griechischen und Hebräischen, durch die Neugestaltung des akademischen Unterrichts und durch die gedankenmäßig genaue Durchbildung der neuen Glaubenserkenntnis tiefgreifenden Einfluß ausübt.

Indessen geht der Gang der großen Geschichte unaufhaltsam weiter: Am 12. Januar 1519 ist, noch nicht sechzigjährig, Kaiser *Maximilian* gestorben. Wie zu erwarten, versucht Leo X. noch einmal mit allen Mitteln, Kursachsen auf seine Seite zu bringen. Cajetan soll um jeden Preis die Wahl Karls verhindern, ja, der Papst denkt an eine Kandidatur des sächsischen Kurfürsten! Was tut's, daß er den Ketzermönch schützt, wenn nur der Angsttraum einer Umklammerung des Kirchenstaats sich nicht verwirklicht! Doch von diesen Ränken der Weltpolitik erfährt Luther nichts, weder von einem an ihn persönlich gerichteten Erlaß des Papstes, in dem er mit väterlicher Milde zum endgültigen Widerruf aufgefordert wird, noch von dem Plan der Kurie, ihn dem Kurfürsten zuliebe mit dem roten Hut des Kardinals zu schmücken und ihm vielleicht sogar ein Erzbistum anzuvertrauen.

Luther schweigt solange, bis er sich überzeugen muß, daß der Vertrag von seinen Gegnern überhaupt nicht beachtet wird. Nun kann und will er auch nicht länger schweigen; wie aus einem lang gestauten

Wehr ergießt sich im Frühjahr 1519 der mächtige Strom seiner Schriften: in kürzester Zeit – Luther beschäftigt jetzt drei Druckereien, trotzdem kommen die Setzer kaum nach – werden geschrieben, gedruckt und versandt die Sermone von der zweifachen Gerechtigkeit, vom Ehestand, von der Betrachtung des heiligen Leidens Christi und vom Gebet in der Kreuzwoche; es erscheint die deutsche Auslegung des Vaterunsers (s. S. 123), das erste Heft der Arbeiten zu den Psalmen und endlich ein Hauptwerk Luthers, der Kommentar zum *Galaterbrief*. Angesichts des Lärms, den sein Auftreten hervorgerufen hat, möchte sich Luther auf das »Allergeringste«, auf die göttliche Schrift nämlich, zurückziehen, und wenn er schon als Revolutionär, als Lästerer und zweimal siebenfacher Ketzer verschrien ist, so sollen seine Gegner doch einmal ihre Aufmerksamkeit ausschließlich dem Apostel Paulus zuwenden. Aber es strömt ihm aus der Schrift eine solche Fülle der Erkenntnis zu, daß der Galaterbriefkommentar überfließt vom Jubel über die *Freiheit der Erlösten*. Die menschliche Freiheit zeigt sich darin, daß die Gesetze geändert werden, aber die Menschen gleich bleiben; die christliche Freiheit zeigt sich darin, daß die Menschen andere werden, ohne daß die Gesetze geändert werden. Hier, im menschlichen Herzen, vollzieht sich die Entscheidung zwischen Freiheit und Knechtschaft! Ist aber das Gesetz durch Christus erfüllt und überwunden, was haben dann die Wolken, Wälder und Meere von menschengeschaffenen Gesetzen noch für eine Berechtigung? Mehr wert als Wallfahrten nach Rom und Jerusalem, als Messelesen und Kirchenbauten ist die gute Kinderzucht in der Ehe (Sermon vom ehelichen Leben); wichtiger als die mißbräuchlichen Prozessionen ist Gebet und Fürbitte für das Heil der Seele und die Notdurft des Leibes (Sermon zum Gebet in der Kreuzwoche), und wer das Leiden Christi betrachten will, soll nicht am äußeren Kreuzesbild hängenbleiben, sondern Christi Leben und Person in sein Leben hereinnehmen; das ist besser als alle Passionsgottesdienste und Messen (Sermon von der Betrachtung des hlg. Leidens Christi).

Obwohl Luthers Ahnung, er habe mit dem Antichrist zu kämpfen, sich jetzt schon zur Gewißheit verdichtet hat, will er nicht vom Papst abfallen und verlangt sogar in all diesen Schriften Gehorsam gegen das Papsttum, soweit es als irdische Einrichtung Gehorsam verlangen kann. Inzwischen aber ist eben diese Frage, ob Christus oder der Papst der Herr der Kirche sei, durch *Ecks* Angriffe für Luther unausweichlich geworden.

1 Die Haltung des Kurfürsten

Als die Papisten ... tobten und bei dem [späteren] Kaiser Karl anhielten, man solle den Doktor Martinus verbrennen, und der Kurfürst sich nicht gerne des ganzen Reiches Ungunst zuziehen wollte, wenn er ihnen den Mönch vorenthielte, schreibt er dem Doktor Martin Luther, er solle kurzum von Wittenberg wegziehen und sich an einen anderen, verborgenen Ort begeben, an dem er seines Lebens sicher wäre, denn er könnte ihn zu Wittenberg nicht mehr verteidigen. Da ward dem Doktor bang und wehe; er wußte nicht, wo [ein und] aus, und sagte: »Vater und Mutter verlassen mich, aber der Herr nimmt mich auf« (Ps 27, 10). Und er hatte alle seine guten Freunde ins Kloster zu Gast geladen und mit ihnen zu Abschied gegessen, da er in derselben Nacht hätte davonziehen wollen, wohin Gott ihn geführt hätte. Wie er mit den Gästen guter Dinge ist, kommt eilends ein Bote vom Kurfürsten [mit einem Briefe], den Spalatin geschrieben hatte: Wenn der Doktor noch da wäre, so solle er beileibe nicht wegziehen, denn der Kurfürst hätte etwas Nötiges mit ihm zu reden. So ist der Doktor noch zu Wittenberg geblieben.

Und es war ein weises Bedenken Herzog Friedrichs, daß, sooft er um des Doktors willen angeredet wurde, warum er ihn im Lande litte, er sprach: »Ich weiß nichts Böses von ihm. Ich habe mit ihm nichts zu tun. Tut er etwas Unrechtes, so disputiert und unterredet euch mit ihm zu Wittenberg; da habe ich eine Universität. Er soll euch Antwort stehen. Ich habe so viel gelehrte Leute zu Wittenberg; täte er etwas Unrechtes, sie würden ihn nicht dulden.«

Weiter: Als er (der Kurfürst) Doktor Martin nach Rom senden sollte, hatte er alle seine Räte beieinander und befragte sich mit ihnen, was er tun solle. Da erzählte Herr Fabian von Feilitzsch[102] die Fabel, wie die Wölfe mit den Schafen Frieden machten und verlangten, die Schafe sollten den Wölfen die Hunde zu Bürgen geben, damit sie Geiseln hätten; als nun die Schafe als dumme Tiere die Hunde, die ihre Wehr und Schutz waren, weggaben und so ihrer Waffen beraubt waren, da fielen die Wölfe über sie her und zerrissen sie. Also, sagte er, könnte es uns auch gehen, wenn wir den Mann aus dem Lande geben. Wenn sie sich gleich jetzt stellen, als wollten sie nachher unsre besten Freunde sein, so würden sie uns doch als Ketzer angreifen, und wir könnten uns dann nicht verteidigen. Darum ist mein Rat: Man behalte den Mann, so kann er uns mit Schriften verteidigen; sie werden uns dann auch wohl in Ruhe lassen. *Aus TR 5,5375 c (Sommer 1540)*

102 Fabian von Feilitzsch war wie Philipp von Feilitzsch (s. Seite 120, Anmerkung 97) ein Rat des Kurfürsten.

2 Luther ahnt den Antichrist in der Kurie · Brief aus Wittenberg an Wenzeslaus Linck[103] in Nürnberg vom 18. Dezember 1518

Ich übersende Dir hier meine »Acta«,[104] die schärfer ausgefallen sind, als der Herr Legat erwartet haben mag. Aber schon will meine Feder weit Größeres hervorbringen. Ich weiß nicht, woher [mir] diese Gedanken kommen. Diese Sache hat meinem Urteil nach noch nicht einmal recht begonnen, geschweige denn, daß die römischen Herren schon ihr Ende erhoffen dürften. Ich werde Dir mein Geschreibsel schicken,[105] damit Du siehst, ob ich mit Recht ahne, daß der wahre Antichrist, auf den Paulus hinzielt (2 Thess 2, 4), in der römischen Kurie herrscht. Heute schon glaube ich beweisen zu können, daß Rom schlimmer ist als der Türke. *Br 1,270,7 ff*

3 Die Versöhnungsaktion des Herrn Karl von Miltitz

Im Jahre 1519 übersandte ... [Papst] Leo X. [dem Kurfürsten] die [goldene Tugend-] Rose durch Karl Miltitz,[106] der auf vielerlei Art mit mir verhandelte, damit ich dem Papste wieder versöhnt würde. Er hatte 70 Erlasse[107] des apostolischen Stuhls bei sich, um in den einzelnen Städten einen davon öffentlich anzuschlagen und um mich dergestalt gefahrlos nach Rom zu führen, falls Kurfürst Friedrich mich ihm auslieferte, wie der Papst es mittels der Rose erstrebte. Vor meinen Ohren gab er die Meinung seines Herzens folgendermaßen preis: »O Martin, ich war der Ansicht, du seiest irgendein theologischer

103 *Wenzeslaus Linck, 1483–1547, gebürtiger Sachse, war Dekan der theologischen Fakultät und Prior des Augustinerkonvents in Wittenberg, also Luthers nächster Ordensoberer. 1517 kam er durch Staupitz als Klosterprediger nach Nürnberg, wo seine an Luther geschulte Predigt einen tiefgreifenden Einfluß auf Rat und Stadt Nürnberg ausübte; von hier aus begleitete er Luther nach Augsburg. 1520 wurde er als Nachfolger von Staupitz Generalvikar der deutschen Augustinerkongregation, von 1525 bis zu seinem Tode war er Pfarrer in Nürnberg.*

104 *Kurz nach dem Augsburger Verhör hatte Luther einen aktenmäßigen Bericht darüber nebst urkundlichen Beilagen fertiggestellt, den er am 8. Dezember (gegen den Wunsch des Kurfürsten) veröffentlichte.*

105 *Luther plante offenbar eine größere Streitschrift.*

106 *Karl von Miltitz, aus sächsischem Adel, etwa 1490–1529, stand seit 1514 als päpstlicher Notar und Titularkammerjunker im Dienste der Kurie; zugleich betrieb er auch als Sachwalter der sächsischen Fürsten Reliquieneinkäufe u. ä. für diese. Nach dem Scheitern seiner diplomatischen Sendung in Luthers Sache lebte er als Domherr in Mainz und Meißen.*

107 *Es handelte sich um sog. Breven (lat. brevis, kurz), in abgekürzter Form ausgestellte päpstliche Erlasse.*

Greis, ein Ofenhocker, der mit sich Selbstgespräche abhält; – nun sehe ich, daß du noch in blühendem Alter und voll Kraft bist! Wenn ich 25 000 Bewaffnete hätte –, ich würde mir's nicht getrauen, dich nach Rom zu bringen; auf meiner ganzen Reise habe ich nämlich die Herzen der Leute erforscht, was sie über dich dächten: siehe, wo ich *einen* fand, der auf seiten des Papstes stand, da standen drei für dich gegen den Papst.« Eines aber war zum Lachen: er hatte auch die Weiber und Mädchen in den Gasthöfen ausgefragt: »Was denkt ihr denn über den römischen Stuhl?« Weil sie diesen Ausdruck nicht kannten und an einen Stuhl, wie er zum Hause gehört, dachten, gaben sie zur Antwort: »Was können wir wissen, was für Stühle ihr in Rom habt, hölzerne oder steinerne?«

Miltitz also bat nun, ich möchte dem nachsinnen, was zum Frieden dient; er werde sich alle Mühe geben, daß der Papst dasselbe tue. Ich versprach auch gerne, ich wolle alles aufs bereitwilligste tun, was ich irgendwie mit unverletztem Gewissen vor der Wahrheit verantworten könne; auch ich trage ein eifriges Verlangen nach Frieden, ich sei mit Gewalt in diesen Lärm hineingezogen worden und hätte nur unter dem Zwang der Notwendigkeit all das getan, was ich getan habe; meine Schuld sei es nicht.

Er hatte aber Johann Tetzel, Mitglied des Predigerordens, zu sich bestellt, den hauptsächlichen Urheber dieser Tragödie, und diesen Mann, der bis zur Stunde aller Welt Schrecken und ein durch nichts einzuschüchternder Schreier gewesen war, zerschmetterte er nunmehr mit päpstlichen Worten und Drohungen dermaßen, daß er von da an dahinschwand und endlich von Seelengram verzehrt wurde. Sobald ich davon Kunde erhielt, habe ich ihn vor seinem Hinscheiden mit einem freundlichen Briefe getröstet und ihn geheißen, guten Mutes zu sein; er solle die Erinnerung an mich nicht fürchten. Aber er ist vielleicht an seinem [bösen] Gewissen und am Unwillen des Papstes gestorben.

[Im übrigen] wurde Karl [von Miltitz] für eine Null gehalten, und für ebenso nichtig galt sein Plan ...

Aus der Vorrede zu Band I der Lateinischen Werke (1545). WA 54,184,12 ff

4 Der Altenburger Pakt · Brief aus Altenburg an Kurfürst Friedrich von Sachsen vom 5. (oder 6.) Januar 1519

Durchlauchtigster, hochgeborener Fürst, gnädigster Herr! Ich tue E. K. F. G. untertänig zu wissen, daß Herr Karl von Miltitz und ich endlich übereingekommen sind und die Verhandlung mit zwei Artikeln abgeschlossen haben:

Erstens, daß ein allgemeiner Stillstand beider Parteien geschehe und beiden Teilen verboten werde, weiterhin von der Materie zu predigen, zu schreiben und zu sprechen.

Zum andern will Herr Karl dem heiligen Vater Papst kurzen Bericht geben über die Lage der Dinge, wie er sie angetroffen, und dafür Sorge tragen, daß päpstliche Heiligkeit etwa einem gelehrten Bischof befehlen, die Sache zu untersuchen und die Artikel zu bezeichnen, welche irrig sind und von mir widerrufen werden sollen. Werde ich alsdann über einen Irrtum belehrt, soll und will ich denselben gern widerrufen und die Gewalt und Ehre der heiligen römischen Kirche nicht schwächen. *Br 1,293,1 ff*

5 Der Bund Luthers mit Melanchthon · Aus einem Brief aus Wittenberg an den Humanisten Joh. Reuchlin in Heidelberg vom 14. Dezember 1518

Der Anlaß dazu, daß ich Euch endlich schrieb, ist der, daß unser Philipp Melanchthon,[108] der bewundernswerte Mann, der fast in allem übermenschliches Maß hat und dennoch mein vertrautester und liebster Freund ist, mich zu diesem Briefe an Euch geradezu gedrängt hat und glaubwürdig zusagte, Ihr würdet mein Gefasel nicht widerwillig, sondern sogar mit Dank aufnehmen. *Br 1,269,32 ff*

Die Disputation zu Leipzig

Am 28. Juni 1519 ist König Karl von Spanien und Neapel einstimmig zum König und künftigen Kaiser des Heiligen Römischen Reiches Deutscher Nation gewählt worden, weniger aus Liebe zu den Habsburgern als aus Angst der Deutschen vor der französischen Tyrannei. Der Papst, dessen Kandidat der französische König Franz I. gewesen war, hat sich widerwillig mit der unerwünschten Tatsache abgefunden; wieder ist eine wichtige und mit vielerlei Mitteln geführte Schlacht verlorengegangen. Einen Tag, ehe in der dunklen Kapelle der Bartholomäuskirche in Frankfurt die deutschen Kurfürsten die Wahl voll-

108 Philipp Melanchthon, als Sohn des Waffenschmiedes Georg Schwartzerd am 16. Februar 1497 in Bretten geboren, ein Großneffe des berühmten Humanisten Johannes Reuchlin, bezog als noch nicht 13jähriges, frühreifes Wunderkind die Universität Heidelberg, wuchs während seines Tübinger Aufenthalts (1512–1518) in den Humanismus hinein und wurde durch Reuchlins Vermittlung im Sommer 1518 nach Wittenberg berufen. In seiner Antrittsvorlesung »Über die Umgestaltung des Universitätsunterrichts« fordert er gründliches Sprachstudium als Grundlage aller Theologie und stellt bald, sich eng an Luther anschließend, seine universale Bildung und außerordentliche Sprachbegabung in den Dienst der reformatorischen Gedanken.

ziehen, hat in *Leipzig* die große, von der kirchlichen und gelehrten Welt mit Spannung erwartete Disputation begonnen, und es weiß noch niemand, daß hier eine weit wichtigere Schlacht als in Frankfurt geschlagen und für die Kurie verlorengehen wird.

Der Ingolstädter Professor *Eck*, ein alter, geübter Fechter auf dem Felde der Disputation, ist schon längst mißvergnügt, daß seine bisherige schriftstellerische Tätigkeit im Ablaßstreit ihm nicht genug Anerkennung und Beachtung eingebracht hat. Auf dem Augsburger Reichstag hat sich Luther bereit finden lassen, in einer zwischen Eck und Luthers Wittenberger Kollegen *Karlstadt* schwebenden Streitsache über die Frage der Gnade und des freien Willens den Vermittler zu machen; in freundschaftlicher Weise wird Erfurt oder Leipzig als Ort der Disputation festgesetzt. Allein mit höchstem Erstaunen, in wachsender Entrüstung über Ecks heuchlerische Freundschaft – »mein lieber Eck, der Heimtücker, zieht mich in neue Händel hinein«, schreibt Luther im Februar 1519 an Staupitz – liest Luther, daß Eck in seinen für die Disputation ausgegebenen Thesen viel weniger Karlstadt als ihn selbst, seine Lehre vom Ablaß, von der Buße, vom Schatz der Kirche und vom Fegfeuer angreift. Eck weiß, was er tut. Er ist durch die volle Autorität des Papstes gedeckt; denn es ist inzwischen der päpstliche Erlaß vom November 1518 bekannt geworden, in welchem der Papst ausdrücklich die von Luther verworfene Ablaßlehre als die allein kirchlich korrekte bezeichnet. Darum geht Eck noch einen Schritt weiter und reißt die Frage auf, die Luther schon längst im verborgenen aufs tiefste bewegt: die Frage nach dem *Ursprung der Vormachtstellung des Papstes*. Nicht erst im vierten Jahrhundert – oder noch später, wie Luther gelegentlich gesagt hat –, sondern *jederzeit*, schreibt Eck, ist der Inhaber des Stuhls Petri der Nachfolger des Petrus und damit der Nachfolger Christi gewesen; darum ist die römische Kirche allezeit über allen anderen Kirchen gestanden. Luther weiß, daß sich hinter der geschichtlichen Streitfrage der tiefe sachliche Gegensatz verbirgt, ob die Autorität des Papstes auf menschlichem oder auf göttlichem Rechte beruht. Er antwortet Eck mit 13 Thesen; die dreizehnte, für die Leipziger Disputation entscheidende These lautet: »Daß die römische Kirche über allen anderen stehe, wird bewiesen aus den eiskalten päpstlichen Dekretalen, die erst in den letzten 400 Jahren aufgekommen sind. Gegen sie spricht die beglaubigte Geschichte von 11 Jahrhunderten, der Text der Heiligen Schrift und das Dekret des Konzils von Nicäa, des heiligsten von allen.«

Luther ist sich der Tragweite dieser Aussage bewußt. Die Freunde, Karlstadt eingeschlossen, werden ängstlich. Allein Luther ist gerüstet, er hat für alle Fälle schon eine schriftliche »Verteidigung der dreizehnten These über die Papstgewalt« in der Tasche, in welcher er den historischen Nachweis für seine Behauptung führt, dem Papst nach Tradition und Rechtsstellung einen Ehrenvorrang und – nach menschlichem Recht – besondere Würde zugesteht, im übrigen aber erklärt, daß das Wesen der Kirche in der Bindung nicht an ein sichtbares Haupt, sondern an ihren unsichtbaren Herrn Christus besteht. Denn Kirche ist da – dies wird von Luther jetzt erstmals öffentlich festgestellt –, wo das Wort Gottes gepredigt und geglaubt wird. Die schreckliche Befürchtung, die ihn bei der Vorbereitung auf die Disputation wieder quält, kann er freilich Spalatin nur ins Ohr flüstern: »Ich weiß nicht, ob der Papst der Antichrist selbst oder nur sein Apostel ist, so jammervoll wird Christus von ihm in seinen Dekreten – das ist die reine Wahrheit – geschändet und gekreuzigt.« (Brief vom 13. März 1519)

Nachdem in den ersten Tagen der *Disputation* Eck über Karlstadt, dessen unruhiger Ehrgeiz Luther von Anfang an mißfiel (1), einen billigen Triumph davongetragen hatte, standen sich am 4. Juli 1519 die beiden Hauptkämpfer gegenüber, nach Zuschauerberichten Luther mager, nur Haut und Knochen, aber guter Dinge, frisch, mit klarer Stimme und, wie die Zuhörer bald merken, im Ton mitunter beißend scharf. Die Hofstube der Pleißenburg ist von zahlreichen Zuschauern gefüllt; die ganze gelehrte und geistliche Welt Leipzigs – mit Ausnahme der Dominikaner – ist da. Der, um deswillen sie gekommen sind, ist jedoch nicht mehr der unbekannte Bettelmönch, sondern der volkstümlichste Mann Deutschlands, dessen Bücher bereits in halb Europa gelesen werden. Ein eigentümliches Siegesgefühl strahlt von ihm aus; er bleibt im härtesten Kampf ruhig, freudig und seiner Sache gewiß. Daß er ein paar Nelken mitgebracht hat, an denen er während Ecks Tiraden riecht, nehmen ihm seine Feinde besonders übel. Eck dagegen, großgewachsen und stämmig, mit lauter Stimme, gleicht äußerlich mehr einem Metzger oder Landsknecht, ein grober Polterer, dabei verschmitzt und den Gegner mit einer Fülle gelehrten Stoffs überschüttend; er hat ein erstaunliches Gedächtnis, an seiner Bibelkenntnis zweifelt man mit gutem Grunde. Den gesamten Gang der Verhandlungen und die mancherlei vorausgegangenen Schwierigkeiten hat Luther in einem langen Briefe an Spalatin dargestellt (2). Es wird daraus klar, daß Eck, während der ganzen Disputation mehr Richter als Gesprächspartner, es darauf angelegt hat, den Leipzigern, welchen der Schrecken der Hussitenkriege noch im Leibe saß, Luthers Auffassung vom menschlichen Rechte der Papstgewalt von vornherein im

Licht böhmischer Ketzerei erscheinen zu lassen. Wird Luther es wagen, die hussitische Irrlehre in Schutz zu nehmen, die doch der Papst und die Konzilien, vor allem das Konstanzer, feierlich verdammt haben? So wird aus der Frage nach der Autorität des Papstes unvermerkt die *Frage nach der Autorität der Konzilien.* Luther erkennt die Entscheidungsfrage auch in dieser Verhüllung und tut, vom Zwang der Sache getrieben, einen neuen, gefährlichen Schritt: Konzilien können irren, wie der Papst fehlen kann; menschlich geschichtliche Autoritäten haben für ihn keine unbedingte Gültigkeit. Wie schwer es Luther geworden ist, sich zu dieser Aussage durchzuringen, wie sehr er in seinem Denken auch noch in Leipzig gebunden war durch die Achtung vor der Kirche und durch das Schwergewicht der Tradition, hat er kurz vor seinem Tode noch bezeugt (3).

Damit hat Eck zunächst sein Ziel erreicht und kann sich der vollzogenen Enthüllung der Ketzerei freuen. Es gibt für ihn nun kein Innehalten mehr: wo in nächster Zeit der Widerstand gegen Luther aufflammt, steckt Eck dahinter. Der mächtige Inquisitor Westdeutschlands, der Kölner Dominikaner Jakob van Hoogstraten, wird auf Luther aufmerksam; die Universitäten von Köln und Löwen verlangen Verbrennung seiner Schriften; der sächsische Herzog Georg, in Leipzig noch neutraler Beobachter, und der Kurfürst von Brandenburg werden ausgesprochene Gegner Luthers; endlich ist der fromme und strenge Hadrian von Utrecht, Kardinalerzbischof, Großinquisitor und Statthalter des neuen Kaisers Karl in Spanien, der spätere Papst, schmerzlich bewegt von der Tatsache, daß offenkundige Ketzer wie Luther in voller Freiheit ihre Irrlehre verbreiten dürfen.

1 Luthers Urteil über Karlstadt und Eck in Leipzig

Als Karlstadt[109] die Worte sprach: »Mir ist die Ehre so lieb wie einem andern«, erschrak ich darob heftig. Er wollte mir zu Leipzig nicht den Vorzug einräumen, die Disputation zu eröffnen, damit ich ihm nicht die Ehre vorwegnehme, die ich ihm gerne gönnte. Aber er

109 Andreas Bodenstein, nach seinem Geburtsort Karlstadt genannt (etwa 1480–1541), war seit 1505 in Wittenberg als Professor der Artistenfakultät tätig, seit 1510 als Doktor der Theologie. Sein anfänglicher Widerstand gegen Luther wandelte sich schnell in aktive Mitarbeit. Seine Darstellung der neuen Theologie in Thesen vom Mai 1518 führte zur literarischen Fehde mit Eck, aus der die Leipziger Disputation entstand. Infolge Karlstadts Entwicklung zum Schwärmertum kam es zum Bruch zwischen Luther und ihm: er floh 1529 aus Sachsen, wo Luther ihm ein Asyl verschafft hatte, und wirkte seit 1534 als Professor in Basel, wo er 1541 starb.

legte zu Leipzig Schande statt Ehre ein, denn er ist ein ganz unglückseliger Disputator, ein widerborstiger und schwerfälliger Kopf. Dabei hatte er den weitaus dankbarsten Stoff, während er mir die letzten Thesen Ecks über den Primat des Papstes und über Johann Huß[110] zur Bekämpfung überließ.

Doch schlug Eck,[111] ein herrischer, ja unverschämter und zuchtloser Mensch, für mich in Leipzig bei Herzog Georg öffentlichen Schutz und freies Geleit heraus, damit ich mit ihm disputieren könne; im übrigen bin ich nur unter Karlstadts Fittichen nach Leipzig gekommen.

Aus TR 4,4187 (Dezember 1538)

2 *Bericht über die Leipziger Disputation · Brief aus Wittenberg an Hofprediger Georg Spalatin vom 20. Juli 1519*

Gruß zuvor! Daß der durchlauchtigste Fürst und Ihr alle wohlbehalten zurückgekehrt seid, freut uns, mein bester Spalatin. Pfeffingers[112] Seele möge Christus [als sein Eigentum] anerkennen, Amen! Von unsrer berühmten Disputation hier hätten wir schon längst geschrieben, aber es gab keine Möglichkeit, wohin und wie man schreiben sollte. Es verhält sich so mit ihr, daß manche Leipziger – und zwar weder redliche noch rechte Leute – mit Eck triumphieren; das bedeutet dann in den Augen dieser Schwätzer die öffentliche Meinung. Im übrigen wird der Gang der Sache selbst alles ans Licht bringen.

Sobald wir angekommen waren, noch in derselben Stunde, ehe wir vom Wagen gestiegen waren, wurde an den Kirchtüren ein Verbot

110 *Johannes Huß, etwa 1369–1415, Priester und Universitätslehrer in Prag, nahm mit Berufung auf die Heilige Schrift den Kampf Wiclifs gegen die päpstliche Hierarchie und die Reform des herrschenden Kirchentums auf. Er wurde vom Konstanzer Konzil am 6. Juli 1415 als Ketzer zum Feuertod verurteilt und verbrannt.*

111 *Johann Maier (1486–1543) aus Egg in Schwaben, daher Eck genannt, Doktor und Professor der Theologie und Prokanzler der Universität Ingolstadt, dazu Domherr in Eichstätt, war zweifellos einer der bedeutendsten katholischen Theologen jener Zeit, der Gegner Luthers und der Reformation. Mit einer umfassenden Kenntnis von Theologie und Philosophie verband er eine außerordentliche, wenn auch nie tiefgehende Produktionskraft. Bei strenger Unterordnung unter die Kirchengewalt legte er doch Wert darauf, mit allen modernen Strömungen, insbesondere dem Humanismus, soweit er kirchlich brauchbar war, in Fühlung zu bleiben.*

112 *Pfeffinger, einer der kurfürstlichen Räte, hatte den Kurfürsten zur Wahl Karls V. zum Kaiser nach Frankfurt begleitet und war dort an der Pest gestorben.*

der Disputation durch den Merseburger Bischof angeschlagen, wobei die bekannte neue öffentliche Erklärung [des Papstes] zu dieser Frage[113] geltend gemacht wurde und hinzugefügt war. Dies Verbot wurde aber gar nicht beachtet, und der es angeschlagen hatte, wurde vom Rat ins Gefängnis geworfen, da er es ohne dessen Vorwissen getan hatte.

Als sie mit diesem Kunstgriff nichts erreichten, verfielen sie auf einen andern: Sie beriefen Andreas Karlstadt besonders und betrieben mit vielen Worten, daß die Disputation zwar mündlich vor sich gehen, jedoch nicht durch Schriftführer urkundlich niedergelegt werden solle. So wollte es Eck. Er hegte nämlich die Hoffnung, durch sein Geschrei und Gebärdenspiel das Übergewicht zu erlangen (wie er sich auch wirklich bei weitem durchgesetzt hat!). Dem hielt Karlstadt entgegen, daß es so ausgemacht worden sei, und daß man zu einem Vertrag stehen müsse, und forderte selbstverständlich Aufnahme [der Disputation] durch Schriftführer. Um dies zu erreichen, war er schließlich zu dem Zugeständnis genötigt, daß die Nachschrift der Disputation von den Schriftführern erst nach Anhören des Schiedsspruchs einiger Männer der Öffentlichkeit übergeben werden solle. Hier entstand eine neue Auseinandersetzung über die Wahl der Schiedsrichter. Schließlich erzwangen sie auch noch dazu die Zustimmung, daß man sich erst nach Beendigung der Disputation über die Schiedsrichter verständigen solle; anders wollten sie die Disputation [überhaupt] nicht zulassen. So zwangen sie uns in eine Zwickmühle hinein, um uns in beiden Fällen zuschanden zu machen: entweder hätten wir die Disputation überhaupt ablehnen oder hätten wir sie ungerechten Schiedsrichtern unterstellen müssen. Ihr seht also, mit was für groben Tücken sie uns die ausbedungene Freiheit raubten. Denn daß die Universitäten und der römische Papst ihr Urteil entweder überhaupt nie oder aber gegen uns fällen werden, das halten auch wir für gewiß; einzig danach sehnen sie sich ja.

Am nächsten Tag beriefen sie mich besonders und machten mir denselben Vorschlag. Ich wies jedoch alle diese Bedingungen zurück, da ich den römischen Papst fürchtete, sodann, weil ich von unseren Freunden so beraten worden war. Daraufhin boten jene andere Uni-

113 Es handelt sich um die päpstliche Ablaßdekretale vom 9. November 1518, in welcher sich die Kirche ausdrücklich zu den von Luther bekämpften Sätzen über den Ablaß bekannt hatte. Wahrscheinlich hatte Miltitz dem Merseburger Bischof ein Exemplar dieser Bulle zugeschickt, um ihn dadurch instandzusetzen, jede weitere Erörterung über den Ablaß abzuschneiden. Mit solchen Mitteln ließ sich freilich der Gang der Dinge nicht aufhalten.

versitäten an, unter Ausschluß des römischen Papstes. Ich verlangte, daß man sich an die vereinbarte Freiheit halte; als sie nicht wollten, weigerte ich mich und lehnte die Disputation rundweg ab. Da kam alsbald das Gerücht auf, ich hätte nicht den Mut, die Disputation anzunehmen und, was noch unbilliger sei, ich wolle mir keine Schiedsrichter gefallen lassen. Dies alles wurde in gehässigster und bösartigster Weise herumgeschrieen und ausgedeutet, so daß sie selbst meine besten Freunde sämtlich umwarfen und unserer Universität schon bleibende Schande vor aller Augen drohte.[114] Auf den Rat der Freunde ging ich dann hin und nahm die Bedingung mit Widerstreben an, jedoch dergestalt, daß mir eine Appellation von meiner Seite vorbehalten blieb, daß in meiner Sache keine Vorentscheidung getroffen werden sollte und daß die römische Kurie aus dem Spiel blieb.

Die *Disputation* wurde [von Eck] zuerst mit *Karlstadt* eine Woche lang über den freien Willen abgehalten. Karlstadt, der seine Bücher mitgebracht hatte, legte die Gründe dafür[115] und ihre Auflösung mit Gottes Hilfe ausgezeichnet und durchschlagend dar. Als darnach [nach Ecks Entgegnung] auch Karlstadt die Möglichkeit zu opponieren gegeben worden war, wollte das Eck nur unter der Bedingung zulassen, daß die Bücher daheimgelassen und so argumentiert würde. Andreas (Karlstadt) pflegte nämlich die Bücher deshalb mitzubringen, um ihm ins Gesicht zu zeigen, daß *er* die Worte der Schrift und der Väter richtig anführe und sie nicht so gewaltig behandle, wie Eck selbst dessen überführt worden war. Hier entstand ein neuer Tumult; schließlich wurde zugunsten von Eck entschieden, man solle die Bücher daheimlassen. Wenn wirklich um der Wahrheit willen disputiert worden wäre, hätte man gerade wünschen müssen, daß alle Bücher mitgebracht werden – wer sieht das nicht? In nichts sonst kam ihre Mißgunst und Parteilichkeit schamloser an den Tag.

Am Schluß gab der heimtückische Bursche alles zu, was Karlstadt behauptete, obwohl er es so heftig bekämpft hatte, erklärte sein völliges Einverständnis mit ihm und rühmte sich noch, Karlstadt zu seiner eigenen Auffassung herübergezogen zu haben. Denn er verwarf [auf einmal] Scotus[116] samt den Scotisten und den Capreolus[117] samt den

114 Angesichts des seit 1518 einsetzenden Zustroms von Studenten nach Wittenberg war auch Luther der Ruf der Universität Wittenberg nicht gleichgültig.

115 Für den freien Willen.

116 Vgl. Seite 20, Anmerkung 15.

117 Johann Capreolus, † 1444, französischer Dominikaner und namhafter Verteidiger des Thomas von Aquino gegen Duns Scotus.

Thomisten[118] und behauptete, die übrigen Scholastiker hätten dasselbe gewußt und gelehrt [wie Karlstadt]. Damit waren Scotus und Capreolus gefallen, d. h. die zwei hochberühmten Parteien der Scotisten und Thomisten.

In der zweiten Woche *disputierte er mit mir.* Zuerst mit aller Schärfe über den Primat des römischen Papstes. Seine Hauptstütze bestand in dem Wort: »Du bist Petrus ...« (Matth 16, 18) und »Weide meine Schafe«, »folge mir nach« und »stärke deine Brüder« (Joh 21, 17. 22; Luk 22, 32); dazu führte er viele maßgebende Äußerungen der Väter an. Was ich antwortete, werdet Ihr demnächst erfahren. Dann trieb er's aufs Äußerste und verlegte sich mit seinem ganzen Schwergewicht auf das Konstanzer Konzil; dieses hatte ja den Artikel Hussens verdammt, der gesagt hatte, das Papsttum stamme vom Kaiser – als ob es göttlichen Rechtes wäre! Da, auf seinem eigenen Schlachtfeld, machte er einen heftigen Vorstoß, indem er mir die Böhmen vorhielt und mich öffentlich als Ketzer und Beschützer der böhmischen Ketzer verleumdete. Er ist ja ein ebenso frecher als leichtfertiger Sophist. Merkwürdigerweise haben diese Anschuldigungen die [Neugier der] Leipziger mehr gekitzelt als die Disputation selbst.

Ich hielt [Eck] umgekehrt die Griechen mit ihrer tausendjährigen Geschichte und die alten Väter entgegen, die nicht unter der Gewalt des römischen Papstes gewesen seien, obwohl ich diesem einen Ehrenvorrang nicht abstritt. Schließlich wurde auch noch über die Autorität des Konzils disputiert. Ich sprach in aller Öffentlichkeit aus, es seien [in Konstanz] etliche Artikel gottloserweise verdammt worden, welche in offenen und klaren Worten von Paulus, Augustin, außerdem noch von Christus selbst gelehrt seien. Hier aber blähte sich die Viper auf: er übertrieb mein Verbrechen und kam fast außer sich vor Schmeicheleien für die Leipziger. Schließlich bewies ich aus den eigenen Worten des Konzils, daß nicht alle dort verdammten Artikel ketzerisch und irrig seien; darum habe er mit seinen Beweisen nichts erreicht. So ist die ganze Sache noch in der Schwebe.

In der dritten Woche wurde über die Buße, das Fegfeuer, den Ablaß, die Lösegewalt eines jeden Priesters unter uns disputiert. Mit Karlstadt disputierte er nämlich ungern; er wollte nur mit mir zu schaffen haben. Der Ablaß kam allerdings ganz und gar zu Fall, und er stimmte mit mir fast in allem überein; ja die Verteidigung des Ablasses ging in Gelächter und Gespött unter, während ich darin den Hauptpunkt der kommenden Disputation erwartet hatte. Schließlich

118 Die Anhänger des Thomas von Aquino, vgl. Seite 20, Anmerkung 14.

bekannte er dies [sogar] in seinen öffentlichen Predigten, so daß auch das gemeine Volk dahinterkam, daß er vom Ablaß nichts hielt.

Er soll sogar zugegeben haben, er hätte sich mit mir auf der ganzen Linie ohne alle Schwierigkeit verständigen können, wenn ich nicht über die Gewalt des Papstes disputiert hätte. Endlich sagte er auch zu Karlstadt: »Wenn ich mit Martin so weit einig werden könnte wie mit Euch, so würde ich sogar mit ihm in seine Herberge gehen.« So ist er: schwankend, hinterhältig, zu allem fähig. Ja er, der dem Karlstadt einräumte, daß die scholastischen Lehrer dasselbe lehren, verwarf mir gegenüber den Gregor von Rimini,[119] der allein mit uns gegen alle übrigen Scholastiker übereinstimmt. Dergestalt dieselbe Sache je nach den verschiedenen Umständen zu bejahen und zu verneinen, hält er nicht für eine Sünde. Die Leipziger merken das freilich nicht; so groß ist ihre Borniertheit. Und, um das Unglaubliche voll zu machen: hatte er in der Disputation etwas zugegeben, so predigte er dem Volke in der Kirche etwas ganz anderes. Und als ihn Karlstadt stellte, warum er so schwanke, gab der charakterlose Mensch zur Antwort, man brauche das Volk nicht zu lehren, was disputiert werde.

Als so nun meine Disputation abgeschlossen war, disputierte er an den letzten drei Tagen nochmals mit *Karlstadt*, wobei er wiederum alles zugab und sein Einverständnis erklärte: daß das Tun dessen, was in uns ist, Sünde sei; daß der freie Wille ohne die Gnade nichts als sündigen könne; daß in allem guten Werk die Sünde sei; daß es auch nur Gnade sei, wenn wir uns durch das Tun dessen, was in uns ist, zur Gnade bereiten. Das alles leugnen aber die Scholastiker. So ist bei dieser Disputation nahezu nichts verhandelt worden, jedenfalls nicht in würdiger Weise, außer meiner 13. These. Einstweilen hat Eck den Beifall, triumphiert und spielt den Meister, aber nur so lange, bis wir das Unsere herausgegeben haben werden. Denn weil die Disputation schlecht verlaufen ist, werde ich die Resolutionen von neuem herausgeben.[120]

Die Leipziger haben uns freilich weder begrüßt noch besucht und uns wie Todfeinde behandelt. Jenen begleiteten sie dauernd, wichen nicht von ihm, schmausten mit ihm zusammen, luden ihn ein; zuletzt schenkten sie ihm ein Gewand und taten noch Zeug aus Kamelhaaren dazu, ritten mit ihm spazieren, kurz, alles nur Erdenkliche haben sie uns zur Schande versucht. Obendrein überredeten sie Cäsar Pflug[121]

119 *Gregor von Rimini, General des Augustinerordens und glühender Verehrer des Augustin, † 1358.*

120 *Luthers »Verteidigung der 13. These über die Papstgewalt«.*

121 *Cäsar Pflug war herzoglicher Rat und Kommissar bei der Disputation.*

und den Fürsten,[122] daß dies ihren Beifall fand. Eines haben sie uns gewährt: daß sie uns, wie es Brauch ist, mit einer Gabe Weins ehrten; auch das zu unterlassen, schien ihnen denn doch nicht wohlgetan. Die uns wohlwollten, kamen alle wie im geheimen zu uns.

Doch hat uns Doktor Auerbach,[123] ein außerordentlich urteilsfähiger Mann, und der ordentliche Professor Pistor d. J.[124] eingeladen; es lud uns drei zusammen auch Herzog Georg ein.

Derselbe durchlauchtigste Fürst ließ mich auch allein zu sich kommen und verhandelte ausgiebig mit mir über meine Schriften, insbesondere über die vom Gebet des Herrn;[125] dabei schützte er vor, daß die Böhmen große Hoffnungen auf mich setzten, sowie daß ich durch mein »Vaterunser« viele Gewissen in Verwirrung gebracht habe, die sich darüber beklagten, sie könnten in vier Tagen kein einziges Vaterunser beten, wenn man auf mich hören müsse; und sonst noch vielerlei. Ich war freilich nicht so dumm, um nicht zwischen der Pfeife und dem Einblasen zu unterscheiden; es berührte mich schmerzlich, daß der so treffliche und fromme Fürst fremden Einflüssen so aufgeschlossen und willfährig ist, er, von dem ich wahrnahm und erfahren hatte, wie wahrhaft fürstlich er zu reden verstehe, sobald er aus seinem Eigenen redete.

[Und nun noch] das letzte Schauergebilde der Mißgunst: Ich war am Tag Peter und Paul von unsrem Herrn Rektor, dem Herzog von Pommern[126], berufen worden, seiner Gnaden das Evangelium in der Schloßkapelle zu verkündigen. Die Kunde von dieser meiner Predigt erfüllte mit einem Schlag die ganze Stadt, und Männer und Weiber kamen in Menge zusammen, so daß ich mich genötigt sah, im Disputiersaal zu predigen. Dort hatte man unsre Magister und höchst feindselige Beobachter aufgestellt und hingerufen. Es handelte sich aber um *das* Evangelium, das ganz offenkundig den Gegenstand der beiden Disputationen umfaßt;[127] darum mußte ich den Versammelten den Hauptinhalt der ganzen Disputation auseinandersetzen, freilich zum Mißfallen der Leipziger. Auf das hin wurde Eck gegen mich

122 Herzog Georg von Sachsen.

123 Heinrich Stromer, in Auerbach geboren, berühmter Leipziger Arzt und Humanist.

124 Pistor war ein bekannter Rechtsgelehrter an der Leipziger Universität.

125 Die »Auslegung des Vaterunsers für die einfältigen Laien«, vor kurzem von Luther herausgegeben.

126 Herzog Barnim von Pommern, Rektor der Universität Wittenberg, der in Leipzig zugegen war.

127 Nämlich Matthäus 16,13–19.

aufgestachelt: er predigte viermal in verschiedenen Kirchen, riß alle meine Sätze herunter und schmähte sie öffentlich. So haben es ihm nämlich die Halbtheologen[128] aufgetragen. Mir hingegen wurde, obwohl es von vielen verlangt wurde, keine einzige Predigt [mehr] erlaubt. Ich sollte nur angeklagt und verdächtigt, nicht auch gerechtfertigt werden. So machten sie es ja auch bei der Disputation, daß Eck, obwohl Opponent, doch das letzte Wort bekam, damit ich es nicht mehr widerlegen könne.

Schließlich sagte sogar Cäsar Pflug, als er von meiner Predigt hörte (er war nämlich weggewesen): »Ich wollte, Doktor Martinus hätte seine Predigt bis nach Wittenberg aufgespart!« Kurzum: Ich habe schon manche Mißgunst erfahren, frechere und unverschämtere aber noch keine.

Damit habt Ihr die ganze Tragödie. Näheres wird Euch Doktor Johann Planitz[129] erzählen; er war ja selbst zugegen und hat nicht wenig dazu beigetragen, daß die Disputation nicht ganz zu Fall kam. Da bei dieser Disputation Eck und die Leipziger ihren eigenen Ruhm, nicht die Wahrheit suchten, ist es kein Wunder, wenn sie übel anfing und noch übler ausging. Denn wo eine Einigung zwischen Wittenbergern und Leipzigern zu hoffen gewesen wäre, haben sie, wie ich fürchte, durch diese Mißgunst erreicht, daß Zwietracht und Mißfallen erst recht ans Licht treten. Das ist ja die Frucht menschlicher Ruhmsucht. Ich, der ich zwar mein Ungestüm zügle, vermag doch nicht, alles Mißbehagen auszuspeien;[130] denn auch ich bin Fleisch, und allzu groß war die freche Mißgunst, die böswillige Parteilichkeit in einer so heiligen und göttlichen Sache.

Lebet wohl und empfehlet mich dem durchlauchtigsten Fürsten!
Am vierten Tage nach Alexius, im Jahre 1519. Euer Martin Luther.
Den ehrwürdigen Vater Vikar Staupitz traf ich in Grimma.

Br 1,420,3 ff

3 Rückblick Luthers auf die Leipziger Disputation

In dem gleichen Jahre [1519] wurde die Disputation zu *Leipzig* gehalten, zu welcher Eck uns beide, Karlstadt und mich, herausforderte. Ich konnte aber brieflich auf keinerlei Weise ein freies Geleite von Herzog Georg erlangen, so daß ich – nicht um zu disputieren, sondern lediglich als Zuschauer – unter dem Schutz des Karlstadt gewährten Geleites in Leipzig einzog. Wer mir dies Hindernis in den

128 *Lateinisch »theologistae«, Luthers Feinde vornehmlich in Leipzig.*
129 *Hans v. d. Planitz, kursächsischer Rat, nahm im Auftrag des Kurfürsten an der Disputation teil.*
130 *So daß kein Groll zurückbleibt.*

Weg gelegt, weiß ich nicht; denn bis zu jener Stunde war mir Herzog Georg noch nicht aufsässig, wie ich gewiß wußte.

Hier besuchte mich Eck in meinem Quartier und sagte, er habe gehört, daß ich mich weigere, zu disputieren. Ich gab zur Antwort: »Wie soll ich disputieren, wenn ich kein sicheres Geleite von Herzog Georg erhalten kann?« Er sprach: »Wenn man mit *dir* nicht disputieren kann, dann will ich es auch nicht mit Karlstadt, denn deinetwegen bin ich hierhergekommen. Wie, wenn *ich* für dich ein freies Geleite herausschlage? Willst du dann mit mir disputieren?« – »Schaff's herbei«, sagte ich, »und es soll geschehen!« Er ging weg, und bald darauf wurde auch mir öffentliches sicheres Geleite gewährt und damit die Möglichkeit zu disputieren verschafft.

Das tat Eck, weil er den ihm sicheren Sieg schon vor Augen sah wegen meiner These, in der ich bestritt, daß der Papst nach göttlichem Recht das Haupt der Kirche sei. Hier stand ihm ein weites Feld offen und [es bot sich] die schönste Gelegenheit, sich wohl dran zu machen und die Gunst des Papstes zu verdienen, außerdem auch mich durch Gehässigkeit und Neid zu Fall zu bringen. Das tat er denn auch wacker die ganze Disputation hindurch; trotzdem konnte er weder seine Sätze beweisen noch die meinigen widerlegen, so daß selbst Herzog Georg beim Frühstück zu Eck und zu mir sagte: »Ob er nun Papst ist nach menschlichem oder nach göttlichem Recht –, er ist und bleibt eben Papst.« Diesen Ausspruch hätte er auf keinen Fall getan, wenn nicht gewisse Gründe Eindruck auf ihn gemacht hätten, sondern dann hätte er dem Eck allein seine Zustimmung gegeben.

Hier mag man auch bei meiner Sache sehen, wie schwer es ist, sich herauszuarbeiten und emporzuringen aus Irrtümern, die durch das Beispiel der ganzen Welt unantastbar und durch lange Gewohnheit gewissermaßen zur Natur geworden sind. Wie wahr ist das Sprichwort: »Schwer ist's, Gewohntes zu verlassen« und »Gewohnheit ist die andere Natur«, und wie wahr sagt Augustin:[131] »Die Gewohnheit, wenn man ihr nicht Widerstand leistet, wird zum Zwang.« Ich selbst hatte damals die Heilige Schrift aufs sorgfältigste für mich persönlich und öffentlich gelesen und sieben Jahre lang gelehrt, so daß ich fast alles auswendig wußte; ich hatte ferner die ersten Anfänge der Erkenntnis und des Glaubens an Christus eingesogen, daß wir nämlich nicht durch Werke, sondern durch den Glauben an Christus gerecht und selig werden; endlich verteidigte ich das schon in der Öffentlichkeit, wovon eben die Rede ist, daß der Papst nicht nach

131 *Augustin in seinen »Bekenntnissen«, Buch VIII, Kap. 5,10.*

göttlichem Recht das Haupt der Kirche sei. Und trotzdem sah ich nicht, was sich folgerichtig daraus ergab, daß nämlich der Papst dann notwendigerweise vom Teufel sei. Denn was nicht von Gott ist, das muß vom Teufel sein.

So eingenommen war ich, wie gesagt, einerseits von dem Beispiel und dem Ansehen der heiligen Kirche, andererseits von der eigenen Gewohnheit, daß ich dem Papst das menschliche Recht[132] einräumte, das doch Lüge und Teufelswerk ist, wenn es nicht durch göttliche Autorität gestützt wird. Denn den Eltern und der Obrigkeit gehorchen wir nicht deshalb, weil sie selbst es befehlen, sondern weil es so Gottes Wille ist (1. Petr 2, 13–15).

Daher kommt es auch, daß ich mit einem gewissen Gleichmut solche Leute ertragen kann, die noch hartnäckig am Papsttum festhängen, zumal wenn sie die heiligen oder auch weltlichen Schriften nicht gelesen haben, da ich ja selber trotz jahrelangem und sorgfältigem Lesen der Heiligen Schrift so zäh am Papsttum hängengeblieben bin.

Aus der Vorrede zu Band I der Lateinischen Werke (1545). WA 54,183,1 ff

132 *Menschliches Recht (jus humanum) heißt in der Sprache der katholischen Kirche alles kirchliche Recht, das nicht unmittelbar auf Anordnungen Christi zurückgeht. Das auf Christus selbst zurückgehende göttliche Recht (jus divinum) ist ein für allemal in Bibel und Dogma niedergelegt und unwandelbar; so ist die Einrichtung des Papsttums auch für das heutige katholische Kirchenrecht ein unmittelbarer Bestandteil des göttlichen Rechts. Dagegen ist das menschliche Recht als im Laufe der Geschichte gewordenes Gewohnheitsrecht oder als von Fall zu Fall auf dem Wege der Gesetzgebung gesetztes Recht wandelbar; es ist jeweils bindend, weil und soweit es seine Autorität vom göttlichen Rechte empfängt.*

Die Entfaltung der reformatorischen Glaubenserkenntnis bis zum Reichstag zu Worms 1519–1521

Neue Schriften, neue Kämpfe

Nach der Rückkehr von der Leipziger Disputation strömt wieder von neuem in breiter Fülle der Gedanken Bogen um Bogen, Schrift um Schrift aus Luthers Feder. Noch herrscht verhältnismäßig Ruhe; von Ecks Wühlarbeit ist noch nicht viel zu merken. Luther kann arbeiten, es fließt ihm zu von allen Seiten. Im Spätherbst 1519 erscheinen – neben den fortlaufenden Arbeiten zu den Psalmen (s. oben S. 125) – die Sermone von der Bereitung zum Sterben, von der Buße, von der Taufe, vom Abendmahl, vom Bann und zwei Sermone vom Wucher; im Frühjahr 1520 kommen hinzu der Sermon von den guten Werken und der Sermon vom Neuen Testament, d. h. von der heiligen Messe.

Zweierlei wird bei all diesen Schriften deutlich: einmal Luthers zarte Schonung der bestehenden kirchlichen Gebräuche und Einrichtungen; er will nicht niederreißen und zerstören, hat vielmehr »eine Scheu, etwas Neues anzurichten«, zum andern aber seine Entschlossenheit, alles kirchliche Handeln auf die Schrift, auf Christus selbst zurückzubeziehen. Durch ihn wird in der Taufe die Sündenvergebung geschenkt und der Bund mit Gott geschlossen; er ist im Abendmahl wirklich gegenwärtig; wo er ist, schwinden die grauenerregenden Bilder des Todes, der Sünde und der Hölle, welche sonst die letzte Stunde des Sterbenden verdüstern. Die schönste Darlegung und gleichzeitig Weiterbildung seiner Glaubenserkenntnis – auch nach seinem eigenen Urteil das Beste, was er bis dahin geschrieben –, hat Luther seinen zahlreichen Hörern und Lesern im Sermon von den *guten Werken* geschenkt, einer Auslegung der zehn Gebote, die nicht mehr und nicht weniger ist als eine völlige Umkehrung aller bestehenden Auffassungen. »Es gibt keine guten Werke als nur diejenigen, die Gott geboten hat; es ist auch nichts Sünde als nur das, was Gott verboten hat«! Und worin bestehen die Werke? »Das erste und höchste, das alleredelste gute *Werk* ist der *Glaube an Christus*«! Von hier aus wird alles bestimmt, Gottesdienst und Familienleben, die Arbeit der Obrigkeit und die Kinderzucht, das Gerichtswesen und das Leben mit dem Nächsten; das ganze Leben des Christen ist nichts anderes als freier, freudiger und williger Gehorsam gegen seinen

Herrn. Wer darf noch behaupten, daß nach Luthers Lehre die guten Werke unmöglich gemacht würden?

Aus den mannigfachen Händeln, an welchen es Luther auch in dieser Zeit nicht fehlt, sei um des sich daran anschließenden Briefwechsels mit Spalatin willen die Auseinandersetzung mit dem *Bischof von Meißen* herausgegriffen. In seinem Sermon vom Sakrament des Leibes Christi hatte Luther vorgeschlagen, die Kirche möge durch Konzilbeschluß den *Laienkelch* einführen; kein Wunder, daß er nunmehr in ganz Sachsen als Böhme und Hussit verschrien wird. Unter dem Einfluß des Herzogs Georg von Sachsen erläßt nun der Bischof von Meißen aus seiner Residenz Stolpe ein Dekret an alle seine Pfarrer, Luthers Sermon sei überall, wo man ihn finde, zu beschlagnahmen und das Volk über die darin enthaltene Irrlehre nachdrücklich aufzuklären. Es ist das erstemal, daß ein deutscher Bischof amtlich und öffentlich gegen Luther auftritt. Ende Januar 1520 ist das Dekret erschienen, nach vierzehn Tagen hat der Bischof Luthers Antwort in Händen: der gelehrte und fromme Bischof könne eine so bösartige und erlogene Lästerschrift unmöglich hinausgegeben haben, der unbekannte Verfasser aber, giftig und verräterisch den Namen des hochwürdigen Bischofs mißbrauchend, könne seinen Zettel nur in der Trunkenheit geschrieben haben, kein Wunder, daß der Zettel zur Fastnacht erschienen sei ... Luther ist fest überzeugt, den Bischof in kluger Vorsicht geschont zu haben; um so entsetzter über seinen grobkörnigen Witz und seine rücksichtslose Sprache ist man am kurfürstlichen Hof. Spalatin erhält den Auftrag, Luther aufs schärfste zurechtzuweisen – und erfährt seinerseits eine Zurechtweisung, wie sie Luther dem klugen Freunde, dem Hofprediger und kurfürstlichen Geheimsekretär noch nie erteilt hat (1). Der rücksichtslose Freimut, in dem Luther mit den Gegnern umspringt, kommt aus dem bedingungslosen Glauben an Gottes alleinwirksame Weisheit, aus der Bereitschaft, alles für das Evangelium zu wagen, auch das Leben, aus der Erkenntnis, daß das Evangelium ohne Lärm und Aufruhr, ohne Ärgernis und Umsturz nicht gepredigt werden kann.

Auf der andern Seite geht aus dem Briefwechsel jener Tage hervor, mit welcher gewissenhaften Sorgfalt und seelsorgerlichen Treue sich Luther bemüht, Spalatin auf theologischem Gebiet weiterzuhelfen. Schon in einem Brief über Joh. 6, 37–40 (wohl vom 12. Februar 1519, WA 1, 327 ff) hat Luther Spalatin deutlich gemacht, daß der Weg zum Vater nur über den menschgewordenen Sohn führe; hier habe er einen ›absolut gültigen Satz‹; wer diesen Weg nicht gehe, dem bleibe nur der Sturz in den ewigen Abgrund übrig. In einem weiteren

Briefe über die schwierige Frage der Gnade und des freien Willens (2) ist sich Luther nicht zu gut, nochmals den ganzen scholastischen Begriffsapparat, über den er längst hinausgewachsen ist, aus dem Staub der Vergangenheit hervorzuholen, um Spalatin in musterhaft klaren Ausführungen eines, das *Eine* zu zeigen: Die natürlichen Kräfte des Menschen werden sich notwendig immer gegen Christus entscheiden; Christus bringt nicht die Gnade zu den schon vorhandenen Bedingungen ihres Empfangs hinzu, sondern er schafft selbst, allein und ganz auch die Voraussetzungen für ihren Empfang; Gnade ist die Neuschöpfung des *ganzen* Menschen.

1 Das notwendige Ärgernis · Brief aus Wittenberg an Hofprediger Georg Spalatin von Mitte Februar 1520

Jesus!

Gruß zuvor! Guter Gott, wie aufgeregt bist Du, lieber Spalatin! Man meint, Du wolltest mich selbst und andere darin noch weit übertreffen! Ich habe Dir schon früher[133] geschrieben, Du möchtest nicht wähnen, es sei diese Sache nach Deinem, meinem oder sonst eines Menschen Plan unternommen oder weitergeführt worden. Ist sie aus Gott, so wird sie ein Ende nehmen, das völlig entgegengesetzt, außerhalb, oberhalb, unterhalb von Deinem und meinem Begreifen liegt.

Und, damit Du es nochmals weißt: ich möchte nicht, daß auch nur ein Haar an dieser Sache nach meinem oder Deinem Willen geht. Ich habe in dieser Sache immer nur die eine Angst gehabt, daß ich einmal, mir selbst überlassen, etwas schreiben könnte, was menschlichem Sinne gefällt. *Du* mußt fürchten, daß Du viel zu weise bist, *ich* wiederum, daß ich allzu unweise handle. Ich gebe zu: den Menschen mißfällt allzu große Torheit, aber noch viel mehr mißfällt Gott allzu große Weisheit. Denn er hat das Törichte erwählt, um das, was weise ist, zu Schanden zu machen (1. Kor 1, 27).

Emser und Eck habe ich auf fünf oder sechs Wagenladungen voll Schimpfereien keine Antwort gegeben – und Du siehst nicht, daß einzig durch meine Geduld diese Zettelschmierer solchen Auftrieb bekamen, daß sie wagten, mit so abgeschmacktem und lächerlichem Klatsch über mich herzufallen, als ob ich schon tot wäre!

Weiter: Du weißt, wie ich mich überhaupt nicht darum kümmerte, daß mein Sermon in Leipzig[134] auf öffentliche Anordnung hin be-

133 *Wohl in dem unmittelbar vorausgegangenen Briefe vom 14. Februar 1520.*

134 *Der Bischof von Meißen hatte auf Anfrage dem Herzog Georg von Sachsen nahegelegt, den Verkauf von Luthers Sermon von dem Sakrament*

schlagnahmt und unterdrückt wurde, wie ich mich dort über Verdächtigung, Schande, Unrecht und Niedertracht hinwegsetzte. Mußte man diesen Frechlingen nun auch noch erlauben, daß sie diesem Wutausbruch ehrenrührige Plakate folgen ließen, und zwar solche, die nicht nur mit Lügen vollgestopft sind, sondern auch die evangelische Wahrheit lästern? Du willst mich hindern, gegen diese Wölfe auch nur zu bellen?

Der Herr ist mein Zeuge, wie sehr ich mich zusammengenommen habe, um diesen ehrenrührigen und von Unfähigkeit strotzenden Wisch »im Namen des Bischofs« nicht respektlos zu behandeln; sonst hätte ich gesagt, was diese Schwachköpfe hätten zu hören bekommen müssen. Ich will das auch noch nachholen, sobald sie meine Antwort gelesen haben und anfangen wollen, sich zu verteidigen. Ich habe sie in der Zange, und nachdem sie dergestalt gegen das Recht, gegen das Evangelium und gegen jegliches Gemeingefühl gewütet haben, will ich nicht versäumen, sie in einer kommenden Schrift so zu traktieren, daß sie einsehen, welche Schonung ich ihrer Roheit oder Bösartigkeit [bisher immer noch] widerfahren ließ.

Du hast den Wisch offenbar noch nicht gründlich genug gelesen. Noch nie ist gegen mich – wenn sie nicht dümmer sind als alle Esel zusammen – etwas Giftigeres, Verdorbeneres, Bösartigeres, Verlogeneres geschrieben worden, – will sagen nicht gegen mich, sondern gegen das Wort Gottes. Ob ich wegen dieser Sache noch in die Verbannung gehen oder den Wohnort wechseln oder sonst leiden muß, – Du weißt, wie wenig ich solches Ungemach achte.

Ich beschwöre Dich, wenn Du weißt, was Evangelium ist: Glaube nicht, die Sache des Evangeliums könne ohne Lärm, Ärgernis und Aufruhr getrieben werden. Du wirst aus einem Schwert keine Flaumfeder machen und aus dem Krieg keinen Frieden; das Wort Gottes aber ist Schwert, ist Krieg, ist Umsturz, ist Ärgernis, ist Verderben, ist Gift, und – wie Amos (vielmehr Hosea 13, 7 f) sagt –: wie ein Bär auf dem Wege und wie eine Löwin im Walde, so begegnet es den Kindern Ephraim. Gegen Emser, Eck, Tetzel habe ich weit heftiger geschrieben, und Du hast Dich keineswegs darüber beklagt. Was tut's denn, wenn auch ein Offizial oder gar ein Bischof meine Veröffentlichung nicht genehmigt?

Es ist für sie viel gefährlicher als für mich, zu schreiben, da sie das Evangelium, das Recht, die natürliche Vernunft und jedes Verständ-

des Leichnams Christi auf dem Leipziger Jahrmarkt zu unterbinden. Wahrscheinlich daraufhin hatte der Herzog Beschlagnahme und Vernichtung der auf dem Markt erscheinenden Exemplare verfügt.

nis so völlig vergessen haben, daß sie nicht einmal darauf ausgingen, mich ja gewiß zu verdammen; ich bin von ihnen weder vorgeladen noch vermahnt noch belehrt worden. Sie haben mir's so gemacht, wie sie sich's von mir unter keinen Umständen gefallen ließen, wie ich es auch – wenigstens einem Bischof oder Offizial gegenüber – nicht gemacht habe.

Sie sollen nur [gegen mich] vorgehen, wenn sie Lust haben; und wenn *sie* vergessen haben, was der Person eines Bischofs oder auch eines Offizials angemessen ist – zweifle nicht: *Ich* werde sie aus der Heiligen Schrift trefflich daran erinnern, was sich für ihren Stand geziemt. Ich vermag mich nicht zu fürchten vor dieser blindwütigen und verbohrten Gehässigkeit. So reißt mich Gott dahin. Er wird schon sehen, was er durch mich ausrichten will; denn ich bin gewiß, nichts von alledem von mir aus gesucht oder erstrebt zu haben, es wird vielmehr alles durch eines andern Grimm aus mir herausgepreßt.

Sei also guten Muts und sieh nicht auf das, was vor Augen ist. Der Glaube ist ein Nichtzweifeln an dem, das man nicht sieht (Hebr 11, 1). Warum urteilst Du also nach dem, was man sieht? Lieber Spalatin, das, worauf es bei diesem Handel hinaus will, und das, was man dabei sieht, ist zweierlei. Ich suche nichts dabei; einer aber ist es, der etwas sucht. Es stehe oder falle, *ich* bin's nicht, der gewinnt oder verliert. Jetzt weißt Du meine Meinung.

Übrigens haben unsere Freunde an dem, was ich schrieb, kein solches Mißfallen wie Du; sogar der Herr Propst selber[135] denkt nicht anders, als daß diesen Zungendreschern von mir recht geschehen sei. Wenn man sich alles gefallen lassen muß,was im Namen von Bischöfen herauskommt, – ich bitte Dich, was für eine Tyrannei wird dann herrschen! Mir ist gar nicht zweifelhaft, daß der Bischof von Meißen so wenig diesen Zettel verfaßt hat, daß ich die feste Hoffnung hege, er werde ihn nicht anerkennen. Tut er hier sein Möglichstes, so glaube ich bestimmt, daß er, durch diese Vorfälle gewarnt, künftig mit größerer Vorsicht und Sachkenntnis vorgehen wird.

Freilich kann ich nicht leugnen, daß ich heftiger bin, als nötig ist. Da das jene recht gut wissen, hätten sie eben den Hund nicht reizen sollen. Wie schwer es ist, sein Feuer und seine Tonart zu mäßigen, kannst Du auch an Dir selber lernen. Deshalb bewege ich mich immer nur widerwillig in der Öffentlichkeit; je unmutiger ich aber darüber bin, desto mehr werde ich wider Willen darein verwickelt. Das alles wäre nicht der Fall, wenn nicht greuliche, verbrecherische Verleum-

135 *Dr. Henning Göde, Rechtsgelehrter in Erfurt, später in Wittenberg.*

dungen gegen mich und Gottes Wort wüteten. Darum – wenn ich mich auch durch mein Feuer und meine Tonart nicht hinreißen ließe, so müßte diese empörende Geschichte selbst ein Herz von Stein zu den Waffen treiben, wieviel mehr mich, der ich ein hitziger Mensch bin und gerade keine stumpfe Feder führe! Diesen Ungeheuern gegenüber reißt es mich über das Maß des guten Tons hinaus.

Darüber wundre ich mich allerdings, woher diese neue Religion stammt, daß jeder Einwand gegen einen Gegner [sofort] als Ehrenkränkung aufgefaßt wird. Was hältst Du da von Christus? Wenn er die Juden ein ehebrecherisches und verkehrtes Geschlecht nennt, eine Schlangenbrut, Heuchler, Kinder des Teufels, – hat er dann ihre Ehre angetastet? Und weiter Paulus, der sie Hunde, Großsprecher, Verführer, Ignoranten nennt, und der Apg 13, 10 derart gegen einen falschen Propheten losfährt, daß er als geisteskrank erscheinen konnte, wenn er sagt: »O du, voll aller List und aller Schalkheit, du Kind des Teufels, du Feind aller Wahrheit!«? Warum mäßigt sich Paulus hier nicht lieber und geht ihm um den Bart, um ihn zu bekehren, anstatt so zu donnern? Das Gewissen, das die Wahrheit kennt, kann eben nicht duldsam sein gegen die rücksichtslosen und wilden Feinde der Wahrheit.

Aber jetzt genug des Geschwätzes! Ich sehe, daß jedermann von mir Mäßigung verlangt, am meisten die Feinde, die sie doch selber am allerwenigsten an den Tag legen. Mag ich auch nicht so gemäßigt sein, so bin ich doch geradeheraus und offen und bin damit, glaube ich, besser als jene, da sie nur voll Hinterlist reden können. – Lebe wohl und fürchte Dich nicht.

Wittenberg, 1520. Bruder Martin Luther.

Du schreibst unter anderem, Deine Ratschläge seien verschmäht worden, und bedenkst nicht – was ich doch schrieb! –, daß Deine Ratschläge erst so spät gekommen sind, als mein Büchlein schon beinahe fertig war. *Br 2,43,1 ff*

2 *Die natürliche Theologie · Brief aus Wittenberg an Hofprediger Georg Spalatin vom 13. September 1520*

Jesus.

Gruß zuvor! Deine Anfrage habe ich erhalten, lieber Spalatin! Du fragst, was jenes Wort Christi Joh 15, 5 sagen will: »Ohne mich könnet ihr nichts tun.«

Zum ersten: Ich setze voraus, daß Dir die zwei zu dieser Stelle überlieferten Begriffsklitterungen – Begriffsunterscheidungen wollte ich sagen! – unsrer [theologischen] Lehrer bekannt sind. Die erste:

Neben der »allgemeinen« gebe es eine »besondere« Einwirkung Gottes [auf den menschlichen Willen]. Das verstehen sie so: Durch die *allgemeine* Einwirkung vermögen wir das [zu vollbringen], was in den Bereich der Natur fällt, noch abgesehen von der Gnade. Dabei handelt es sich nach ihrer Meinung weder um Verdienste noch um Sünden, sondern um ein gewissermaßen neutrales Gebiet oder auch um moralische gute Werke wie: gehen, stehen, arbeiten, sprechen, essen und alles, was wir die Menschen äußerlich tun sehen und was nicht offenkundig böse ist. Durch die *besondere* Einwirkung – und nur durch sie – vermögen wir das, was in den Bereich der Gnade fällt und über die Natur hinausgeht, nämlich Verdienste erwerben und Sünden meiden. Demnach besteht die »allgemeine Einwirkung« im Sein und Wirken der Natur, die »besondere Einwirkung« im Sein und Wirken der Gnade.

Hierauf folgt die zweite Begriffsunterscheidung: Es wird zwischen einem »anfänglichen« und einem »vollkommenen« Tun unterschieden. Das »anfängliche« Tun gehört zur »allgemeinen« Einwirkung, das »vollkommene« zur »besonderen« Einwirkung. Dann wird gesagt: »Ohne mich könnt ihr nichts tun«, d. h. vollkommen und ohne die besondere Einwirkung könnt ihr nichts tun; dagegen anfänglich, d. h. vermöge der allgemeinen Einwirkung können wir sehr wohl etwas tun. Das bedeutet: Mit unsern eigenen Kräften können wir uns – da ja die allgemeine Einwirkung ständig da ist – für den Empfang der Gnade bzw. der besonderen Einwirkung bereiten, um ein verdienstliches Werk zu vollbringen. Dagegen sind wir nicht imstande, mit Hilfe derselben allgemeinen Einwirkung und unsern eigenen Kräften ein Verdienst zu erwerben. So ist bisher diese maßgebende Stelle ausgelegt und verstanden worden.

Anders Christus. Er verdammt diese »allgemeine Einwirkung« oder das »Sein der Natur« ganz und gar; denn die Natur kann nur das Ihre suchen und mißbraucht die Gaben Gottes. Er sagt ganz einfach und ohne jede Begriffsunterscheidung, daß ohne die sogenannte besondere Einwirkung, d. h. ohne die Gnade Gottes, nichts getan werden kann, was vor Gott nicht das Feuer verdiente. In diesem Sinne fährt er fort: »Wer nicht in mir bleibt, der wird weggeworfen wie eine Rebe und verdorrt, und man sammelt sie und wirft sie ins Feuer, und er muß brennen« (Joh 15, 6). Siehe: Die Rebe grünt ohne Christus nicht, sie bringt keine Frucht, ja noch viel mehr: sie verdorrt, d. h. sie stirbt und verdirbt; und sie stirbt und verdorrt nicht nur, sondern sie wird auch gesammelt und vom Weinstock getrennt und ins Feuer geworfen usw. Genau so wird der Mensch, der sich nur von der allgemeinen Einwirkung und den natürlichen Kräften leiten läßt, beständig schlechter und kommt weiter weg von Christus und wird reif für das Feuer, mögen auch seine Taten nach außen hin noch so moralisch einwandfrei erscheinen. Daraus sollen wir erkennen: Ohne Christus können wir weder durch die allgemeine noch durch die besondere Einwirkung irgend etwas tun, und alles, was allein durch die allgemeine Einwirkung geschieht – und mag es noch so groß sein –, ist viel mehr wider Christus als für Christus, was bei den Heuchlern offen genug am Tage liegt, die Großes und Vieles leisten, aber mit verdorbenem Willen.

Deshalb mahnt Christus so eifrig, daß die Reben in ihm als dem Weinstock bleiben, weil sie sonst notwendig immer schlechter werden, wenn sie nicht in ihm bleiben –, wie die Wanderer, die nicht auf dem Wege bleiben, sich notwendig immer weiter verirren, wenn sie nicht zum Wege zurückkehren. Eine Begriffsunterscheidung – als ob die »allgemeine Einwirkung« *kein* Irrweg wäre – ist hier völlig unnötig; denn die allgemeine Einwirkung ist ein Gnadengeschenk Gottes, das freilich Unwürdigen zuteil wird, die es ständig mißbrauchen, gerade so wie Gold und Wein von gottlosen Menschen täglich mißbraucht wird. So kannst Du sagen: Was uns von Gott zufließt, ist gut, aber der Gebrauch davon kann nur dann gut sein, wenn die Gebrauchenden durch die Gnade gesund gemacht worden sind. So gebraucht jeder die allgemeine Einwirkung – ein gefährliches Wort! –, dieses Sein und Wirken der Natur, zum Verderben und für nichts, der nicht als Rebe in Christus bleibt. Denn wie den Reinen alles rein ist, so ist den Unreinen alles unrein (Tit 1, 15), und wie den Heiligen alle Dinge zum Besten dienen, so den Gottlosen alle Dinge zum Verderben. Denn wer kann leugnen, daß auch der Hurer, der Ehebrecher, der Mörder, der Lästerer sein Werk vollbringt mit Hilfe der »allgemeinen Einwirkung«? Denn wie könnte er das [Böse] tun, wenn er nicht über das »Sein und Wirken der Natur« verfügte? Aber wer wagt die Behauptung, das heiße »anfänglich« das Gute tun und sei eine Bereitung zur Gnade? Ebenso mag ein Werk ohne Gnade noch so gut erscheinen, – weil es im Herzen keinen guten Willen ohne die Gnade gibt, kann es gar nicht anders als schlecht, der Gnade zuwider sein, und kann unter keinen Umständen »anfänglich« zur Gnade beitragen.

Aber das alles berührt das Problem der Gnade und des freien Willens, einen riesigen und weitläufigen oder auch wieder höchst einfachen Stoff, so daß man nicht alles mit ein paar Worten abtun darf.

Lebe wohl und bete für mich! In der Stunde Deiner Abreise.

Martin Luther, Augustiner. *Br 2,80,3 ff*

In jeder Auseinandersetzung entwickeln sich die Gegensätze erst im laufenden Gefecht zu voller und offener Stärke und Schärfe. Je unerbittlicher Luther angreift, desto mehr sind die Feinde gezwungen, ihre eigene Stellung von neuem durchzudenken, zu begründen, weiterzuentwickeln.

Schon im Jahr 1519 hat Luthers alter Gegner Sylvester *Prierias*, der Berater des Papstes in allen Glaubensfragen, in seiner Schrift »Epitome« (Auszug) Luthers Leipziger Thesen heftig angegriffen. Im Februar 1520 ist ihm *Eck* nachgefolgt, indem er zu den dogmatischen Behauptungen des Prierias über die päpstliche Unfehlbarkeit die kirchengeschichtliche Begründung lieferte. Es stört ihn dabei wenig, daß die Erlasse der ältesten Päpste, das Fundament seiner Beweisführung, längst von dem Italiener Laurentius *Valla* (1407–1457) als Fälschungen enthüllt sind. Er scheint auch nicht zu wissen, daß diese Tatsache von dem Ritter Ulrich *von Hutten* (1488–1523) nach Kräften überall in Deutschland verbreitet wird. Und nun läßt noch im Mai 1520 der Leipziger Franziskaner *Alfeld* eine lateinische Schrift »Über den apostolischen Stuhl« erscheinen, grob und platt; er will, wie er schreibt, gegen den Höllenhund Luther nicht nur bellen, sondern auch beißen.

Luther hat im Februar 1520 die Enthüllungen des Laurentius Valla kennengelernt und schreibt daraufhin, entsetzt über die Finsternis und Nichtswürdigkeit der Römlinge, am 24. Februar 1520 an Spalatin: »Ich ängstige mich derart, daß ich fast nicht mehr zweifle, der Papst sei ganz eigentlich der *Antichrist*, den nach allgemeiner Meinung die Welt erwartet...« Aber noch mehr erschüttert ist er von dem »höllischen Manifest« des Prierias, das erst in jenen Tagen in seine Hände gerät. Rücksichtsloser denn je wird hier die Lehre von der uneingeschränkten Machtvollkommenheit des Papstes ausgesprochen und auf die Spitze getrieben: Der Heilige Vater ist der absolute Herr über Kirche und Welt, Gewissen und Leib, geistliche und weltliche Macht. Wer mag *ihm* den Gehorsam verweigern, dem obersten Gesetzgeber der ganzen Welt, dem unfehlbaren Richter aller Streitfragen, dem Fürsten aller geistlichen und dem Vater aller weltlichen Fürsten, ihm, der über den Kaiser erhaben ist wie Gold über das Blei, dem einzig wahren Monarchen der Erde, der in seiner Person Inbegriff und Vollendung alles Lebens, aller Kraft von Kirche und Welt sichtbar darstellt? Alle Welt schuldet ihm unwiderruflichen, bedingungslosen und vollkommenen Gehorsam; von ihm hat sie ihr Leben, ihm bringt sie es wieder dar, will sie nicht der furchtbaren Strafe zeitlichen Todes und ewiger Verdammnis verfallen.

Luther hat sich darauf beschränkt, dieses Dokument der Vergöttlichung des Papstes und der Entthronung des wahren Gottes mit wenigen eigenen Anmerkungen versehen abdrucken zu lassen und es der Öffentlichkeit zum Urteil zu übergeben. Seine Kraft ist in jenen Wochen völlig in Anspruch genommen durch die Entgegnung an den »Römling« Alfeld. Luther muß gegen ihn schreiben, weil zu seinem Staunen Alfelds törichte Ausführungen auf manche von ihm geschätzte Kollegen und Freunde doch Eindruck gemacht haben. In vierzehn Tagen ist eine Antwort an den »Esel Alfeld«, wie er ihn in den Briefen nennt, fertig. Am 26. Juni 1520 verläßt Luthers neues Werk *»Von dem Papsttum zu Rom wider den hochberühmten Romanisten zu Leipzig«* die Presse und wird versandt.

Luther wendet sich in der deutsch geschriebenen Schrift an die *Laien*; ihnen will er »etwas von der Christenheit erklären«. Deshalb will er mehr »von der Sache selbst handeln« als sich mit dem Geschwätz seines armseligen Gegners abgeben; denn es bricht ihm fast das Herz darüber, daß fromme Leute, die Gottes Wort und die Schrift mit Leib und Seele retten wollen, durch solchen Erzlästerer verführt werden sollen.

Den nun folgenden Auszügen liegt der Text WA 6, 281 ff zugrunde.

Einleitung:

Die Frage nach der Vollmacht des Papsttums

Die Widersacher behaupten, das Papsttum zu Rom habe kraft göttlicher Ordnung Gewalt über die ganze Christenheit auf Erden.

... [Darum] seien alle anderen Christen in der ganzen Welt Ketzer und Abtrünnige, obgleich sie dieselbe Taufe, Abendmahl, Evangelium und alle Artikel des Glaubens mit uns einträchtig halten, ausgenommen, daß sie ihre Priester und Bischöfe nicht von Rom bestätigen lassen. ...[136]

I: Die Kirche im Unterschied zu anderen irdischen Gemeinschaften

Alfeld begründete diese Behauptung damit, daß die Christenheit wie jede irdische Gemeinschaft ein gemeinsames Haupt haben müsse, eben den Papst. Luther antwortet:

136 Z. B. die Kirchen des Ostens (Russen, Griechen) und die böhmischen Hussiten.

... Ich sehe wohl, daß der arme Träumer in seinem Sinn meint, die christliche Gemeinschaft sei irgendeiner andern weltlichen Gemeinschaft gleich, womit er öffentlich beweist, daß er noch nie gelernt hat, was Christenheit oder christliche Gemeinschaft heißt...

Die Schrift redet von der Christenheit ganz einfältig und nur auf *eine* Weise. Darüber hinaus haben sie noch zwei andere Weisen in Gebrauch gebracht.

Die *erste Weise*, die [allein] der Schrift gemäße, ist, daß die Christenheit eine Versammlung aller Christusgläubigen auf Erden heißt, wie wir im Glaubensbekenntnis beten: »Ich glaube an den heiligen Geist, eine Gemeinschaft der Heiligen.« Dies ist die Gemeinschaft oder Versammlung aller derer, die in rechtem Glauben, Hoffnung und Liebe leben, so daß der Christenheit Wesen, Leben und Natur nicht eine leibliche Versammlung ist, sondern eine Versammlung der Herzen zu *einem* Glauben, wie Paulus Eph 4, 5 sagt: »Eine Taufe, ein Glaube, ein Herr.« Also: Ob sie schon leiblich tausend Meilen voneinander getrennt sind, so heißen sie doch eine Versammlung im Geist, weil ein jeglicher predigt, glaubt, hofft, liebt und lebt wie der andere, wie wir singen im Lied vom heiligen Geist:[137] »... der du hast allerlei Sprachen zur Einigkeit des Glaubens versammelt.« Das ist nun im eigentlichen Sinn eine geistliche Einigkeit, um deretwillen [diese] Menschen eine Gemeinschaft der Heiligen heißen. Diese Einigkeit ist für sich allein genug, eine Christenheit zu machen; ohne sie macht keinerlei Einigkeit – es sei [die Einheit] des Orts, der Zeit, der Personen, der Werke oder was es sein mag – eine Christenheit. Hier müssen wir nun Christi Worte hören, welcher, von Pilatus nach seinem Königreich gefragt, also antwortete (Joh 18, 36): »Mein Reich ist nicht von dieser Welt.« Das ist doch ein klarer Spruch; damit wird die Christenheit aus allen weltlichen Gemeinwesen herausgenommen, daß sie nicht leiblich sein soll.

Luther zeigt nun die von Menschen erfundene zweite und dritte Art und Weise, den Begriff »Kirche« zu verwenden. Entweder verstehe man eine bestimmte kirchliche Einrichtung darunter, wie z. B. die Papstkirche; aber von einer solchen »leiblichen, äußerlichen Christenheit« stehe kein Wort in der Schrift. Oder meine man mit »Kirche« die Häuser, die zum Gottesdienst erbaut sind, und im Zusammenhang damit die zeitlichen Kirchengüter, im Unterschied von weltlichen Häusern und Gütern; aber »solch verkehrten Mißbrauch der Sprache und der Dinge« habe »das geistliche Recht und der Menschen Gesetze zu unsäglichem Verderben der Christenheit aufgebracht«.

137 *Aus dem lateinischen Hymnus »Veni sancte spiritus«, der dem ersten Vers von Luthers späterem Lied »Komm, Heiliger Geist, Herre Gott« zugrundeliegt.*

II: Jesus Christus als alleiniges Haupt und Herr der Kirche

... Aus dem allem folgt, daß die erste Christenheit,[138] die allein die wahre Kirche ist, kein Haupt auf Erden haben kann und mag und von niemand auf Erden, durch keinen Bischof noch Papst regiert werden kann; sondern allein Christus im Himmel ist hier das Haupt und regiert *allein* ... Denn es ist die Natur eines jeden Hauptes, das zu einem Leib gehört, daß es seinen Gliedmaßen alles Leben, Sinnen und Wirken einflößt ... Nun kann kein Mensch einer Seele, weder der eines andern noch seiner eigenen, den Glauben und das ganze Sinnen, Wollen und Wirken Christi einflößen, als allein Christus; denn kein Papst, kein Bischof kann so viel tun, daß der Glaube und was ein christliches Glied haben soll, in eines Menschen Herz ersteht ...

Fragst du aber: ›Wenn die Prälaten[139] weder Häupter noch Statthalter[140] über diese geistliche Kirche sind, was sind sie dann?‹ Darauf lasse dir die Laien antworten, die da sagen: »St. Peter ist ein Zwölfbote, und die andern Apostel sind auch Zwölfboten. Warum will sich der Papst schämen, ein Bote zu sein, wenn auch St. Peter nicht mehr ist?« Seht euch aber vor, ihr Laien, daß euch die hochgelehrten Romanisten nicht als Ketzer verbrennen, weil ihr den Papst zu einem Boten und Briefträger machen wollt! Aber ihr habt wahrlich einen guten Grund; denn das griechische ›Apostolos‹ heißt auf deutsch ›ein Bote‹, und so nennt sie das ganze Evangelium ... Also hat Christus alle Apostel mit gleicher Vollmacht in die ganze Welt gesandt mit seinem Wort und seiner Botschaft, wie St. Paulus (2 Kor 5, 20) sagt: »Wir sind Botschafter an Christi Statt« und 1 Kor 3, 5: »Was ist Petrus? Was ist Paulus? Diener sind sie, durch welche ihr gläubig geworden seid.« ... Wenn aber der Papst alle Boten Gottes sich selbst unterwirft, das ist gerade so, wie wenn eines Fürsten Bote alle andern Boten [desselben Fürsten] aufhielte und sie nach *seinem* Willen sendete, während er selbst nirgends hinliefe. Würde das dem Fürsten wohl gefallen? Er würde es wohl inne! ...

Darum, weil alle Bischöfe nach göttlicher Ordnung gleich sind und an der Apostel Statt sitzen, so kann ich wohl bekennen, daß aus *menschlicher* Ordnung in der *äußerlichen* Kirche einer über dem andern ist. Denn hier [in dieser äußerlichen Kirche] läßt freilich der Papst einströmen, was er im Sinn hat, nämlich sein geistliches Gesetz und Menschenwerk, wobei die Christenheit mit äußerlichem Pomp

138 *D. h. die Christenheit im ersten Sinn, vgl. oben.*

139 *Die kirchlichen Oberen.*

140 *Der Papst heißt sich »Statthalter Christi«.*

regiert wird. Aber davon werden keine Christen, wie gesagt; es gibt auch keine Ketzer, die nicht unter derartigem Gesetz und Pomp oder unter [solch] menschlicher Ordnung sind; denn »andre Länder, andre Sitten«. Das wird bestätigt durch den Artikel: Ich glaube an den Heiligen Geist, eine heilige christliche Kirche und die Gemeinschaft der Heiligen. Niemand spricht so: Ich glaube an den Heiligen Geist, eine heilige römische Kirche und die Gemeinschaft der Römer – damit ganz klar sei, die heilige Kirche sei nicht an Rom gebunden, sondern so weit die Welt ist, in einem Glauben versammelt, geistlich und nicht leiblich ...

Die Zeichen,[141] an denen man äußerlich erkennen kann, *wo* die [rechte geistliche] Kirche in der Welt ist, sind die Taufe, das Sakrament [des Abendmahls] und das Evangelium, und nicht Rom, dieser oder jener Ort. Denn wo die Taufe und das Evangelium ist, da soll niemand zweifeln, es seien Heilige da, und sollten's gleich eitel Kinder in der Wiege sein. Rom aber oder päpstliche Gewalt ist nicht ein Zeichen der Christenheit; denn diese Gewalt macht keinen Christen, wie es die Taufe und das Evangelium tut; darum gehört sie auch nicht zur rechten Christenheit und ist eine menschliche Ordnung.

III: Die falsche biblische Begründung der päpstlichen Machtansprüche

Zum Schluß behandelt Luther die neutestamentlichen Stellen, mit denen man seit dem 8. Jahrhundert den Primat des Bischofs von Rom begründet hat und bis heute begründet: Matth 16,18 f und Joh 21,15 ff.

Christus sagt zu St. Peter Matth 16, 18: »Du bist oder heißt Petrus und auf den Petram – das heißt auf den Felsen – will ich bauen meine Kirche, und dir will ich die Schlüssel des Himmelreichs geben; was du binden wirst auf Erden, soll im Himmel gebunden sein, und was du lösen wirst auf Erden, soll im Himmel los sein.« Auf Grund dieser Worte haben sie die Schlüssel[gewalt] allein dem St. Peter zugeeignet; aber derselbe St. Matthäus hat (18,18) diesem falschen Verständnis einen Riegel vorgeschoben, da Christus zu *allen* insgemein sagt: »Wahrlich ich sage euch: das *ihr* auf Erden binden werdet, das soll im Himmel gebunden sein, und was *ihr* auf Erden auflösen werdet, das soll im Himmel los sein.« Hier ist's klar, daß Christus sich selbst auslegt und in diesem 18. Kapitel das vorhergehende 16. Kapitel erklärt, nämlich daß St. Peter an Stelle der ganzen Gemeinde, nicht für seine Person [allein], die Schlüssel gegeben sind. Ebenso auch Johan-

141 Vgl. dazu »Von Konziliis und Kirchen« im zweiten Band dieses Werkes (Siebenstern-Taschenbuch 69/70).

nes im letzten Kapitel: »Er blies sie an und sagte: Nehmet hin den Heiligen Geist; welchen ihr die Sünden erlasset, denen sind sie erlassen, welchen ihr sie aber behaltet, denen sind sie behalten« (Joh 20, 22 f). Mit dem Verhältnis dieser zwei Sprüche zu dem einen haben sich viele abgemüht, um dadurch die alleinige Gewalt St. Peters aufrechtzuerhalten. Aber es ist das Evangelium zu klar am Tag; sie haben's bisher stehen lassen müssen, daß St. Peter im ersten Spruch nichts Besonderes für seine Person [allein] gegeben ist, und ebenso haben's viele der alten Heiligen Väter verstanden ...[142]

Wenn sie aber sagen, die leibliche Obrigkeit des Papstes sei in jenen Worten angeordnet, da Christus sagt: »Auf diesen Felsen will ich bauen meine Kirche« ..., [so] ist's am klaren Tag, daß niemand in der Kirche dadurch erbaut wird noch den Pforten der Hölle widersteht, weil er unter der äußerlichen Obrigkeit des Papstes ist. Denn der größte Teil derer, die streng auf des Papstes Obrigkeit halten und darauf sich gründen, sind besessen von aller Gewalt der Hölle, voller Sünde und Bosheit; dazu sind etliche Päpste selbst Ketzer gewesen und haben ketzerische Gesetze gegeben, und sind dennoch im Regiment geblieben. Darum darf »der Fels« nicht eine [äußerliche] Obrigkeit bedeuten, die nicht wider die Pforten der Hölle zu bestehen vermag, sondern allein Christus und den Glauben, wider welche keine Gewalt etwas vermag ... Das heißt aber »bestehen wider die höllischen Pforten«: nicht in äußerlicher Gemeinschaft, Gewalt, Obrigkeit oder Versammlung leiblich bleiben, wie du (Alfeld) von der römischen Gemeinschaft und Einigkeit schwatzest, sondern: bleiben in einem festen, rechten Glauben, der auf Christus, dem Fels, erbaut ist, so daß ihn keine Gewalt des Teufels unterdrücken kann, auch wenn sie einen größeren Haufen hat und unendlich viel Streit, List, Gewalt dawider gebraucht ...

Abschluß:
Die Grenzen der Vollmacht des Papsttums

So ist meine Meinung über das Papsttum die: Wir sehen, daß der Papst die volle Gewalt über alle unsere Bischöfe hat. Dazu ist er nicht ohne göttlichen Ratschluß gekommen, obwohl ich meine, daß er dazu nicht aus gnädigem, sondern mehr aus *zornigem* Ratschluß Gottes gekommen sei; denn Gott läßt es zur Plage der Welt zu, daß Menschen sich selbst erheben und andere unterdrücken. Deshalb will ich nicht, daß jemand dem Papst widerstrebe, sondern den göttlichen Rat-

142 Z. B. die Kirchenväter des 3. und 4. Jahrhunderts: Tertullian, Cyprian, Augustin.

schluß fürchte, diese Gewalt in Ehren halte und mit aller Geduld trage, wie wenn der Türke über uns wäre; dann kann sie ohne Schaden sein.

Ich streite aber nur um zwei Dinge. Erstens: Ich will's nicht leiden, daß Menschen *neue* Glaubensartikel aufstellen und alle anderen Christen in der ganzen Welt als Ketzer, Abtrünnige und Ungläubige schelten, lästern und verurteilen dürfen, bloß weil sie nicht unter dem Papst sind. Es ist genug, daß wir den Papst Papst sein lassen; [aber] es ist nicht nötig, daß um seinetwillen Gott und seine Heiligen auf Erden verlästert werden. Zum andern: Alles, was der Papst festsetzt, macht und tut, will ich so aufnehmen, daß ich's zuvor nach der Heiligen Schrift beurteile. Er soll mir *unter* Christus bleiben und sich durch die Heilige Schrift richten lassen. Nun fahren die römischen Buben daher und setzen ihn *über* Christus und machen aus ihm einen Richter *über* die Schrift: sie sprechen, er könne nicht irren, und alles, was es ihnen nur zu Rom träumt, ja alles, was sie nur vornehmen mögen, wollen sie uns zu Glaubensartikeln machen... Wenn der Papst so weit käme,[143] wovor uns Gott behüte, so wollte ich frei sagen, daß er der rechte Antichrist sei, von dem alle Schrift sagt.

Wenn mir nun diese zwei Stücke zugestanden werden, will ich den Papst [sein] lassen [was er ist], ja ich will ihn so hoch erheben, als man immer will. Wenn nicht, so soll er mir weder Papst noch Christ sein. Wer es nicht lassen will, der mache aus ihm einen Abgott; ich aber will ihn nicht anbeten.

Darüber hinaus könnte ich wohl leiden, daß Könige, Fürsten und der ganze Adel eingriffe,[144] damit den Schurken von Rom die Straße gesperrt würde und die Bischofsmäntel und Lehen vor ihnen sicher blieben[144]. Wie kommt der römische Geiz dazu, daß er alle Stiftungen, Bistümer, Lehensgüter unserer Väter an sich reißt? Wer hat solche unaussprechliche Räuberei je gehört oder gelesen?...

Es ist zum Erbarmen, daß Könige und Fürsten einen so schlechten Zug zu Christus hin haben und seine Ehre sie so wenig bewegt, daß sie solche greuliche Schande in der Christenheit überhandnehmen lassen. Denn sie sehen doch, wie sie zu Rom nur daran denken, immer toller und toller zu werden und allen Jammer zu mehren, so daß keine Hoffnung auf Erden mehr ist außer bei der *weltlichen* Gewalt. Davon will ich mehr sagen,[145] wenn der Romanist wieder kommt; jetzt sei

143 *Luther kann damals noch nicht glauben, daß der Papst selbst diese Anschauungen der »römischen Buben« teilt.*

144 *Vgl. hierzu Luthers Schrift »An den christlichen Adel ...«, unten Seite 162 ff.*

145 *Luther vertritt schon hier die in der Schrift »An den christlichen*

es zum Anfang genug: Gott helfe uns, daß wir einmal die Augen auftun. Amen.

Am Schluß der Schrift ein Wort Luthers in eigener Sache: Schelte, lästere, richte meine Person nur frisch, wer da will; es ist ihm schon vergeben. Aber niemand erwarte von mir weder Huld noch Geduld, wer meinen Herrn Christus, durch mich gepredigt, und den Heiligen Geist zu Lügnern machen will. An mir liegt nichts, aber Christi Wort will ich mit fröhlichem Herzen und frischem Mut verantworten ohne Ansehen der Person. Dazu hat mir Gott einen fröhlichen, unerschrockenen Geist gegeben; daß sie mir den nicht betrüben werden, hoffe ich ewiglich.

An den christlichen Adel deutscher Nation

Luthers Angst, auf dem Thron des Papstes sitze der Antichrist, Gottes Tempel sei die Stätte der unverhüllten Herrschaft des bösen Feindes geworden, verdichtet sich mehr und mehr zur Gewißheit. Kann sich Luther, kann sich jeder Christ das Papsttum nunmehr noch als menschliche Rechtsordnung gefallen lassen, kann er es auch nur als göttliche Zornordnung noch dulden? In Rom hat sich der Abgrund der Gottlosigkeit aufgetan, Luther sieht die verlorene Stadt, wie er in den Anmerkungen zur »Epitome« des Prierias schreibt, schon erfüllt von einem gespenstischen Gewimmel von Drachen, Nachtgeistern, Vampyren und Larven und ins ewige Chaos versinkend. Ist aber das Geheimnis der Bosheit in dieser greulichen Weise enthüllt, gibt sich der Widersacher im Tempel Gottes als Gott aus, so steht der Jüngste Tag, das Ende der Zeiten, die Wiederkunft des Herrn unmittelbar bevor. Darum ist es Zeit, solange es möglich ist, zum *öffentlichen Kampf* gegen den Widerchrist. Seine Geheimnisse müssen aufgedeckt, seine Gewalt muß durch die weltliche Obrigkeit, Kaiser und Reich, Adel und Fürsten bekämpft werden. Anfang Juni 1520 kündigt Luther Spalatin seine Absicht an, ein Flugblatt an den deutschen Adel und Kaiser Karl gegen die römische Tyrannei herauszugeben (1), aber aus dem Flugblatt wird ein Buch: »*An den christlichen Adel deutscher Nation von des christlichen Standes Besserung*« (4). Ranke sagt darüber: »Es sind ein paar Bogen von welthistorischem, zukünftige Entwicklungen zugleich vorbereitendem und voraussagendem Inhalt« (Deutsche Geschichte im Zeitalter der Reformation I, 316). Der Erfolg

Adel . . .« noch deutlicher ausgeführte Meinung, daß die weltliche Obrigkeit kraft ihres Amtes das Recht, ja die Pflicht habe, alle Versuche zu verhindern, die Verwaltung des Kirchenguts in Deutschland in römische Hände zu bringen.

ist beispiellos. Am 23. Juni 1520 hat Luther dem Kollegen Nikolaus von Amsdorf[146] das Manuskript mit einem für diesen bestimmten Widmungsschreiben (3) zugeschickt. Die Sorge um das ewige Heil, die Erkenntnis, daß jetzt nicht mehr geschwiegen werden *darf*, biblisch begründete Notwendigkeit und die Amtspflicht des vereidigten Doktors der Heiligen Schrift treiben Luther in die politische Verantwortung hinein. Anfang August wird die Schrift ausgegeben, schon am 18. August sind 4000 Exemplare verkauft, die Leser reißen sich darum. Die Freunde sind erschrocken über den »gräßlich wilden« Ton der Schrift, Staupitz und Lang raten, freilich zu spät, von der Veröffentlichung ab. Luther hat sich in einem besonderen Briefe an Wenzeslaus Linck gerechtfertigt (2): Hat nicht auch Paulus bissige Worte genug gebraucht? Darf man sich *daran* stoßen, wenn es um eine Sache geht, in der er sich als Werkzeug des Geistes weiß?

Besonderen Eindruck macht Luthers Schrift auf die *Ritter*. Franz von *Sickingen*,[147] der mächtige Führer des deutschen niederen Adels, hat bereits Mitte März Luther auf dem Wege über Hutten und Melanchthon wissen lassen, daß ihm auf seiner Feste Ebernburg eine Freistatt für seine theologische Arbeit jederzeit zur Verfügung stehe. Sickingen und mit ihm *Hutten*,[148] der wehrhafte Poet, ahnen, daß Luthers Kampf für ihre eigenen Pläne der Befreiung Deutschlands vom römischen Joch von höchster Bedeutung ist. Wie hat schon Hutten – in seiner Person den Ritter und den Humanisten verschmelzend – in seinen Schriften Anmaßung und Arglist, Habsucht und Fäulnis der Kurie mit Flammenschrift geschildert, wie hat er mit der hinreißenden

146 Nikolaus von Amsdorf (1483–1565), in Torgau geboren, aus sächsischem Adel stammend, hatte sich seit 1517 an Luther angeschlossen und blieb mit ihm zeitlebens in engster Arbeitsgemeinschaft und Freundschaft verbunden. Er reformierte Magdeburg und wurde 1542 in sein Amt als evangelischer Bischof von Naumburg von Luther selbst eingesetzt.

147 Franz von Sickingen (1481–1523), in fast alle kleinen und großen Händel jener Zeit verstrickt, versuchte schließlich seine unklaren politischen Reformgedanken mit Hilfe der Ritter in der Fehde gegen das Erzbistum Trier durchzuführen. Nach dem Fall seiner letzten Feste Landstuhl starb er in Reichsacht (Mai 1523).

148 Ulrich von Hutten (1488–1523), entsprungener Mönch, fahrender Schüler und Dichter, gewann frühzeitig Einfluß auf seine Zeit durch die hinreißende nationale Begeisterung seiner Gedichte und Schriften. In dem 1520 erschienenen »Vadiscus oder die römische Dreieinigkeit« schildert er drastisch Roms Verderbnis. Durch ihn wurde Sickingen auf Luther aufmerksam gemacht; nach Sickingens Ende fand der Ruhelose eine Zuflucht auf der Insel Ufenau im Züricher See, wo er im August 1523 bettelarm starb.

Gewalt seines Wortes gefordert, man müsse sich um Gottes und Deutschlands willen mit Gewalt von Rom losreißen! Es ist eine gewaltige Bewegung unter den Reichsrittern im Gange: der Groll verarmter Rittergeschlechter gegen die güterfressende Kirche, deutscher Zorn über welsche Sittenverderbnis, der Glaube an die Macht des freien Wortes und der freien Wissenschaft, das alles verbindet sich mit dem weitausgreifenden Plane, die deutsche Nation durch eine gründliche Reform ihrer Stände neuer Herrlichkeit zuzuführen und dabei dem Rittertum eine neue Blütezeit zu bringen, und findet einen mächtigen Widerhall im Volke, das in Franz von Sickingen, dem großen Söldnerführer, den Hort der Gerechtigkeit, den Mann der Zukunft erblickt.

Luther hat in jenen Tagen den wohlgemeinten und dringenden Einladungen der Reichsritter keine Folge geleistet. Er läßt sich durch die mannigfache Berührung seiner Vorschläge mit den Reichsreformplänen Huttens nicht täuschen. Es ist ihm nicht darum zu tun, als Sittenrichter den römischen Sumpf aufzudecken, sondern er handelt wie immer im Gehorsam gegen das Wort Gottes. Darum greift er den Papst nicht in erster Linie bei der äußerlich sichtbaren Verderbnis an, sondern greift tiefer, indem er diese Verderbnis mit dem Abfall von Gott in Verbindung setzt. Darum ruft er nicht zur Selbsthilfe mit Waffengewalt auf, sondern die Obrigkeit soll unter Verzicht auf Gewalt, in demütigem Vertrauen auf Gott und ihm alles anheimstellend, das schwere Werk angreifen, nicht um eigene Pläne durchzusetzen, sondern aus Erbarmen mit dem Jammer der elenden Christenheit. Um dieser großen Not willen muß die Hilfe aber auch aufs Ganze gehen; darum begnügt sich Luther nicht mit Reformvorschlägen an einzelnen, besonders anstößigen Punkten, sondern er legt dem Adel der deutschen Nation einen wohlüberlegten, in seinen Forderungen durchaus mäßigen und ausführbaren, aber die ganze Breite des kirchlichen Lebens umfassenden Plan vor – einen Plan, welcher, wenn er ausgeführt worden wäre, nicht nur die Kirche, sondern das ganze Leben des deutschen Volkes von Grund auf neugestaltet hätte.

Unsere Übertragung von Stücken der Schrift »An den christlichen Adel ...« (4) folgt dem Text der W A 6, 404 ff.

1 Anlaß und Zweck der Schrift »An den christlichen Adel« · Brief aus Wittenberg an Hofprediger Georg Spalatin vom 7. Juni 1520

Ich meine, sie seien zu Rom alle toll, töricht, wütend, unsinnig, Narren, Stöcke, Steine, Hölle und Teufel geworden. Da mögt Ihr sehen, was von Rom zu erhoffen ist, das eine solche Unterwelt in die

Kirche sich ergießen läßt. Diese Scheusale überwältigen mich wahrhaftig durch die Größe ihrer Dummheit... Die Geheimnisse des *Antichrist* müssen endlich aufgedeckt werden, denn sie drängen sich ja selbst so sehr vor und wollen nicht länger verborgen bleiben. Ich habe im Sinn, ein Flugblatt an [Kaiser] Karl und den Adel ganz Deutschlands herauszugeben wider die Tyrannei und Nichtswürdigkeit der römischen Kurie. *Br 2,120,6 ff*

2 *Zur Rechtfertigung des »Tons« der Schrift »An den christlichen Adel« · Brief aus Wittenberg an Wenzeslaus Linck*[149] *in Nürnberg vom 19. August 1520*

Gruß zuvor! Es geht mir, lieber Vater, nicht darum, mit meinen Büchern und Flugschriften Lob und Ehre zu ernten. Beinahe jedermann verdammt meine bissige Art; doch denke ich darüber wie Ihr, daß Gott vielleicht gerade auf diese Weise die Lügen der Menschen enthüllen will. Ich sehe nämlich, daß alles, was heutzutage in Ruhe behandelt wird, sofort der Vergessenheit anheimfällt, da es kein Mensch ernst nimmt. Und doch mußte Rebekka in ihrem Schoß Kinder tragen, die uneins waren und sich gegenseitig stießen. Die Gegenwart urteilt ungünstig; das Urteil der Zukunft wird besser ausfallen. Auch Paulus nennt seine Feinde bald »Hunde« (Phil 3, 2), bald »die Beschneidung« (Tit 1, 10), dann »unnütze Schwätzer« (Tit 1, 10), »trügliche Arbeiter« (2 Kor 11, 13), »Satans Diener« (2 Kor 11, 14 f) usw. und spricht der »getünchten Wand« Fluch ins Angesicht (Apg 23, 3). Und wer sieht nicht, wie über die Maßen heftig die Propheten dreingefahren sind? Doch ist das längst alltäglich geworden, darum wirkt es nicht mehr. Der ehrwürdige Vater Vikar[150] bat mich gestern brieflich von Erfurt aus, das Büchlein von des christlichen Standes Besserung nicht herauszugeben – ich weiß nicht, unter was für einem Vorwand es bei ihm verdächtigt worden ist –; doch er kam zu spät, das Büchlein war schon herausgegeben. Versuchet, ihn persönlich zu besänftigen. Wer weiß, ob nicht der Geist mit seiner Gewalt mich treibt, da ich ja sicher nicht aus Verlangen nach Ehre oder Geld oder gar zu meinem Vergnügen so hingerissen werde! Von Rache rede ich nicht, der Herr möge es verzeihen! Es wird wirklich nicht das von mir be-

149 Vgl. Seite 127, Anmerkung 103.

150 Es ist hier wohl nicht Staupitz, sondern Johann Lang gemeint (vgl. Seite 72, 76, 77), der seit 1517 Prior des Erfurter Klosters, seit 1518 als Luthers Nachfolger Distriktsvikar war und in Erfurts Kloster, Kirche und Universität, immer in enger brieflicher Fühlung mit Luther, die neuen Gedanken vertrat und zum Siege führte. Er nahm später an der Reformation Schwarzburgs als Visitator entscheidenden Anteil und starb 1548.

trieben, daß ich einen Aufruhr anzettle, sondern daß ich Freiheit beanspruche für ein allgemeines Konzil. Lebt wohl im Herrn!
Am Sonntag nach (Mariä) Himmelfahrt 1520.

Dein Bruder Martin Luther.

Br 2,168,2 ff

3 Die Zeit zu reden ist gekommen

Dem achtbaren und würdigen Herrn Nikolaus von Amsdorf, Lizentiat der Heiligen Schrift und Domherrn zu Wittenberg, meinem wohlgeneigten Freunde! D. Martin Luther.

Gnade und Friede Gottes zuvor! Achtbarer, würdiger lieber Herr und Freund!

Die Zeit des Schweigens ist vergangen, und die Zeit zu reden ist gekommen, wie der Prediger (3, 7) sagt. Ich habe, entsprechend unsrem Vorhaben, einige Stücke zusammengetragen, welche die Besserung des christlichen Standes betreffen, um sie dem christlichen Adel der deutschen Nation vorzulegen. Vielleicht will Gott doch [noch] durch den Laienstand seiner Kirche helfen, denn der geistliche Stand, dem es viel mehr zukommt, ist ganz abtrünnig geworden. Ich sende das alles Euer Ehrwürden zu mit der Bitte, es zu beurteilen und, wenn nötig, zu verbessern.

Ich weiß wohl, daß es mir nicht ohne Tadel abgehen wird, ich hätte mir zuviel angemaßt, daß ich verachteter, weltfremder Mensch so hohe und große Stände in so außerordentlichen, großen Sachen anzureden wage, als wäre sonst niemand in der Welt als Doktor Luther, der sich des christlichen Standes annehmen und so hochverständigen Leuten Rat geben könnte. Ich entschuldige mich nicht; tadle mich, wer da will! Vielleicht bin ich meinem Gott und der Welt noch eine Torheit schuldig: die habe ich mir jetzt vorgenommen, wenn mir's gelingt, redlich zu zahlen und auch einmal den Hofnarren zu spielen. Gelingt mir's nicht, so habe ich doch einen Vorteil: es braucht mir niemand eine Kappe zu kaufen noch mich als Narren hinzustellen. Es kommt darauf an, wer den andern zum Narren macht. Ich muß das Sprichwort erfüllen: ›Was die Welt zu schaffen hat, da muß ein Mönch dabei sein, und sollte man ihn dazu malen.‹ Es hat wohl mehr als einmal ein Narr weise geredet, und es sind vielmals weise Leute zu groben Narren geworden, wie Paulus sagt: »Wer da will weise sein, der muß ein Narr werden« (1 Kor 3, 18). Aber weil ich nicht nur ein Narr, sondern auch ein geschworener Doktor der Heiligen Schrift bin, freue ich mich, daß sich mir die Gelegenheit bietet, meinem Eid – eben in dieser Narrenweise – genugzutun. Wollet mich bitte bei den einigermaßen Verständigen entschuldigen, denn die Gunst und Gnade der

Überhochverständigen verstehe ich mir nicht zu verdienen – ich habe sie oft mit großer Mühe gesucht; hinfort will ich sie aber nicht mehr haben oder darauf achten. Gott helfe uns, daß wir nicht unsere, sondern allein seine Ehre suchen! Amen.

Wittenberg, im Augustinerkloster, am Abend Johannes des Täufers, im Jahre 1520. *WA 6,404 f*

4 *Aus der Schrift »An den christlichen Adel deutscher Nation von des christlichen Standes Besserung«*

Der allerdurchlauchtigsten, großmächtigsten Kaiserlichen Majestät und dem Christlichen Adel Deutscher Nation. D. Martin Luther.

Einleitung

1 Der Grund, warum Luther sich an Kaiser und Adel wendet

Gnade und Stärke von Gott zuvor, Allerdurchlauchtigster, gnädigste liebe Herren! Es ist nicht aus bloßem Fürwitz oder Frevelmut geschehen, daß ich einzelner armer Mensch mich unterstanden habe, vor Euch Hochwürden zu reden; die Not und Beschwerung, die alle Stände der Christenheit, vor allem Deutschland bedrückt, und die nicht allein mich, sondern jedermann bewegt hat, vielmals zu schreien und Hilfe zu begehren, hat jetzt auch mich gezwungen zu schreien und zu rufen, ob Gott jemand den Geist geben wolle, der elenden Nation Handreichung zu tun. Es ist oft durch Konzilien[151] etwas beabsichtigt gewesen, aber durch etlicher Menschen List geschickt verhindert und immer nur noch ärger gemacht worden; deren Tücke und Bosheit gedenke ich jetzt, Gott helfe mir, zu durchleuchten, damit sie erkannt werden und hinfort nicht mehr so hinderlich und schädlich sein können. Gott hat uns ein junges, edles Blut zum Haupte gegeben und damit viele Herzen zu großer, guter Hoffnung erweckt; daneben will es sich ziemen, daß wir das Unsre dazutun und die Gnadenzeit nützlich gebrauchen.

2 Die Forderung, daß, was geschieht, im Vertrauen auf Gottes Macht geschieht

Das Erste, was in dieser Sache vor allem zu geschehen hat, ist, daß wir uns ja mit großem Ernst vorsehen und nicht etwas anheben im Vertrauen auf große Macht oder Vernunft, auch wenn aller Welt Ge-

151 *Luther denkt hier an die sog. Reformkonzilien im 15. Jahrhundert, vor allem an das in Konstanz (1414–1418) und Basel (1431–1449).*

walt unser wäre. Denn Gott kann und will es nicht leiden, daß ein gutes Werk angefangen werde im Vertrauen auf eigene Macht und Vernunft. Er stößt es zu Boden; dagegen hilft nichts, wie in Ps 33, 16 steht: »Es wird kein König bestehen durch seine große Macht, und kein Herr durch die Größe seiner Stärke.« Und aus diesem Grund ist es, fürchte ich, vorzeiten gekommen, daß die teuren Fürsten, Kaiser Friedrich der Erste und der Zweite und viele andre deutsche Kaiser, so jämmerlich von den Päpsten mit Füßen getreten und unterdrückt worden sind, Männer, vor denen sich doch die Welt fürchtete: sie haben sich vielleicht mehr auf ihre Macht verlassen als auf Gott; darum haben sie fallen müssen. Und was [anders] hat zu unsern Zeiten den Blutsäufer [Papst] Julius II.[152] so in die Höhe gebracht, als daß, wie ich befürchte, Frankreich, Deutsche und Venedig auf sich selbst gebaut haben? Die Kinder Benjamin schlugen 42 000 Israeliten, weil diese sich auf ihre Stärke verließen (Richt 20, 21. 25).

Damit es uns nicht auch so ausgehe mit diesem edlen Blut Karl, müssen wir gewiß sein, daß wir in dieser Sache nicht mit Menschen, sondern mit den Fürsten der Hölle zu tun haben; die mögen wohl die Welt mit Krieg und Blutvergießen erfüllen, aber sie lassen sich damit nicht überwinden. Man muß hier mit einem Verzicht auf leibliche Gewalt in demütigem Vertrauen auf Gott die Sache angreifen und mit ernstlichem Gebet Hilfe bei Gott suchen und sich nichts anderes vor Augen stellen als der elenden Christenheit Jammer und Not, ganz abgesehen von dem, was böse Leute verdient haben. Andernfalls wird das Spiel sich wohl so anfangen lassen, daß es etwas Großem gleichsieht; aber wenn man hineinkommt, werden die bösen Geister eine solche Verwirrung anrichten, daß die ganze Welt darüber im Blut schwimmen muß, ohne daß damit etwas ausgerichtet wird. Darum lasset uns hier mit Gottesfurcht und weislich handeln! Je größer die Gewalt, desto größer das Unglück, wenn nicht in Gottes Furcht und Demut gehandelt wird. Haben die Päpste und Römer bisher mit des Teufels Hilfe die Könige untereinanderzuwirren vermocht, so können sie es wohl auch weiterhin tun, wenn wir ohne Gottes Hilfe mit unsrer Macht und unsrem Können einherfahren.

152 *Julius II. war Papst von 1503 bis 1513. Sein politisches Ziel war die Umwandlung des zerrütteten Kirchenstaats in einen modern-politischen Macht- und Militärstaat; seinem hinreißenden künstlerischen Eifer dienten Raffael, Michelangelo und Bramante (Peterskirche). »Blutsäufer« nennt ihn Luther um seiner fortwährenden Kriege willen.*

1. Teil: Die drei Mauern der Romanisten und ihr Umsturz

Die Romanisten haben drei Mauern mit großer Geschicklichkeit um sich herum gezogen; damit haben sie sich bisher beschützt, so daß sie niemand reformieren konnte. Dadurch ist die ganze Christenheit grauenvoll zu Fall gekommen.

Zum ersten: Wenn man mit weltlicher Gewalt ihnen zugesetzt hat, haben sie behauptet und gesagt, weltliche Gewalt habe kein Recht über sie, sondern umgekehrt, *geistliche* Gewalt stehe über der *weltlichen. Zum zweiten:* Hat man sie mit der *Heiligen Schrift* wollen strafen, so setzen sie dem entgegen, es gebühre niemand, die Schrift auszulegen, als dem *Papst. Zum dritten:* Droht man ihnen mit einem *Konzil,* so erdichten sie, es könne niemand ein Konzil berufen als der *Papst.*

So haben sie diese drei Ruten uns heimlich gestohlen, um ungestraft sein zu können, und haben sich in die sichere Festung dieser drei Mauern gesetzt, um alle Büberei und Bosheit zu treiben, wie wir sie denn jetzt sehen. Und wenn sie schon ein Konzil machen mußten, haben sie dieses doch zuvor mattgesetzt, indem sie die Fürsten vorher mit Eiden verpflichteten, sie bleiben zu lassen, wie sie sind, und indem sie obendrein dem Papst volle Gewalt gaben über alle Ordnung des Konzils. So kommt es auf dasselbe heraus, ob es viele Konzilien oder gar kein Konzil gibt, außer daß sie uns nur mit Larven und Spiegelfechtereien betrügen; so gar greulich fürchten sie für ihre Haut von einem rechten, freien Konzil. Sie haben damit Könige und Fürsten eingeschüchtert, daß sie glauben sollten, es wäre wider Gott, so man ihnen nicht gehorchte in all diesem falschen, listigen Spuk.

Nun helfe uns Gott und gebe uns der Posaunen eine, mit welchen die Mauern Jerichos umgeworfen wurden, daß wir diese strohernen und papierenen Mauern auch umblasen und die christlichen Ruten zur Bestrafung der Sünde losmachen, um des Teufels List und Trug an den Tag zu bringen, damit wir durch Strafe uns bessern und seine Huld wieder erlangen!

1 Der Sturz der ersten Mauer: Alle Christen sind Priester vor Gott

Den Angriff auf die »erste Mauer der Romanisten«, d. h. der Anhänger des Papsttums zu Rom, führt Luther durch den Nachweis des »allgemeinen Priestertums«. Die wichtigsten Sätze aus diesem Nachweis sind:

Man hat die Erfindung gemacht, daß Papst, Bischof, Priester und Klostervolk der *geistliche* Stand genannt wird, Fürsten, Herren, Handwerks- und Ackerleute dagegen der *weltliche* Stand. Das ist eine gar feine, gleisnerische Auslegung. Doch soll darüber niemand schüchtern werden und zwar aus folgendem Grunde. Denn *alle* Christen sind wahrhaftig geistlichen Standes; es ist unter ihnen kein Unterschied als allein hinsichtlich des Amtes ... Die Taufe, das Evangelium und der Glaube, die machen allein ein geistliches und ein Christenvolk ... Wir werden allesamt durch die Taufe zu Priestern geweiht, wie St. Peter sagt: »Ihr seid ein königlich Priestertum und ein priesterlich Königreich« (1 Petr 2, 9) ... Darum ist es, wenn der Bischof [einen zum Pfarrer] weiht, nichts anderes, als wenn er an Stelle und in Vertretung der ganzen Versammlung einen einzelnen aus dem Haufen nähme (in dem doch alle die gleiche Gewalt haben) und ihm befähle, diese Gewalt für die andern auszuüben ... Weil denn nun die weltliche Gewalt – gleichermaßen wie wir – getauft ist und denselben Glauben und dasselbe Evangelium hat, so müssen wir sie Priester und Bischöfe sein lassen und ihr Amt als ein Amt zählen, das der christlichen Gemeinde gehört und nützlich ist. Denn was aus der Taufe gekrochen ist, das mag sich rühmen, daß es schon zum Priester, Bischof und Papst geweiht sei, obwohl es nicht einem jeden ziemt, solches Amt auch auszuüben. Denn weil wir alle gleichermaßen Priester sind, muß sich niemand selber hervortun und sich unterwinden, ohne unser Bewilligen und Erwählen das zu tun, wozu wir alle die gleiche Gewalt haben. Denn was [allen] gemeinsam ist, soll niemand ohne den Willen und Befehl der Gemeinde an sich nehmen. Und wo es geschähe, daß jemand zu solchem Amt erwählt worden wäre, und um seines Mißbrauchs willen abgesetzt würde, so wäre er [wieder] gleich wie vorher ...

Daraus folgt, daß Laien, Priester, Fürsten, Bischöfe und, wie sie sagen, Geistliche und Weltliche wahrlich im Grunde keinen andern Unterschied haben als denjenigen des *Amts*[153] oder Werks und nicht den des *Standes*, denn sie sind alle geistlichen Standes, wahrhaftige Priester, Bischöfe und Päpste, aber nicht gleichen [und] einerlei Werkes ... Christus hat nicht zwei oder zweierlei Art von Körpern, einen weltlich, den andern geistlich. *Ein* Haupt ist er und *einen* Körper hat er. Gleichwie nun die, so man jetzt Geistliche oder Priester, Bischöfe oder Päpste heißt, von den andern Christen nicht weiter und durch keine Würde geschieden sind, als daß sie das Wort Gottes und die Sakramente verwalten sollen (das ist ihr Amt und Werk), so hat auch die weltliche Obrigkeit das Schwert und die Rute in der Hand, um die Bösen damit zu strafen und die Frommen zu schützen. Ein Schuster, ein Schmied, ein Bauer – ein jeder hat seines Handwerks Amt

153 *Unter Amt versteht Luther Dienst, Aufgabe, Funktion.*

und Werk, und doch sind sie alle gleichermaßen geweihte Priester und Bischöfe. Ein jeder soll mit seinem Amt oder Werk den andern nützlich und dienstlich sein, daß so die vielerlei Werke alle auf eine Gemeinschaft gerichtet sind, um Leib und Seele zu fördern, gleich wie die Gliedmaßen des Körpers alle einander dienen.

Nun sieh, wie christlich das behauptet und gesagt wird, weltliche Obrigkeit sei nicht über die Geistlichkeit, sie solle sie auch nicht strafen! Das ist geradesoviel, als wollte man sagen, die Hand solle nichts dazu tun, auch wenn das Auge große Not leidet ... Darum soll weltliche christliche Gewalt ihr Amt frei unverhindert üben, ohne Rücksicht darauf, ob es ein Papst, Bischof oder Priester ist, den sie trifft. Wer schuldig ist, der leide; was das geistliche Recht dagegen gesagt hat, ist lauter erdichtete römische Vermessenheit ... Also meine ich, diese erste Papiermauer liege darnieder, sintemal die weltliche Herrschaft ein Mitglied des christlichen Körpers geworden ist ...

2 Der Sturz der zweiten Mauer: Alle Christen dürfen die Schrift auslegen

Die »zweite Mauer der Romanisten« besteht in dem Anspruch der römischen Kirche, allein die Schrift auslegen zu können, da der Papst unfehlbar und die Kirche mit ihren Satzungen nie vom Heiligen Geiste verlassen sei. Luther führt gegen diese Behauptungen zunächst 1 Kor 14,30 und Joh 6,45 an und weist die römische Auslegung von Matth 16,19 zurück, nach welcher die Schlüsselgewalt (die sich nicht auf die Lehre und das Regiment, sondern nur auf die Bindung oder Lösung der Sünde beziehe) allein Petrus anstatt der ganzen Gemeinde gegeben sei. Die wichtigsten Sätze seiner weiteren Abwehr sind:

Denk doch bei dir selbst nach: Sie müssen zugeben, daß fromme Christen unter uns sind, die den rechten Glauben, Geist, Verstand, Wort und Meinung Christi haben. Ja warum sollte man denn deren Wort und Verstand verwerfen und dem Papst folgen, der weder Glauben noch Geist hat? Das hieße doch den ganzen Glauben und die christliche Kirche verleugnen. Ferner: Es darf jedenfalls nicht allein der Papst recht haben [wollen], wenn der Artikel richtig ist: »Ich glaube eine heilige christliche Kirche«; oder müssen sie so beten: »Ich glaube an den Papst zu Rom« und müssen so die christliche Kirche ganz in *einen* Menschen hineinziehen, was nichts anderes als ein teuflischer und höllischer Irrtum wäre.

Zudem sind wir ja alle Priester, da, wie oben gesagt wurde, alle *einen* Glauben, *ein* Evangelium, einerlei Sakramente haben. Wie sollten wir dann nicht auch Macht haben zu schmecken und zu urteilen, was da recht oder unrecht im Glauben wäre? Wo bleibt das Wort des Paulus 1 Kor 2,15: »Ein geistlicher Mensch richtet alle Dinge und wird von niemand gerichtet«? Und 2 Kor 4, 13: »Wir haben alle einen Geist des Glaubens«? Wie sollten wir dann nicht ebensogut wie ein ungläubiger Papst fühlen, was dem Glauben gemäß oder nicht gemäß ist? Aus diesem allem und vielen andern Sprüchen sollen wir mutig und frei werden und den Geist der Freiheit (wie ihn Paulus nennt) nicht durch erdichtete Worte der Päpste abschrecken lassen, sondern frisch hindurch alles, was sie tun oder lassen, nach unsrem gläubigen Verständnis der Schrift richten und sie zwingen, dem Besseren zu folgen und nicht ihrem eigenen Verstand ... Darum gebührt einem jeglichen Christen, daß er sich des Glaubens annehme, ihn zu verstehen und zu verfechten und alle Irrtümer zu verdammen.

3 Der Sturz der dritten Mauer: Alle Christen sorgen mit für ein Konzil

Die »dritte Mauer der Romanisten« besteht in der Behauptung, allein der Papst könne ein Konzil berufen. Diese Mauer sieht Luther von selbst fallen, wenn die beiden ersten gefallen sind. Denn:

Wo der Papst wider die Schrift handelt, sind wir schuldig, der Schrift beizustehen, ihn zu strafen und zu zwingen, nach dem Wort Christi Matth 18, 15 ... Hier wird einem jeglichen Glied befohlen, für das andere zu sorgen; wieviel mehr sollten wir dazu tun, wenn ein allgemein regierendes Glied übel handelt, welches durch seine Handlungen den andern viel Schaden und Ärgernis verursacht! Soll ich denn den Betreffenden vor der Gemeinde verklagen, so muß ich sie auch zusammenbringen, [also ein Konzil einberufen können]. Sie haben auch keinen Grund aus der Schrift, daß es allein dem Papst gebühre, ein Konzil einzuberufen oder zu bestätigen; sie haben allein ihre eigenen Gesetze, die nicht weiter gelten, als sofern sie der Christenheit und Gottes Gesetzen nicht schädlich sind. Wenn nun der Papst Sträfliches tut, so hören solche Gesetze schon auf, weil es der Christenheit schädlich ist, ihn nicht durch ein Konzil zu strafen. So lesen wir Apg 15, 6, daß der Apostel Konzil nicht St. Petrus einberufen hat, sondern alle Apostel und die Ältesten; wenn nun das [wie der Papst behauptet] St. Petrus allein gebührt hätte, so wäre das [nach der Lehre des Papstes] nicht ein christliches Konzil, sondern ein ketzerisches Konzilchen gewesen. Auch das berühmteste Konzil in Nicäa (i. J. 325) hat der Bischof zu Rom weder berufen noch bestätigt, sondern der Kaiser Konstantin, und nach ihm haben viele andere Kaiser das gleiche getan, und doch sind es die allerchristlichsten Konzilien gewesen ... Darum, wenn es die Not erfordert und der Papst der Christenheit ein Ärgernis ist, soll, wer zuerst kann, als ein treues Glied des ganzen Körpers dazu tun, daß ein rechtes, freies Konzil zustande komme. Das kann niemand so gut wie das weltliche Schwert, sonderlich, weil sie nun auch Mitchristen sind, Mitpriester, mitgeistlich, mitmächtig in allen Dingen ... Es gibt keine Gewalt in der Kirche als nur zur Besserung. Darum wenn der Papst sich der Gewalt bedienen wollte, um das Zustandekommen eines freien Konzils zu verwehren und die Besserung der Kirche zu verhindern, so sollen wir ihn und seine Gewalt nicht ansehen; und wenn er bannen und donnern würde, sollte man das verachten als das Vorhaben eines tollen Menschen und ihn in Gottes Zuversicht wiederum bannen ... Darum laßt uns daran festhalten: Christliche Gewalt vermag nichts wider Christus. ... Tut sie aber etwas wider Christus, so ist sie des Antichrists und Teufels Gewalt. ...

2. Teil: Die Aufgabe einer Reform des römischen Papsttums

Nun wollen wir die Stücke betrachten, die man von Rechts wegen in den *Konzilien* verhandeln sollte und mit denen Päpste, Kardinäle, Bischöfe und alle Gelehrten von Rechts wegen Tag und Nacht umgehen sollten, so sie Christus und seine Kirche lieb hätten. Wenn *sie* aber das nicht tun, sollte das Volk und das weltliche Schwert dazu tun, ohne Rücksicht auf ihr Bannen oder Donnern. ... Darum lasset uns aufwachen, liebe Deutsche, und Gott mehr als die Menschen fürchten, damit wir nicht mitschuldig werden an allen armen Seelen, die so kläglich durch das schändliche, teuflische Regiment der Römer verloren werden, und damit nicht täglich mehr und mehr der Teufel zunimmt – wenn es überhaupt möglich wäre, daß solch ein Höllenregiment noch ärger werden könnte, was ich doch nicht begreifen oder glauben kann.

1 Die Abschaffung der dreifachen Krone der päpstlichen Hoffart

Zum ersten ist's greulich und erschrecklich anzusehen, daß der Oberste in der Christenheit, der sich als Christi Stellvertreter und St. Peters Nachfolger rühmt, so weltlich und prächtig daherfährt, daß ihm darin kein König und kein Kaiser nachkommen und gleich werden kann. ... Er trägt die dreifache Krone, während die höchsten Könige nur eine Krone tragen. ... Ich meine aber, wenn er unter Tränen vor Gott beten würde, müßte er jedenfalls solche Krone ablegen, dieweil unser Gott keine Hoffart leiden kann. ... Es wäre dem Papst genug eine gewöhnliche Bischofskrone; durch Erkenntnis und Heiligkeit sollte er größer sein vor den andern und die Krone der Hoffart dem Antichrist lassen. ...

2 Die Verminderung der Zahl der kirchenverwüstenden Kardinäle

Zum zweiten: Wozu ist nun das Volk in der Christenheit nütze, das die Kardinäle heißt? Das will ich dir sagen: Welschland und Deutschland haben viele reiche Klöster, Stifte, Lehen und Pfarreien; die hat man nicht besser nach Rom zu bringen gewußt, als daß man Kardinäle machte und diesen die Bistümer, Klöster, Prälaturen zu eigen gab und den Dienst Gottes auf diese Weise zugrunde richtete. ... Kein Türke hätte Welschland so verderben und den Dienst Gottes so zugrunde richten können. Nun Welschland ausgesogen ist, kommen sie ins deutsche Land. ...

Ich rate aber, daß man der Kardinäle weniger mache oder den Papst sie von seinen Gütern ernähren lasse. Es wäre übrig genug an zwölf, und wenn ein jeder des Jahres tausend Gulden Einkommen hätte. ... Es wäre alles erträglicher, wenn sie auf solche Weise bloß das Gut uns abstehlen wollten; aber sie verwüsten die Kirche damit und berauben die Schafe Christi ihrer frommen Hirten und legen den Dienst und Gottes Wort nieder.

3 Die Aufhebung der räuberischen Finanzwirtschaft der Kurie

Zum dritten: Wenn man von des *Papstes Hof* den hundertsten Teil übrigließe und schaffte 99 Teile ab, so wäre er dennoch groß genug, um Antwort zu geben in des Glaubens Sachen. Nun ist aber ein solches Gewürm und Gewimmel in dem Rom ..., daß nicht einmal zu Babylon ein solches Wesen war. – Es sind schon allein mehr als 3000 päpstliche Schreiber; wer will die andern Amtleute zählen, wo doch der Ämter so viel sind, daß man sie kaum zählen kann! Sie warten alle auf die Stifte und Lehen Deutschlands wie Wölfe auf die Schafe. ... Und dieweil die *Annaten*[154] so schimpflich mißbraucht werden und auch nicht gehalten wird, was vertraglich ausgemacht ist ..., [sollte die deutsche Nation, vertreten durch ihre Bischöfe und Fürsten] durch ein Gesetz des Kaisers oder der ganzen Nation die Annaten zurückbehalten oder wieder abschaffen. ... Ferner ... ist es hohe Zeit, daß man die »päpstlichen *Monate*«[155] gänzlich abschaffe und alles, was dadurch nach Rom gekommen ist, wieder herausreiße. ... Sie haben's wohl vorzeiten im geistlichen Recht festgesetzt, das *Pallium*[156] umsonst zu geben, ... den Stiften und Bischöfen ihre Freiheit zu lassen, aber das wollte kein Geld eintragen, darum ist das Blatt

154 *Jeder vom Papst bestätigte Bischof und Abt mußte die erste Hälfte der Jahreseinnahme der ihm verliehenen Pfründe nach Rom abliefern (die sog. Annaten).*

155 *Die Erträgnisse freier Pfründen fielen in sechs Monaten des Jahres dem Papste zu.*

156 *Für das Pallium, den vom Papst verliehenen, die Erzbischöfe auszeichnenden Schulterstreifen, mußten ebenfalls hohe Abgaben bezahlt werden.*

umgekehrt und den Bischöfen und Stiften alle Gewalt genommen worden. ...

Bisher haben wir verstanden, wie sie mit den Pfründen umgehen, die verfallen und erledigt werden.[157] Nun fällt aber für den zarten Geiz zu wenig als erledigt an; darum hat er seinen Scharfblick auch auf die *Lehen* gerichtet, die noch durch ihre Verweser besetzt sind. ... Es hat auch der liebe römische Geiz den Brauch erdacht, daß man die Pfründen oder Lehen verkauft und verleiht mit solchem Vorteil, ... daß, wenn der Besitzer stirbt, das Lehen als frei wieder an den heimfalle,[158] der es vordem verkauft, verliehen oder überlassen hat.

Noch eines hat der Geiz erdacht, von dem ich hoffe, daß es das letzte ist, woran er erstickt. Der Papst hat ein edles Fündlein: das heißt pectoralis reservatio,[159] d. h. Vorbehalt seiner Absicht, und Motus proprius,[159] d. h. Machtausübung nach eigener Willkür. ... Diese Willkür und lügenhafter Vorbehalt des Papstes ruft nun zu Rom ein solches Treiben hervor, daß niemand davon reden kann. Da ist ein Kaufen, Verkaufen, Wechseln, Tauschen, Rauschen, Lügen, Trügen, Rauben, Stehlen, Prachtieren, Hurerei, Büberei, eine Verachtung Gottes auf jede Art und Weise, daß es dem Antichrist nicht möglich ist, lästerlicher zu regieren. ... Sollten sich solche Leute nicht mit Recht vor der *Reformation* und vor einem freien Konzil fürchten ...?

Zuletzt hat der Papst zu allen diesen edlen Geschäften ein eigenes Kaufhaus aufgerichtet in Rom: das ist das Datarhaus[160] zu Rom. Dahin müssen alle die kommen, die in dieser Weise um Lehen und Pfründen handeln. ... Hast du nun Geld in diesem Haus, so kannst du zu allen den genannten Stücken kommen, und nicht bloß zu ihnen, sondern allerlei Wucher wird hier um Geld [für] redlich [erklärt], alles gestohlene und geraubte Gut gerechtfertigt. Hier werden die Gelübde aufgehoben, hier den Mönchen Freiheit gegeben, aus dem Orden zu gehen, hier ist der Ehestand für die Geistlichen feil, hier können Hurenkinder ehelich werden, alle Unehre und Schande hier zu

157 Sie werden von Rom aus oder unter römischem Einfluß besetzt.

158 Mit unnachahmlicher Wortprägung sagt Luther: »heimsterbe«.

159 Dieser »geistliche Vorbehalt« ermöglichte es dem Papst, eine rechtmäßig einem Bewerber zugesprochene Pfründe unter Hinweis auf seine verborgene »eigentliche Meinung« einem später kommenden, mehrbietenden Bewerber zuzuschlagen.

160 Zur Bewilligung, d. h. zum Verkauf der päpstlichen Dispense, Gnadenbriefe, Sonderrechte und Vergünstigungen, war eine besondere Behörde, die apostolische Datarie, eingerichtet worden.

Würden kommen. ... O welch eine Brandschatzerei und Schinderei regiert da ...! Ja hier wird der Teufel ein Heiliger und ein Gott dazu; was Himmel und Erde nicht vermag, das vermag dies Haus. ...

Es steht noch das Valet aus; das muß ich auch noch geben: Da nun der unermeßliche Geiz noch nicht genug hat an all diesen Schätzen ..., fängt es nun an, diese seine Geschäfte an den Fugger zu Augsburg zu versetzen und zu verkaufen ..., so daß nun aus geistlichen und weltlichen Gütern ein und derselbe Handel geworden ist. ... Was sie mit Ablässen, Bullen, Beichtbriefen, Butterbriefen und andern mit der Beichte verbundenen Erlaubnisscheinen in allen Landen gestohlen haben und noch stehlen und erschinden, das achte ich als ein Flickwerk, gleichsam wie wenn man mit einem Teufel in die Hölle würfe ...

Dieweil denn solches teuflisches Regiment nicht bloß eine öffentliche Räuberei, Betrügerei und Tyrannei der höllischen Pforten ist, sondern auch die Christenheit an Leib und Seele verdirbt, sind wir hier verpflichtet, allen Fleiß anzuwenden, um solchem Jammer und Zerstörung der Christenheit zu wehren ...

3. Teil: Die Durchführung der Reform durch die Christenheit

Um das »Narrenspiel hinauszusingen«, will Luther dann in einem dritten, großen Teil seiner Schrift in 27 Punkten sagen, was zur Reform von seiten der weltlichen Gewalt oder von seiten eines allgemeinen Konzils geschehen könnte und sollte.

Dazu gehört ihm das Verbot der Annaten und der Lehens- und Palliumsverleihung durch Rom, die Behandlung aller weltlichen Sachen und Pfründenangelegenheiten in Deutschland, die Aufhebung der päpstlichen Reservationen und Privilegien, die Verringerung des Haushalts der Kurie; der Papst soll die geraubten Investiturrechte zurückgeben und auf alle weltlichen Ansprüche verzichten. Die Wallfahrten nach Rom sind einzustellen, die Bettelklöster und ein Teil der Orden soll aufhören, der Gelübdezwang entfallen, Stifte und Klöster zu freien Schulen werden. Die Ehelosigkeit der Geistlichen, ebenso der Beichtzwang vor den Ordensoberen, möge verschwinden, die Unzahl der Jahrtage und Seelenmessen soll beseitigt werden, das Interdikt muß dem schriftgemäß angewandten Bann weichen. Die vielen Festtage sind abzutun, nur die Sonntage zu halten, die Kirchweihen auszutilgen; Dispense für Heiratserlaubnis soll jeder Pfarrer gewähren können. Das Fasten möge jedermann freigestellt sein, Wallfahrtskirchen sollen zerstört, Erhebung neuer Heiligen verboten werden. Die Bettelei ist abzuschaffen, dem Müßiggang zu wehren, die Messestiftungen sind aufzuheben; dagegen sollen die Stifte für nichterbberechtigte Adelsglieder erhalten bleiben zum Dienst Gottes und gelehrter Arbeit. Bruderschaften, Ablässe, Butterbriefe, päpstliche Dispensationen müssen aufhören. Mit den Hussiten in Böhmen soll man sich verständigen. Die Universitäten bedürfen der Reform: Sprachen und Mathematik und Geschichte sind zu pflegen, Aristoteles abzusetzen; statt des geistlichen Rechts ist das weltliche zu lehren, statt der Sentenzen der Väter und der päpstlichen Gesetze ist die Bibel zu studieren. Der Entfaltung von Luxus, dem Zinsnehmen, dem Großhandel, der Üppigkeit der Lebenshaltung, den unsittlichen Häusern soll die weltliche Obrigkeit ein Ende machen.

Das sei für diesmal genug. Ich bin auch wohl der Meinung, daß ich hoch gegriffen habe, daß ich vieles aufgestellt habe, was für unmöglich angesehen wird, daß ich viele Stücke zu scharf angegriffen.

Wie soll ich es aber machen? Ich bin verpflichtet, es zu sagen; könnte ich es, so wollte ich es auch tun. Es ist mir lieber, die Welt zürnt mit mir, als Gott. Man wird mir jedenfalls nicht mehr als das Leben nehmen können. ... Gott gebe uns allen einen christlichen Verstand und besonders dem christlichen Adel deutscher Nation einen rechten geistlichen Mut, der armen Kirche das Beste zu tun. Amen.

Von der babylonischen Gefangenschaft der Kirche

Wird ein herrschendes System einmal an *einem* Punkte in Frage gestellt, so gibt es kein Halten mehr. Der innere Zwang der Sache, eine Folgerichtigkeit, über welche Luther selber nimmer Herr ist, führt ihn weiter. Hat er im »Romanisten« die Lehre von der Unfehlbarkeit des Papstes und in der Schrift »An den Adel« das Vorrecht der Priesterweihe und die Absonderung des geistlichen Standes angegriffen, so muß er nun weitergehen und auch nach dem Sakrament, dem Herzstück der Kirche, fragen. Luther erkennt, daß die Sakramente in Menschensatzungen gefangenliegen. Unter dem Papsttum ist das Wesen des Sakraments einer völligen Umwandlung unterzogen worden: es ist daraus ein Opfer und gutes Werk geworden, über das der Mensch verfügt und das der Priester nach beiden Seiten hin, Gott und der Gemeinde gegenüber, in eigener, schöpferischer Machtvollkommenheit verwaltet. Mit dieser Umwandlung hängt aufs engste die Vermehrung der Sakramente bis zur Siebenzahl zusammen: je mehr die Erinnerung an Christi Stiftung verblaßt, desto mehr treten die Vorgänge des natürlichen Lebens in den Vordergrund, die durch die Sakramente eine übernatürliche Erhöhung, Weihe und Verklärung empfangen. Ist aber das Sakrament seines Wesens und damit auch seiner Wirkung beraubt, so ist die Kirche nicht mehr frei, Gottes Botschaft zu vernehmen und mitzuteilen; sie befindet sich in Gefangenschaft menschlicher Satzung wie Israel in Babel. Aus dieser Gefangenschaft kann die Kirche nur dann wieder frei werden, wenn sie den Weg zur ursprünglichen Bedeutung des Sakraments wieder zurückfindet: es ist das mit dem Wort der Verheißung verbundene Zeichen, durch welches der Glaubende die Vergebung der Sünden empfängt.

Der unmittelbare Anlaß zu Luthers neuem Werk sind zwei Streitschriften, die eine von dem lombardischen Dominikaner Isolani, die andere von dem unentwegten Leipziger »Romanisten« Alfeld, der das Recht zur Kelchentziehung aus der Bibel nachweist. Im August und September 1520 arbeitet Luther die umfangreiche Schrift aus, in derselben Zeit, als sich von Rom aus wieder eine dunkle Wolke über seinem Haupt zusammenzieht und die Bannandrohungsbulle gegen ihn unterwegs ist. Ende August erfährt Spalatin den Titel: *»Von der babylonischen Gefangenschaft der Kirche«*; am 6. Oktober 1520 erscheint die Schrift mit dem Untertitel: *»Ein Vorspiel«* – ein Vorspiel zu dem Widerruf nämlich, den Rom von ihm erwartet. Die Schrift entwickelt die schon in den deutschen Sakramentssermonen von 1519 niedergelegten Grundgedanken über die Sakramente nunmehr lateinisch, in breiter Fülle, fest und klar; die Luther genau bekannte gegnerische Stellung wird überlegen von der Schrift her beleuchtet und widerlegt. Im Tone ruhig, ist das Werk im übrigen eine ausgesprochene und aufs Ganze gehende Kampfschrift gegen die herrschende Theologie und Kirchengewalt.

Die Äußerungen der ganzen und halben Gegner lassen die gewaltige Wirkung seines Angriffs erkennen. Erasmus schreibt, nachdem er das Werk gelesen: vor der Veröffentlichung dieser Schrift hätte sich der drohende Bruch vermeiden, die Sache noch heilen lassen; jetzt aber sei es mit dem Frieden endgültig vorbei. Er hat bisher auf seine vorsichtige Weise versucht, bei seinen einflußreichen Bekannten für Luther gut Wetter zu machen; nun zieht er sich enttäuscht zurück. Der Beichtvater Kaiser Karls, Johannes Glapio, erklärte dem kursächsischen Kanzler Brück entsetzt, es sei ihm beim Lesen des Buchs zumute gewesen, als würde er vom Kopf bis zu den Füßen ausgepeitscht. Die Pariser Universität, die Sorbonne, hält es für nötig, einen öffentlichen Protest gegen Luthers Schrift ausgehen zu lassen. Selbst König Heinrich VIII. von England, damals noch für die Einheit der katholischen Kirche eifernd, schreibt eine 1521 erscheinende Schrift gegen Luther, das Glied Satans, den Höllenwolf, dessen Mund überfließe vom Eiter seines bösartig-ketzerischen Herzens, und erhält dafür vom Papst den Ehrentitel eines »Beschützers des Glaubens«, den die englischen Könige auch nach der Lösung der anglikanischen Kirche von Rom bis heute weiterführen. Auf der andern Seite bedeutet diese Schrift Luthers die theologische Grundlegung zur Neuordnung des evangelischen Gottesdienstes und damit des ganzen Kirchenwesens.

Für den Gesamtzusammenhang, in dem das Buch innerhalb von Luthers Werk steht, sei auf die zeitlich vorausgehenden Sermone von der Taufe und vom Abendmahl und die viel später geschriebenen Stücke im Großen Katechismus und in den Schmalkaldischen Artikeln verwiesen. Der nun folgenden Inhaltsangabe und den Auszügen aus der Schrift liegt der Text WA 6, 497 ff zugrunde.

Einleitung

Mit den drei wahren Sakramenten ist die Kirche gefangen

... Vor allem andern muß ich die Siebenzahl der Sakramente ablehnen und unter gegenwärtigen Umständen nur eine Dreizahl [an ihre Stelle] setzen: die Taufe, die Buße, das Brotbrechen. Diese sind uns alle durch die römische Kurie in eine klägliche Gefangenschaft geführt worden, und die Kirche ist [damit] ihrer ganzen Freiheit beraubt. ...

I: Die Befreiung der drei schriftgemässen Sakramente

1 Das Sakrament des Hl. Abendmahls ist von der Kirche schwer entstellt

a Die erste Gefangenschaft ist die Darreichung in einer Gestalt

... Wie die ganze Taufe und die ganze Absolution, so ist auch das *ganze* Sakrament des Brotes *allen* Laien zu reichen, wenn sie es begehren. ... Kann die Kirche den Laien die Gestalt des Weines nehmen, so kann sie ihnen auch die Gestalt des Brotes nehmen; also wird sie den Laien auch das ganze Sakrament des Altars nehmen und Christi Stiftung bei ihnen ganz entleeren können. Aber, bitte, aus welcher Vollmacht?! ... Das ist's, was mich verhinderte, die Böhmen[161] zu verurteilen. Mögen sie böse oder gut sein, jedenfalls haben *sie* Wort und Tat Christi für sich, wir aber keins von beiden, sondern nur das eitle Menschenfündlein: »So hat's die Kirche geordnet«, da solches doch nicht die Kirche, sondern die Tyrannen der Kirche ohne Zustimmung der Kirche (d. h. des Volkes Gottes) geordnet haben. ...

Das ist also die erste Gefangenschaft dieses Sakraments, sein Wesen und seine Unversehrtheit betreffend. ... Nicht als ob die gegen

161 *Johann Huß, der 1415 in Konstanz verbrannte böhmische Kirchenreformer, und seine Anhänger wurden nicht zuletzt wegen ihrer Forderung des Laienkelchs zu Ketzern erklärt. Über Luthers Haltung zu ihnen vgl. Seite 131 f; 136; 143. Zu Huß vgl. Seite 133, Anmerkung 110.*

Christus sündigten, die nur einerlei Gestalt gebrauchen, da Christus nicht geboten hat, irgendeine Gestalt zu gebrauchen ... Wohl aber sündigen diejenigen, welche die Austeilung von beiderlei Gestalt denen verweigern, die von ihrer freien Wahl Gebrauch machen wollen. Das Sakrament gehört nicht den Priestern, sondern allen, und die Priester sind nicht Herren, sondern Diener, welche den Bittenden beiderlei Gestalt reichen müssen, sooft sie darum bitten. ... Es geht mir nicht darum, mit Gewalt beiderlei Gestalt wieder zu nehmen, wie wenn wir durch ein dringendes Gebot dazu gezwungen würden. Ich unterweise vielmehr die Gewissen, daß ein jeder die römische Tyrannei leide in dem Bewußtsein, daß ihm sein Recht am Sakrament mit Gewalt geraubt worden sei um seiner Sünde willen. Nur darum geht's mir, daß keiner mehr die römische Tyrannei rechtfertige, als ob sie recht daran getan hätte, die eine Gestalt den Laien zu verbieten, sondern daß wir gegen sie Verwahrung einlegen und nicht drein willigen, sie jedoch tragen, nicht anders, als wenn wir unter dem Türken gefangen wären, wo wir keine von beiden Gestalten gebrauchen dürften. ...

b Die zweite Gefangenschaft ist die Aufnötigung der Wandlungslehre

Auf dem Laterankonzil von 1215 war als amtliche Lehre der Kirche festgestellt worden, daß durch die vom Priester bei der Messe leise gesprochenen Einsetzungsworte (1 Kor 11,23–25) die Substanz des Brotes und Weines in die Substanz von Leib und Blut Christi verwandelt wird, wobei nur die äußeren Erscheinungsformen von Brot und Wein unverändert bleiben. Diese Lehre wurde die Grundlage der Würde und Macht des Priestertums; sie garantierte zugleich die stete Anwesenheit Gottes und Christi in den heiligen Elementen. Luther hielt diese Lehre für falsch; er wollte sie jedoch niemand verbieten, nur wehrte er jeden Zwang hierin ab.

... Ich fand schließlich festen Grund für mein Gewissen in der ... Meinung, es bleibe selbstverständlich wahres Brot und wahrer Wein, worin [jedoch] Christi wahres Fleisch und wahres Blut nicht anders und nicht weniger vorhanden sei, als jene [scholastischen Lehrer] dieses Vorhandensein unter den »[bloßen] Erscheinungsformen« behaupten. ...

... Ich stelle also frei, nach Belieben beide Meinungen beizubehalten; nur darum geht es mir jetzt, die Gewissensnöte zu beseitigen. Es soll keiner fürchten, unter der Anklage der Ketzerei zu stehen,[162] wenn er überzeugt ist, auf dem Altar sei wahres Brot und wahrer

162 Die Johann Huß zugeschriebene Ablehnung der katholischen Wandlungslehre (Transsubstantiationslehre) war als »Ketzerei« verurteilt worden.

Wein. Vielmehr wisse er, daß es ihm ohne Gefährdung seines Heils freisteht, sich eines von beiden vorzustellen, zu meinen und zu glauben, da hier keine Nötigung des Glaubens vorliegt. Ich jedoch folge jetzt meiner Meinung. ...

Der starke Grund für meine Meinung aber ist vor allem: daß göttlichen Worten keinerlei Zwang angetan werden soll, weder durch Menschen noch durch Engel, sondern daß man sie möglichst in der einfältigsten Bedeutung bewahre und, wenn nicht ein offenbarer Umstand uns zwingt, sie nicht entgegen den Regeln der Sprache und ihrem unmittelbaren Sinn nehmen soll, um nicht den Feinden Gelegenheit zu geben, die ganze Schrift zum Gespött zu machen. ...

Ich jedenfalls, wenn ich doch nicht begreifen kann, auf welche Weise das Brot Christi Leib ist, will meinen Verstand gefangengeben in den Gehorsam Christi; an seinen Worten einfältig hangend, glaube ich festiglich, nicht nur daß Christi Leib im Brot, sondern daß das Brot Christi Leib sei. Was tut's, wenn die Philosophie das nicht versteht? Der Heilige Geist ist größer als Aristoteles. ... Und wenn das die Philosophie auch nicht faßt, so faßt's doch der Glaube. Die Gewalt des Wortes Gottes ist größer als die Fassungskraft unseres Geistes. Damit also im Sakrament der wahre Leib und das wahre Blut [Christi] sei, ist nicht nötig, daß Brot und Wein sich wandeln ..., sondern indem beide zugleich bleiben, was sie sind, heißt's in Wahrheit: »Dieses Brot ist mein Leib, dieser Wein ist mein Blut« und umgekehrt. So will ich's bis auf weiteres verstehen zu Ehren der heiligen Worte Gottes und nicht leiden, daß ihnen durch menschliche Vernünfteleien Gewalt angetan und sie in fremde Begriffe gezwängt werden. Doch lasse ich andere der andern Meinung folgen, nur sollen sie – wie gesagt – uns nicht zwingen, ihre eigenen Meinungen als Glaubensartikel anzunehmen. ...

c Die dritte Gefangenschaft ist die Deutung der Messe als Werk und Opfer

Die dritte Gefangenschaft dieses Sakraments ist dessen über alle Maßen gottloser Mißbrauch, infolgedessen heute in der Kirche fast nichts so allgemein und so fest geglaubt wird, wie daß die Messe ein gutes Werk und Opfer sei. Dieser Mißbrauch hat denn eine unabsehbare Flut andrer Mißbräuche aufgebracht, bis man den Glauben dieses Sakraments ganz ausgelöscht und aus dem göttlichen Sakrament die reinen Jahrmärkte, Wirtshäuser und Geldgeschäfte gemacht hat. ...

Ich gehe gegen eine schwierige Sache an, und vielleicht ist's unmöglich, damit fertig zu werden. Denn sie ist durch die jahrhundertelange Übung bestärkt und durch das allgemeine Einverständnis gutgeheißen und hat sich so festgesetzt, daß man den größten Teil der heute herrschenden Bücher und *fast die ganze Gestalt der Kirche aufheben* und ändern und eine ganz andere Gottesdienstordnung einführen oder vielmehr wiederherstellen muß. Aber mein Christus lebt, und man soll Gottes Wort mit größerem Eifer halten als aller Menschen und Engel Klugheit ... Was schert mich die Menge und große Bedeutung Irrender? Stärker als sie alle ist die Wahrheit.

Luther lag alles Revolutionäre fern. Am Schluß dieses Abschnitts, in welchem er noch eingehend über Wort, Zeichen und Glauben beim Sakrament spricht, gibt er den Priestern seelsorgerliche Ratschläge, wie sie ohne Gotteslästerung innerhalb der bestehenden Ordnung noch Messe halten können.

2 Das Taufsakrament ist von der Kirche in seiner Kraft ganz verkannt

Gelobt sei Gott und der Vater unseres Herrn Jesus Christus, der nach dem Reichtum seiner Barmherzigkeit wenigstens dieses eine Sakrament in seiner Kirche unvermindert und von Menschensatzungen unbefleckt erhalten hat. ... Da aber Satan bei den Kleinen die Kraft der Taufe nicht zunichte machen konnte, so hat er es doch durchgesetzt, sie bei allen Erwachsenen zunichte zu machen. Denn es findet sich heute fast keiner, der sich seines Getauftseins erinnert oder gar sich dessen rühmt, da man so viele andere Wege erfunden hat, um die Sünden zu vergeben und in den Himmel zu kommen. ...

Eine Aufgabe ist uns ... fürs ganze Leben gestellt: daß wir getauft werden, d. h. daß wir getötet werden und leben durch den Glauben Christi. Dieser Glaube müßte einzig und allein gelehrt werden, zumal vom obersten Hirten [dem Papst]. Aber heutzutage schweigt man vom Glauben; durch unzählige Gesetze über Werke und Zeremonien wird die Kirche vernichtet. Die Kraft und Erkenntnis der Taufe wird abgeschafft und der Glaube Christi verhindert. Darum sage ich: Weder Papst noch Bischof noch irgendein Mensch hat das Recht, auch nur eine einzige Silbe über einen Christenmenschen festzusetzen ohne dessen Zustimmung. Handelt man anders, so geschieht das in tyrannischem Geist. Darum hat der Papst zur Forderung und Anordnung von Gebeten, Fasten, Schenkungen und all dem, was er in all seinen Dekreten, die so zahlreich wie verkehrt sind, fordert und anordnet, überhaupt kein Recht und er sündigt wider die Freiheit der Kirche, sooft er etwas Derartiges versucht. Daher kommt's, daß die heutigen Kirchenmänner gewiß eifrige Hüter der kirchlichen Freiheit, d. h. von Stein und Holz, Äckern und Steuern[163] sind – diese Dinge versteht

163 *Gemeint ist der kirchliche Gebäude- und Grundbesitz.*

man ja in der heutigen Kirche unter »geistlichen« Gütern –; aber eben mit diesem falschen Anspruch fesseln sie nicht bloß die wahre Freiheit der Kirche, sondern treten sie ganz und gar zu Boden, mehr noch als der Türke, im Widerspruch zum Apostel, der (1 Kor 7, 23) sagt: »Werdet nicht der Menschen Knechte!« Denn das heißt in Wahrheit der Menschen Knechte werden, wenn man deren Anordnungen und tyrannischen Gesetzen unterworfen wird. ...

Weil so wenige diese Herrlichkeit der Taufe und Seligkeit der christlichen Freiheit kennen, auch wegen des Papstes Tyrannei gar nicht zu erkennen vermögen, so entbinde ich mich hiermit selbst und befreie mein Gewissen und klage wider den Papst und alle Papisten: Wenn sie nicht ihre eigenen Rechtssatzungen und Überlieferungen aufheben und den Gemeinden Christi ihre Freiheit zurückgeben und schaffen, daß man solche Freiheit lehren darf, so sind sie schuldig aller derer Seelen, die in dieser elenden Gefangenschaft zugrundegehen, und ist das Papsttum in Wahrheit nichts anderes als das Reich Babels und des wahrhaftigen Antichrists. ...[164]

3 Das Bußsakrament ist von der Kirche seines Trostes beraubt

Das erste und Hauptübel bei diesem Sakrament ist, daß sie das Sakrament selbst vollkommen abgeschafft haben, ohne daß auch nur eine Spur von ihm zurückgeblieben wäre. Denn während es, wie auch die beiden andern, auf dem Wort der göttlichen Verheißung und auf unserem Glauben steht, haben sie beides umgestürzt. ... Denn in all ihren Büchern, in ihrer wissenschaftlichen Arbeit, in ihren Predigten ging es ihnen nicht darum, zu lehren, was den Christen in diesen Worten[165] verheißen ist, was sie glauben dürfen, welch großen Trost sie haben, sondern [darzutun], wie weit, lang und tief sie selbst ihre gewalttätige Herrschaft ausüben. Das ging so weit, daß etliche angefangen haben, sogar den Engeln im Himmel Befehle zu geben und sich in einer unglaublichen und ganz rasenden Gottlosigkeit rühmen, sie hätten in diesen Worten das Recht zur himmlischen und irdischen Herrschaft empfangen. ...

... Wenn Christus sagt: Was du [auf Erden] binden wirst usw., so ruft er damit den Glauben des Reuigen hervor. Er soll durch dieses Wort der Verheißung dessen gewiß sein, er sei wirklich im Himmel losgesprochen, wenn er als Glaubender die Lossprechung empfängt.

164 *Was Luther weiter unter diesem Thema der uns durch die Taufe geschenkten Freiheit gegen die kirchlichen Gelübde zu sagen hat, ist breiter und noch schärfer dargelegt in der Schrift »Von den Mönchsgelübden«.*

165 *Luther erwähnt im Text Matthäus 16,19; 18,18; Johannes 20,23.*

Hier ist überhaupt nicht die Rede von einer Machtvollkommenheit, sondern von einer Dienstleistung dessen, der losspricht. ...

... Übrigens sollte man Sakramente im engeren Sinne nur diejenigen Verheißungen nennen, die mit Zeichen verbunden sind. Die übrigen, da sie nicht mit Zeichen verbunden sind, sind einfache Verheißungen. Daraus folgt, daß es – wenn wir es mit dem Sprachgebrauch genau nehmen – in der Kirche Gottes nur zwei Sakramente gibt, die Taufe und das Brotbrechen, da wir bei diesen allein das von Gott gestiftete Zeichen *und* die Verheißung der Sündenvergebung finden. Denn das Bußsakrament, das ich diesen beiden zugezählt habe, entbehrt des sichtbaren und von Gott gestifteten Zeichens und ist, wie ich sagte, nichts anderes als der Weg und die Rückkehr zur Taufe. ...

II: Die Entthronung der vier unechten Sakramente

1 Die Firmung als Heiligung der Kinder durch Wort und Gebet

... Will man ein Sakrament feststellen, so ist vor allem andern ein Wort göttlicher Verheißung erforderlich, durch welches der Glaube geübt werden soll. Allein wir lesen nichts davon, daß Christus irgendwo im Blick auf die Firmung eine Verheißung gegeben hätte, mag er selbst auch vielen die Hände aufgelegt haben. ... Deshalb genügt es, die Firmung als kirchlichen Brauch oder als eine sakramentsähnliche Zeremonie zu betrachten. ...

2 Die Ehe als die von Gott eingesetzte Lebensform der Geschlechter

... Mag ... die Ehe ein Bild Christi und der Kirche sein (Eph 5, 31 f), – ein von Gott eingesetztes Sakrament aber ist sie nicht. Sie ist als solches vielmehr in der Kirche von Menschen erfunden, die durch ihre Unkenntnis der Sache wie des Wortes [der Schrift] in die Irre geführt waren. Da diese Unkenntnis [jedoch] dem Glauben nicht entgegensteht, muß man sie in der Liebe tragen, wie man auch sonst noch vielerlei, um was Schwäche und Unkenntnis eifern, in der Kirche erträgt, solange es dem Glauben und der göttlichen Schrift nicht entgegensteht. ...

Soviel über die Ehe selbst. Was sollen wir aber sagen über die gottlosen Menschensatzungen, in welche diese von Gott eingesetzte Lebensform verstrickt ist und [von denen sie] auf- und abgeschleudert wurde? Lieber Gott, mir graut davor, einzugehen auf die leichtfertige Art der römischen Tyrannen, die so sehr nach ihrer Willkür die Ehen zerreißen und wieder zusammenzwingen. ... Was heißt »heiraten verbieten« (1 Tim 4, 1 ff), wenn das nicht verbieten heißt, so viel Ehehindernisse zu erdichten und Fallstricke zu legen, daß sie nicht zusammenkommen können, und, wenn sie zusammen sind, die Ehen wieder aufzulösen? Wer hat Menschen solche Gewalt gegeben? ...

Es gibt heute nichts an [Ehe]hindernissen, das nicht mit des Mammons Hilfe gesetzlich werden könnte, so daß diese Menschensatzungen aus keiner andern Ursache entstanden zu sein scheinen, als um einmal geizigen Menschen und räuberischen Nimroden als Geldfangnetz und Fallstrick der Seelen zu dienen. ...

3 Die Priesterweihe als Bestellung zum Dienst an der Gemeinde

Von diesem Sakrament weiß die Kirche Christi nichts. Es ist von der Papstkirche erfunden worden. Es fehlt ihm ja nicht nur die Verheißung der Gnade, die irgendwo vorhanden wäre; das ganze Neue Testament erwähnt es auch nicht mit einer Silbe. ...

... Das Sakrament der Priesterweihe (– im römischen Verstande –) war und ist das herrlichste Werkzeug, um alle Ungeheuerlichkeiten, die bisher in der Kirche geschehen sind und noch geschehen, im Schwang zu halten: da ging die christliche Bruderschaft unter; da wurden aus Hirten Wölfe, aus Knechten Tyrannen, aus Geistlichen mehr als Weltliche. Wenn man sie zwänge, dem Raum zu geben, daß wir – wie wir es in Wahrheit sind (1 Petr 2, 9) – alle gleichermaßen Priester sind, soviel unser getauft sind, und wenn ihnen bloß der Dienst, jedoch mit unserer Zustimmung, übertragen bliebe, so müßten sie zugleich wissen, daß ihnen keinerlei Herrschaftsrecht über uns zusteht, ausgenommen dasjenige, das wir freiwillig zugestehen würden. ...

4 Die letzte Ölung als Fürbitte für Kranke und Sünder

Diesem Brauch, die Kranken zu salben (Jak 5, 14 f), haben unsere Theologen zwei Punkte hinzugefügt, die ihrer würdig sind. Erstens nennen sie es ein Sakrament. Zweitens handhaben sie [diese Ölung] als letzte. ...

... Wir werden sie jedoch unter diejenigen »Sakramente« zählen, welche *wir* eingesetzt haben wie die Salz- und Wasserweihe und die Besprengung. Wir können dabei nicht bestreiten, daß jede Kreatur durch Wort und Gebet geheiligt wird ..., ebensowenig leugnen wir, daß durch die letzte Ölung Vergebung und Friede gegeben wird, nicht weil es ein von Gott eingesetztes Sakrament wäre, sondern weil der Empfänger glaubt, ihm geschehe also. ...

Schluß: Auch der Bann aus Rom wird Luther nicht zum Widerruf bringen

Ich höre das Gerücht, daß man von neuem päpstliche Bullen und Flüche gegen mich bereit hat, durch die ich zum Widerruf gedrängt oder zum Ketzer erklärt werden soll. Ist das wahr, so soll dieses Büchlein ein Teil meines künftigen Widerrufs sein, damit die Tyrannen sich nicht beklagen können, sie hätten umsonst geschnaubt. Das übrige will ich, wenn Christus gnädig ist, nächstens an den Tag geben in einer Form, wie der römische Stuhl bis heute noch nichts gesehen noch gehört hat, und um meine Untertänigkeit überflüssig zu beweisen. Im Namen unseres Herrn Jesus Christus, Amen.

Was fürcht'st du, Feind Herodes, sehr,
daß uns besucht hat Christ, der Herr?
Er sucht kein sterblich Königreich,
der zu uns bringt sein Himmelreich.[166]

Bis zur Verbrennung der Bannbulle

Man hat nach dem Mißerfolg in der Kaiserwahl in Rom wieder Zeit, sich dem im Jahre 1519 fast ganz steckengebliebenen Prozesse Luthers zuzuwenden. Am 9. Januar 1520 beschließt das unter Vorsitz des Papstes tagende Kardinalskollegium die Wiederaufnahme des Prozesses gegen Luther, gegen seine Anhänger, gegen den Kurfürsten. In der Kommission, welche die Bulle gegen Luther vorbereiten soll, sucht Cajetan mildernd zu wirken, allein *Eck*, der angebliche Sieger von Leipzig, seit März 1520 in Rom, setzt leidenschaftlich seinen Einfluß ein, um Luther zu verderben. Anfang Mai wird der unter Ecks maßgeblicher Mitwirkung zustande gekommene Entwurf der Bulle dem Papst vorgelegt, der sich eben auf einem Jagdschloß befindet, und am 15. Juni 1520 wird die *Bannandrohungsbulle* »Exsurge Domine« in der päpstlichen Kanzlei ausgefertigt.

Die Bulle beginnt mit den Worten des 74. Psalms: »Mache dich auf, Herr, und richte deine Sache ...!« und klagt, der Weinberg des Herrn sei »von wilden Säuen zerwühlt« (Ps 80, 14). Sodann folgen 41, in den Schriften »eines gewissen Martin Luther« enthaltene Sätze, durchaus nicht die schlimmsten Ketzereien Luthers enthaltend, teils nebensächlicher Art, teils aus dem Zusammenhang gerissen, Sätze, die ohne Versuch einer schriftgemäßen Widerlegung in Bausch und Bogen verdammt werden. Kein katholischer Christ, Kaiser, Könige und Fürsten eingeschlossen, darf Luthers Schriften lesen, er muß vielmehr für deren Verbrennung sorgen. Wäre Luther, sagt die Bulle ferner, rechtzeitig nach Rom gekommen, wie ihm nahegelegt worden, so hätte er erkannt, daß die Päpste nie geirrt haben. Aber auch jetzt noch hat der Papst trotz aller ihm von Luther angetanen Schmach Geduld: wider-

166 *Vers aus einem altkirchlichen Hymnus, von Luther später deutsch nachgedichtet.*

ruft Luther innerhalb von 60 Tagen nach dem öffentlichen Anschlag der Bulle und gibt er der Kurie davon persönlich oder urkundlich Kenntnis, so wird ihn der Papst wieder in den Schoß der Kirche aufnehmen. Widerruft er nicht, so verfällt er dem Bann.

Vor der Ausfertigung der Bulle hat man von Rom aus nochmals einen Schritt gegen den Kurfürsten unternommen. Der Kurfürst erhält von dem greisen Kardinal Riario und dem Mainzer Geschäftsträger in Rom, Valentin von Tetleben, ein drohendes Ultimatum, er müsse Luther zum Widerruf zwingen. Auf Luthers Rat (1) entzog sich der Kurfürst dieser Forderung durch den Hinweis auf seine Neutralität und Luthers Bereitschaft, sich einem unverdächtigen Schiedsgerichte zu stellen; Luther rät sogar, den Gegner auf Böhmen hinzuweisen und zu fragen, ob man mit aller Gewalt aus Deutschland ein zweites Böhmen machen wolle (2).

Der Stein ist im Rollen. In demselben Sommer 1520, in dem nacheinander Luthers gewaltige Kampfschriften entstehen, werden zur Bekanntmachung und Vollstreckung der Bulle zwei Männer nach Deutschland und in die Niederlande gesandt; der eine ist *Eck*, päpstlicher Protonotar und Nuntius, der andere der kluge und scharfsinnige Bibliothekar des Papstes, Hieronymus *Aleander*.[167] Allein während es dem gewandten Aleander gelingt, den jungen Kaiser für seine Pläne zu gewinnen und die Bulle in den Niederlanden zu vollstrecken, hat Eck kein Glück mehr. Wohl wird die Bulle in Meißen, Merseburg und Brandenburg angeschlagen, allein in Leipzig, der Stadt seiner »Triumphe« über Luther, kommt es zu Studentenunruhen, in anderen Städten, so in Wittenberg, wird Eck ohne weiteres abgewiesen; die Humanisten lachen ihn aus, überall unterscheidet man zwischen dem Papst und ihm und zweifelt die Echtheit der Bulle an.

Hat der Papst keinen Gesandten, der das erregte Deutschland besser zu behandeln versteht? Ist nicht noch *Miltitz* da, dessen Auftrag ja noch nicht zurückgezogen ist und der Ecks Auftreten gereizt als törichte Störung seiner Vermittlungsaktion ansieht? In der Tat bringt es Miltitz fertig, Luther nochmals zu einer Zusammenkunft am 11. und 12. Oktober in dem Antoniterkloster *Lichtenberg*, halbwegs zwischen Wittenberg und Leipzig, zu bewegen. Luther hat inzwischen die Bulle zu Gesicht bekommen, ist aber auch jetzt noch entschlossen, wie er an

167 Hieronymus Aleander (1480–1542) trat nach wechselvollen Schicksalen – er war Sekretär des berüchtigten Cäsar Borgia, Rektor der Universität Paris und Kanzler des Fürstbischofs von Lüttich – als Bibliothekar in den Dienst Leos X. Später wurde er als Erzbischof und Kardinal von den Päpsten oft zu Sondergesandtschaften verwendet.

Spalatin schreibt (3), den Papst aus dem Spiel zu lassen und Eck allein für das Lügenmachwerk der Bulle verantwortlich zu machen. Ja, er erklärt sich in Lichtenberg bereit, nochmals einen Brief an den Papst und eine kleine Schrift für ihn zu schreiben; er soll darin seine bisherige Geschichte darlegen und versichern, er habe den Papst nie persönlich angreifen wollen. So schreibt Luther zugleich deutsch und lateinisch den *»Sendbrief an den Papst Leo X.«* und das Büchlein *»Von der Freiheit eines Christenmenschen«*, beide im November 1520 erschienen. Allein was ist unter Luthers Händen aus dem von Miltitz so klug eingefädelten Plane der Wiederanknüpfung der zerstörten Beziehungen geworden! Luther versichert zwar den Papst seiner persönlichen Achtung und bedauert ihn als unter die Wölfe gefallenes Schaf, aber er spricht rücksichtslos aus, daß das Ende des römischen Stuhls gekommen sei und daß er nur unter der Bedingung völliger Freiheit der Schrift und seiner Lehre widerrufen könne (4). Und in der Schrift zeigt er dem Papst, ohne mit einem Wort auf die schwebende Auseinandersetzung einzugehen, daß die wahre Freiheit der Kinder Gottes auf dem Evangelium ruht. In klassischer Zusammenfassung der evangelischen Lehre wird – gegenüber einer Kirche, die, zur Welt geworden, die Welt regieren will – deutlich, daß Christus die Gläubigen, die Teilhaber an seinem Königtum und Priestertum, frei macht vom Werk, vom Gesetz, von der Welt und ihren Mächten und sie eben damit allen Dingen untertan macht, um in der Welt, im Fleische, dem Nächsten gegenüber das neue Gesetz Christi, die Liebe, zu erfüllen. Es zieht sich durch die ganze Schrift *eine* nicht ausgesprochene Frage hindurch: Muß wirklich *diese* Lehre, die nichts anderes enthält als das Evangelium, als bösartige Ketzerei, als Ausgeburt der Hölle verdammt werden?

Zweimal ruft Luther im November 1520 die gefallene Kirche zur Umkehr auf. Zunächst in seiner lateinischen Schrift *»Gegen die fluchwürdige Bulle des Antichrist«*, die er am 4. November mit einem Begleitbrief (5) Spalatin zuschickt und in welcher er Papst, Kardinäle und die ganze Kurie, falls sie wirklich für die Bulle verantwortlich sind, zur Buße und zum Ablassen von ihren teuflischen Gotteslästerungen auffordert und ankündigt, daß *er sie*, wenn sie bei ihrer Raserei beharren, verdammen und sie samt der Bulle nach 1. Kor 5, 5 dem Satan übergeben werde zum Verderben des Fleisches, damit ihr Geist selig werde am Tage Jesu Christi. Zum andern erneuert Luther seine schon im Jahre 1518 (s. o. S. 123) vollzogene Appellation an ein *Konzil*, indem er am 17. November in öffentlicher Urkunde Kaiser und Reich, Fürsten und Städte auffordert, sich um der Ehre Gottes, des Schutzes der christlichen Kirche und der Erhaltung freier Konzilien willen seiner Appellation anzuschließen und dem frevelhaften Beginnen des Papstes Widerstand zu leisten.

Der Kaiser hört freilich Luthers Appell nicht. Er hat schon im September auf Aleanders Betreiben die neue Ketzerei in seinen burgundischen Erblanden verboten. Im Oktober werden in Löwen und Lüttich Luthers Bücher verbrannt. In Deutschland ist freilich die Lage schwieriger. Die Kölner Humanisten empfangen Aleander mit Schmähschriften. Der Kurfürst von Sachsen, den Aleander auf der Heimreise von der Aachener Kaiserkrönung in Köln abfängt, weigert sich, Luthers Bücher zu verbrennen und Luther auszuliefern. Mühsam gelingt es Aleander, in Köln und Mainz eine Bücherverbrennung durchzusetzen, wobei freilich beidemal lutherische Studenten dafür sorgen, daß mehr Altpapier als Lutherbücher verbrannt wird. Aber die Verbrennungen machen doch auch in Deutschland Eindruck. Der Bann ist immer noch eine furchtbare Waffe. Auch die Staatsmänner, Rechtskundigen und Gelehrten, welche die Durchführung der Bulle praktisch verzögern oder verweigern, denken nicht daran, den Boden des bestehenden Rechts zu verlassen und die Bulle grundsätzlich abzulehnen. Die Lage ist denkbar ungeklärt und unsicher.

Da tut Luther den Schritt, den er schon am 10. Juli 1520 Spalatin angekündigt hat (2). Am Morgen des 10. Dezember lesen die Wittenberger Studenten an der Türe der Pfarrkirche einen Anschlag von Melanchthons Hand, in dem sie eingeladen werden, sich um 9 Uhr vor der Stadtmauer bei der Heiligkreuzkirche einzufinden und der *Verbrennung* der gottlosen Bücher des päpstlichen Rechts und der scholastischen Theologie anzuwohnen. Zur genannten Stunde drängen sich Studenten und Professoren um einen brennenden Scheiterhaufen; die Werke des päpstlichen Kirchenrechts und einige scholastische Bücher werden ins Feuer geworfen. Dann tritt Luther, zitternd und betend, hinzu und wirft mit den fast unhörbar gesprochenen Worten: »Weil du den Heiligen Gottes verderbt hast, deshalb verderbe dich das ewige Feuer«[168] ein dünnes Heft ins Feuer – wie die Anwesenden erst am nächsten Morgen erfahren, die Bannbulle. Noch am selben Tage

168 Luthers Ausspruch in dieser Form ist eine Zusammenfassung von drei Bibelstellen (Jos 7,25; Mk 1,24 und Apgesch 2,27). Nach anderer Überlieferung sagte Luther: »Weil du die Wahrheit Gottes verderbt hast, verderbe er auch dich in diesem Feuer!« Bei dem durch und durch christologisch bestimmten Denken Luthers ist die erste Version wahrscheinlicher; man vergleiche dazu auch den Brief an Spalatin vom 11. Oktober 1520 (Seite 189): »Ihr seht, daß in ihr Christus selbst verdammt wird . . .« Hinter der Bulle sieht Luther die bösen Geister am Werk, die sich gegen Christus auflehnen.

hat Luther Spalatin einen kurzen Bericht über die Verbrennung geschrieben (6). Außer ihm ahnt wohl keiner der Teilnehmer die Tragweite dieses Schritts. Er selbst aber weiß, wie er am nächsten Morgen seinen Hörern sagt, daß auf alle, die zu diesem Schritt stehen, entweder die Hölle oder das Martyrium wartet: die Hölle, wenn sie den Kampf gegen den Antichrist unterlassen, das Martyrium, wenn sie diesen Kampf aufnehmen. Er ahnt, was es bedeutet, daß er im Namen Gottes Hand an die gesamte geistliche und damit auch an die Rechtsordnung seiner Zeit gelegt hat. Durch die Rechtsgelehrten geht ein Schrecken hindurch; Luthers berühmter Wittenberger Kollege, Henning Göde, ruft aus: »Wessen unterfängt sich dieser räudige Mönch?« und spricht damit seinem Stande aus der Seele. Auch Luthers Freunden am Hofe und unter den Rechtskundigen ist durch sein Vorgehen der Boden unter den Füßen weggezogen.

Unmittelbar nach der Verbrennung der Bulle hat Luther sein Handeln öffentlich gerechtfertigt in der Flugschrift *»Warum des Papsts und seiner Jünger Bücher verbrannt sind«*. Es geht ihm wie in seinem ganzen bisherigen Kampfe um die *Wahrung der Ehre Gottes*. Das geistliche Recht entbindet den Papst vom Gehorsam gegen Gottes Gebot und gesteht ihm die Herrschaft über alles Recht zu. Das geistliche Recht gibt dem Papst eine unumschränkte Gewalt über alle irdische Obrigkeit. Das geistliche Recht macht den Papst zum alleinigen Herrn über die Kirche, Konzilien und Bischöfe, über alle kirchliche Ordnung, über Gewissen und Seligkeit der Gläubigen, über Eide, Gelübde und Heilige Schrift. Das geistliche Recht, wirksam unterstützt von einer auf denselben Voraussetzungen ruhenden und dieselben Ziele verfolgenden Theologie, ist also das vornehmste Mittel geworden, Gott seiner Herrschaft zu berauben und an seine Stelle den Papst, die Kirche, den Menschen zu setzen. Im Tempel Gottes sitzt nicht mehr ER, sondern der Widersacher. Das Geheimnis der Bosheit ist offenbar geworden. Dieser Offenbarung setzt Luther die echte Offenbarung Gottes in der Schrift gegenüber. Das *Wort* allein – ohne menschlich-gewalttätiges Nachhelfen – ist stark genug, dem Feinde entgegenzuwirken und ihn zu schlagen.

1 *Abwehr römischer Vorwürfe gegen Luthers Person · Brief aus Wittenberg an Hofprediger Georg Spalatin vom 9. Juli 1520*

Gruß zuvor! Ich habe die Briefe aus Rom,[169] lieber Spalatin, gelesen, und zwar stumm, in tiefer Betrübnis, bei so bedeutenden Häup-

169 Der Kurfürst hatte am 6. Juli 1520 die beiden Briefe aus Rom, von Kardinal Raffael Riario und von Valentin von Tetleben, dem Mainzischen

tern der Kirche ein solches Maß von Stumpfsinn und Gottlosigkeit zu finden. Sie sind, wie ich fürchte, durch das Gewissen und durch das Licht der Wahrheit so verstört worden, daß sie keines klaren Urteils mehr fähig sind. Sie verdammen meine Schriften, und gleichzeitig gestehen sie ihnen Geist und wissenschaftliche Bildung zu; dann heißt es wieder, sie hätten sie nicht gelesen und begehrten sie auch nicht zu lesen! Der Herr erbarme sich unser aller!

Allerdings – was kann nun gerade ich unsrem besten Kurfürsten raten zu antworten? Darum schreibe ich lieber an Euch. Einmal: Ihr wißt, mit wieviel gerechterem Grund ich Klage führen könnte als sie. Das können meine veröffentlichten Schriften bezeugen, in denen ich oft genug bekenne und klage, daß ich in diese Sache nicht aus Willkür hineingeraten, sondern mit Gewalt hineingezerrt worden bin. Sodann: ich habe mich oft genug zum Frieden und Stillschweigen bereit erklärt. Und wo ringe ich nicht flehentlich, fast wie ein Erpresser, um bessere Belehrung? Bis zum heutigen Tag ist es meine Absicht zu schweigen, wenn ich schweigen darf, d. h. wenn jene ebenfalls im Zaum gehalten werden.

Jedermann weiß, daß Eck mich aus keinem andern Grunde in die Sache mit dem Papst hineingezogen hat, als um mich, meinen guten Namen, all meine Schriften, ja überhaupt unsre Universität zum Gespött zu machen und mit Füßen zu treten. Und nun, da sie sehen, daß ich dem Kerl mit Gottes Hilfe widerstehe, bezichtigen sie mich unsinniger Ehrsucht! Was soll ich elender Mensch Ehre suchen, der ich doch keinen andern Wunsch habe, als in aller Stille und Verborgenheit abseits von der Öffentlichkeit leben zu dürfen? Mein Amt mag haben, wer will, meine Bücher mag verbrennen, wer will, ich bitte Euch – kann ich noch mehr tun? Das erkläre ich aber gleichzeitig: Solange ich nicht freigelassen werde *von* dem Lehramt und der Wortverwaltung, werde ich doch wenigstens frei sein *in* Ausübung meines Dienstes. Ich bin schon genug mit Sünden beladen; nun will ich nicht auch noch die Todsünde auf mich laden, daß ich als beauftragter Diener [am Wort] meinen Dienst versäume und schuldig erfunden werde eines frevelhaften Stillschweigens, der Vernachlässigung der Wahrheit und so vieler tausend Seelen! Mag sich der Kardinal rühmen, seine Kirche bedürfe keiner Verteidigung, – warum verteidigt er sie denn?

Ich bin ganz damit einverstanden, wenn unser erlauchter Kurfürst sich auch weiterhin, wie er es bisher tat, von meiner Sache fernhält

Geschäftsträger in Rom, empfangen und durch Spalatin an Luther zur Stellungnahme übersenden lassen.

und mich öffentlich preisgibt als einen Menschen, der eines Besseren belehrt und überführt werden müsse; er selber aber könne die Rolle des Belehrenden nicht übernehmen, Richter und Urteilsvollstrecker aber wolle er nicht sein, ehe nicht ein [endgültiges] Urteil abgegeben und aufgesetzt sei; er sehe auch nicht ein, wie er ohne Kenntnis des Falls – auf den jene ja mit keiner Silbe eingehen – jemand strafen könne, als hätte er es mit einem Türken oder Juden zu tun; es sei denn, daß die Römlinge wollen, er solle Menschen mehr als Gott gehorchen und gegen jemand vorgehen, von dessen Schuld oder Unschuld er nichts wisse; so etwas könne man nicht mit unverletztem Gewissen tun und zu einem solchen Gewissen könne man einen auch nicht durch irgendwelche Gebote zwingen, nicht einmal durch »göttliche«.

Sie sollen doch Sylvester, Eck, Cajetan und die andern strafen, die ohne jeden Grund zu ihrer eigenen Ehre diese Tragödie über die römische Kirche heraufbeschworen haben: Ich bin unschuldig. Was ich tat und was ich tue, geschieht unter einem Muß; ich bin jederzeit bereit, stillzuhalten, nur die Wahrheit des Evangeliums sollen sie nicht zum Stillhalten zwingen. Es gibt nichts, was sie von mir nicht erlangen werden, ja sie werden alles freiwillig bekommen, wenn sie nur den Christen den Weg zur Seligkeit frei lassen. Dies ist das einzige, was ich meinerseits von ihnen begehre, sonst nichts; gibt es noch einen bescheideneren Wunsch? Ich will keinen Kardinalshut, kein Gold, nichts, was zur Zeit in Rom hoch im Kurs steht. Oder, wenn ich das nicht erwirken kann, sollen sie mir mein Amt nehmen und mich in einem Wüstenwinkel leben und sterben lassen.

Ich Unglücklicher übe mein Lehramt gegen meinen eigenen Willen aus; doch muß ich zugleich dafür Böses leiden, während andere gern lehren und dafür noch geehrt werden. Ich bin in dieser Verfassung ganz und gar nicht willens, mich durch Drohungen einschüchtern oder durch Versprechungen beschwichtigen zu lassen. Oder verlangt man, ich sollte Furcht oder Hoffnung meinem Geist gewaltsam einprägen oder wenigstens äußerlich erheucheln?

Nun habt Ihr meine Meinung. Ich hoffe nur, unser erlauchter Kurfürst werde so schreiben, daß die Kirchenhäupter in Rom merken, Deutschland sei bis heute zu Boden gedrückt worden nicht durch seine eigene, sondern durch die Roheit der Italiener; so wolle es Gottes verborgener Ratschluß. Lebt wohl! Beigeschlossen erhaltet Ihr alles zurück, wie Ihr es schicktet.

Am Tag nach Kilian, 1520. Martin Luther.

Br 2,134,6 ff

2 Drohung, das kirchliche Rechtsbuch zu verbrennen · Aus einem Brief aus Wittenberg an Hofprediger Georg Spalatin vom 10. Juli 1520

...[170] Was mich angeht, so sind die Würfel gefallen. Roms Haß und Gunst verachte ich. Ich will nie und nimmer Versöhnung oder Gemeinschaft mit ihnen. Mögen sie meine Schriften verdammen und verbrennen, – ich meinerseits werde das ganze päpstliche Recht, diese vielköpfige Schlange von Ketzereien, verdammen, wenn ich es nicht verbrennen kann, oder aber öffentlich verbrennen. Dann hat jene zur Schau getragene und bisher umsonst beobachtete Demut ein Ende; ich will nicht, daß die Feinde des Evangeliums durch sie noch aufgeblasener werden!

Je mehr ich über den Brief des Kardinals von St. Georg[171] nachdenke, desto mehr verachte ich die Leute, die sich vor lauter Feigheit und bösem Gewissen drehen und winden und dabei gleichsam mit dem letzten Atemzug [immer noch] grimmige Wut vortäuschen. Sie wollen ihre Torheit mit Gewaltmitteln verteidigen und haben doch Angst, es könnte nicht so gut ausgehen wie gestern und vorgestern. Der Herr aber, der mich als schändlichsten Sünder kennt, wird seine Sache vollenden, sei's durch mich oder durch einen andern. Daran zweifle ich nicht. Lebt wohl.

Wittenberg, 10. Juli 1520. Martin Luther, Augustiner.

Wie wär's, wenn der Kurfürst noch folgendes hinzufügte: Die lutherische Lehre sei in Deutschland und darüber hinaus schon so weit ausgebreitet und tief verwurzelt, daß die Römlinge fürchten müßten, aus Deutschland ein zweites Böhmen zu machen, wenn sie die neue Lehre nicht mit Gründen der Vernunft und der Schrift, sondern mit Gewalt und Zensur überwinden wollten. Die Deutschen sind nun einmal, wie sie wohl wüßten, trotzigen Gemütes; wenn sie nicht durch Gründe der Schrift und der Vernunft gefangen sind, ist es nicht ungefährlich, sie – selbst durch viele Päpste – zu reizen, zumal gegenwärtig, wo in Deutschland Wissenschaften und Sprachen regieren und auch die Laien etwas zu verstehen anfangen. Deshalb wolle er dem pflichtgemäß als christlicher Fürst zuvorkommen, und er warne sie, sich in leichtsinnigem Pochen auf ihre Kraft und ohne vorherige klare Überlegung in eine Sache einzulassen; sie würden sonst eine unüberwindliche Empörung gegen sich entfesseln. Das sollte meiner Meinung

170 Der erste Teil des Briefes enthält u. a. die Nachricht, daß Luther einen Brief des fränkischen Ritters Sylvester von Schauenburg erhalten hat und Rom gegenüber drohen will, er werde sich unter den Schutz der Ritter begeben.

171 Gemeint ist Kardinal Riario; vgl. Seite 182 und 185, Anmerkung 169.

nach genügen, um diese unwissenden und feigen Römlinge in größte Angst zu jagen. Doch liegt die Entscheidung hierüber wie auch sonst bei Euch. *Br 2,137,25 ff*

3 Die Ankunft der römischen Bulle · Aus einem Brief aus Wittenberg an Hofprediger Georg Spalatin vom 11. Oktober 1520

Gruß zuvor! Endlich ist die römische Bulle angekommen, die Eck mitgebracht hat! Unsre Freunde schreiben an den Kurfürsten ausführlich darüber. Ich verachte sie und bekämpfe sie bereits als gottlos, lügnerisch und in allen Stücken Ecks würdig. Ihr seht, daß in ihr *Christus selbst verdammt* wird, weiterhin daß keinerlei Begründung beigebracht wird, endlich daß ich nicht zu einem Verhör, sondern zum Widerruf aufgefordert werde. Erkennet daraus, daß sie [in Rom] voll Wut, mit Blindheit und Tollheit geschlagen sind und weder sehen noch denken wollen. Ich will aber immer noch den Namen des Papstes aus dem Spiel lassen und gegen die Bulle als unechtes Lügenmachwerk vorgehen, obwohl ich überzeugt bin, daß sie echt und ihr [geistiges] Eigentum ist. Wenn doch [Kaiser] Karl ein Mann wäre und für Christi Sache gegen diese Teufel kämpfte! Für mich selbst fürchte ich nichts; es geschehe, was Gott will! Was der Kurfürst tun soll, weiß ich auch nicht; sie einfach mit Stillschweigen zu übergehen, schiene mir in diesem Falle das beste. Denn in Leipzig und überall ist Eck mit seiner Bulle beispiellos verachtet; daher fürchte ich, die Bulle möchte etwa durch unsre eigene übertriebene Sorge und Unruhe Geltung erlangen, während sie, sich selbst überlassen, leicht Fiasko macht und einschläft. Ich lasse Euch ein Exemplar[172] zugehen, damit ihr die römischen Ungeheuerlichkeiten erkennen möget. Gelangen sie zur Herrschaft, so ist's um Glauben und Kirche geschehen.

Ich freue mich aber von ganzem Herzen, daß ich für die beste Sache [der Welt] Übles leiden muß; dieser heiligen Trübsal bin ich gar nicht wert. Ich weiß mich schon viel freier, seit ich endlich die Gewißheit habe, daß der Papst der *Antichrist* ist und sich offensichtlich als ein Wohnsitz des Teufels erwiesen hat. Gott möge nur die Seinen bewahren, daß sie durch den Anblick seines gottlosen Wesens nicht verführt werden!

Erasmus schreibt, der kaiserliche Hof sei von machtgierigen Bettelmönchen[173] geradezu belagert; auf Karl sei keine Hoffnung zu setzen. Verwunderlich ist das nicht: »Verlasset euch nicht auf Fürsten; sie sind Menschen, die können ja nicht helfen« (Ps 146, 3).

172 *Wohl eine Abschrift.*

173 *Z. B. der Beichtvater Karls V., Johannes Glapio, ein Franziskaner.*

Ich bin in dieser Stunde im Begriff, nach Lichtenberg zu gehen, um mich – auf Befehl des Kurfürsten – nochmals Karl von Miltitz zu stellen, obwohl der Präzeptor[174] es nicht haben will, da er weiß nicht was befürchtet. Lebt wohl und betet für mich! Ich werde meine Appellation erneuern[175] und nach dem Rat der Freunde tun, was zu tun ist, obwohl es mir lieber wäre, die Bulle nähme ihren Lauf wider mich. Aber es muß auch auf einige andere Rücksicht genommen werden.
Wittenberg, den 11.[176] Oktober 1520. Martin Luther, Augustiner.

Br 2,195,6 ff

4 a Luthers Achtung vor Papst Leo

Ich will aber frei und öffentlich das bekennen, daß mir nichts anderes bewußt ist, als daß ich, sooft ich Deiner Person gedacht habe, allezeit das Ehrenhafteste und Beste von Dir gesagt habe. Hätte ich dies irgend [einmal] nicht getan, so könnte ich selbst es keineswegs loben, sondern müßte das Urteil meiner Kläger mit voller Anerkennung bekräftigen und wollte nichts Lieberes als einen Gegenvers zu diesem meinem Frevel und meiner Bosheit singen und mein sträfliches Wort widerrufen. Ich habe Dich einen Daniel in Babylonien genannt, und wie ich Deine Unschuld so eifrig gegen Deinen Lästerer Sylvester beschützt habe, kann jeder, der es liest, mehr als genug verstehen.

Aus Luthers »Sendbrief an Papst Leo X.« WA 7,3,22 ff

4 b Das Ende des römischen Stuhls

Indessen sitzest Du, Heiliger Vater Leo, wie ein Schaf unter den Wölfen (Matth 10, 16) und wie Daniel unter den Löwen (Dan 6, 16 ff) und mit Hesekiel unter den Skorpionen (Hes 2, 6). Was vermagst Du als einzelner gegen so viel wilde Scheusale? Und wenn Dir auch drei oder vier gelehrte, fromme Kardinäle zufielen, was wäre das unter solchem Haufen? Ihr müßtet vorher durch Gift untergehen, ehe Ihr den Versuch machtet, der Sache zu helfen. Es ist aus mit dem Römischen Stuhl; Gottes *Zorn* hat ihn überfallen ohne Aufhören. Er ist den allgemeinen Konzilien feind; er will sich weder unterweisen noch reformieren lassen und vermag doch sein wütendes, unchristliches Wesen nicht zu verhindern. ...

Es wäre eigentlich Deine und der Kardinäle Aufgabe, diesem Jammer zu wehren; aber die Krankheit spottet der Arznei, Pferd und Wagen geben nichts auf den Fuhrmann. ...

Aus Luthers »Sendbrief an Papst Leo X.« WA 7,5,32 ff; 6,4 ff

174 *Wolfgang Reißenbusch, Präzeptor des Antoniterhauses zu Lichtenberg.*
175 *An ein künftiges allgemeines Konzil, vgl. oben Seite 183.*
176 *Luther schrieb im Brieftext fälschlich: den 13. Oktober.*

4 c Die evangelischen Bedingungen eines Widerrufs

So komme ich nun, Heiliger Vater Leo, und zu Deinen Füßen liegend bitte ich, Du wollest, wenn es möglich ist, Deine Hand dazu bieten, den Schmeichlern, die des Friedens Feinde sind und doch Frieden heucheln, einen Zaum anzulegen. Daraus aber, daß ich meine Lehre *widerrufen* sollte, – daraus wird nichts; das braucht sich auch niemand vorzunehmen, es sei denn, er wollte die Sache in eine noch größere Wirrnis hineintreiben. Sodann kann ich [menschliche] Regeln oder Maßstäbe für die Auslegung der Schrift nicht ertragen; denn das Wort Gottes, das alle Freiheit lehrt, soll und darf nicht gefangen sein. Bleiben mir diese zwei Stücke, so soll mir sonst nichts aufgelegt werden, das ich nicht mit aller Bereitwilligkeit tun und leiden wollte.

Aus Luthers »Sendbrief an Papst Leo X.« WA 7,9,25 ff

5 Scharfe Zurückweisung der gotteslästerlichen Bulle · Brief aus Wittenberg an Hofprediger Georg Spalatin vom 4. November 1520

Gruß zuvor! Auch ich bin erstaunt, lieber Spalatin, daß Ihr durch irgendwelche Zwischenfälle meine Briefe nicht erhieltet. Ich habe zweimal geschrieben und vernehme, daß nichts bei Euch ankam.

Es freut mich, daß Ihr endlich einmal die Nichtigkeit der deutschen Hoffnungen einsehet, damit Ihr lernet, Euch nicht auf Fürsten zu verlassen, und aufhöret, vom Urteil der Menschen abhängig zu sein, wie Ihr es bisher waret, – gleichviel, ob sie meine Sache loben oder verdammen. Wäre das Evangelium derart, daß es der Propaganda oder des Schutzes der Mächtigen der Welt bedürfte, so hätte es Gott nicht Fischern anvertraut. Nein, lieber Spalatin, es ist nicht Sache der Fürsten und der Priester der Welt, Gottes Wort zu schützen; aus dem Grunde bitte ich auch nicht um ihren Schutz, sie müssen vielmehr (nach Ps 2, 2) einander beistehen wider den Herrn und seinen Gesalbten. Was ich tue, tue ich vielmehr darum, daß sie durch den Dienst, den sie mir leisten, sich um das Wort Gottes verdient machen und durch das Wort gerettet werden. Es jammert mich freilich derer, die das Wort gehört und vernommen haben, denn sie können es nicht ohne das ewige Verderben verleugnen, verlassen, verhehlen, und wir haben dafür Sorge zu tragen, daß auch Ihr samt mir und vielen unserer Freunde nicht darunter erfunden werdet. Darum müssen wir um einen tapferen Geist bitten.

Es ist schwer, allen Päpsten und Fürsten widersprechen zu müssen. Aber es gibt keinen andern Weg, um der Hölle und dem Zorn Gottes zu entrinnen. Sehet darum zu, ob nicht diejenigen, die sich durch meine Heftigkeit abgestoßen fühlen, Leute sind, welche die Sache des Wortes geringschätzen und alle möglichen menschlichen Erwägungen anstellen. Wer einmal die Sache [des Evangeliums] nach ihrem wirklichen Wert ermißt, bei dem ist's nicht zu verwundern, wenn er in ein Geschrei aus vollem Halse ausbricht. Ich selbst würde, wenn Ihr nicht dergestalt drängen würdet, die ganze Sache Gott befehlen und keinen Schritt über die bisherigen hinaus tun; ich weiß ja, daß die Sache allein durch seinen Rat und Tat geführt werden muß.

Ich habe eine lateinische Gegenbulle herausgegeben, die ich mitsende; sie wird auch deutsch gedruckt.[177] Laßt es Euch bitte nicht anfechten, wenn sich manche darüber entrüsten, daß sie gegen »wohlüberlegte Anordnungen« eifere. Die Anordnungen des römischen Papstes, durch die Christus ausgetilgt und die Verleugnung des Glaubens geradezu befohlen wird, sind keine »wohlüberlegten Anordnungen«. Meine helle Empörung in der Sache zwang mich zur Kürze. So martert mich diese teuflische Bulle; fast wäre ich ganz in Schweigen versunken. Gibt es einen Teufel, der seit Anbeginn der Welt je so frech gegen Gott geredet hat? Was soll ich da noch sagen? Die Übermacht der entsetzlichsten Lästerungen in dieser Bulle überwältigt mich – und kein Mensch merkt es! Ganz und gar bin ich überzeugt davon, daß der Jüngste Tag vor der Tür steht, und das aus vielen und gewaltigen Beweisgründen. Das Reich des Antichrists geht seinem Ende entgegen! . . .[178] *Br 2,210,6 ff*

6 Die Verbrennung der Bannbulle und der päpstlichen Rechtsbücher · Aus einem Brief aus Wittenberg an Spalatin vom 10. Dezember 1520

Gruß zuvor! Am 10. Dezember des Jahres 1520 um 9 Uhr sind zu Wittenberg beim Osttor in der Nähe der Heiligkreuzkapelle alle Bücher des Papstes verbrannt worden: das Dekret, die Dekretalen, der Sextus, die Clementinen, die Extravaganten[179] und die neueste Bulle

177 Der Titel war »Adversus execrabilem Antichristi Bullam«, deutsch: »Wider die Bulle des Endchrists.«

178 Im zweiten Teil des Briefs berichtet Luther, daß Herzog Georg von Sachsen und der Bischof von Merseburg gegen ihn wüten; andrerseits hat der Bischof von Bamberg die Bulle abgelehnt, die Erfurter Studenten haben sie in Stücke zerrissen.

179 Diese Werke enthalten zusammen das gesamte Kirchenrecht der mittelalterlich-katholischen Kirche. Das »Decretum Gratiani« umfaßt den ersten Teil; ihm folgen die »Decretalen«, die offiziell anerkannten Sammlungen kirchlicher Rechtsvorschriften. Was Luther mit Decretalen bezeichnet, ist die unter Papst Gregor veranstaltete erste Sammlung, der sog. »Liber Extra«, dem als weitere Sammlungen der »Liber Sextus«, die Clementinen und die Extravaganten (vgl. Seite 120, Anmerkung 95) folgen.

Leos X., desgleichen die Summa angelica,[180] der Chrysopassus[181] von Eck und andere Schriften desselben Verfassers und Emsers,[182] sowie weiteres, das andere hinzufügten, damit die papistischen Brandstifter merken, es sei keine große Kraftleistung, Bücher zu verbrennen, die sie nicht widerlegen können... *Br 2,234,4 ff*

Der Reichstag zu Worms

Im Oktober 1520 ist *Karl V.*[183] in Aachen eingeritten, ein melancholisch dreinblickender, bleicher junger Herr. Er war bisher, fast anderthalb Jahre lang, durch spanische Händel und europäische Verwicklungen verhindert, sich den deutschen Angelegenheiten zuzuwenden. Nun wird er in Aachen zum deutschen König gekrönt und nimmt mit Zustimmung des Papstes den Titel eines erwählten römischen Kaisers an.

Schon im Dezember ist Karl in *Worms*, wohin sein erster Reichstag berufen worden ist. Am 28. Januar 1521 eröffnet er den deutschen Reichstag, völlig durchdrungen von seiner kaiserlichen Würde und von dem Gedanken, daß dem römischen Reiche keine andere Monarchie zu vergleichen sei. Der junge Kaiser sieht sich freilich vor eine Fülle verwickelter Aufgaben gestellt. Er hat sich zunächst mit dem Unabhängigkeitswillen der deutschen *Stände*, vor allem der Territorialfürsten auseinanderzusetzen, welche durch eine Wahlkapitulation

180 Eine Schrift des Angelus de Clavassio († 1495) über Beichtfragen, von Luther in der Schrift über die Babylonische Gefangenschaft der Kirche als »mehr als diabolisch« bezeichnet.

181 Ein 1514 erschienenes Werk Ecks über die Prädestination.

182 Hieronymus Emser, 1477–1527, Sekretär des Herzogs Georg von Sachsen in Dresden, stellte sich als Humanist in den Dienst der päpstlichen Sache. Luther schrieb 1519 gegen ihn die Schrift »An den Emserschen Steinbock« (der Titel bezog sich auf Emsers Wappen).

183 Karl V., 1500–1558, Enkel des Kaisers Maximilian, Sohn Erzherzog Philipps von Österreich und der spanischen Königstochter Johanna, in den Niederlanden streng kirchlich erzogen, 1506 Herr der Niederlande, 1516 König von Spanien, Neapel und Sizilien, als Erbe Maximilians Herr auch der österreichischen Herzogtümer, wurde am 28. Juni 1519 zum deutschen Kaiser gewählt (s. oben Seite 129) und am 22. Oktober 1520 in Aachen gekrönt. Durch die auf dem Wormser Reichstag erfolgte Übertragung des österreichischen Besitzes an Erzherzog Ferdinand, seinen Bruder, legte Karl den Grund zum späteren Staat Österreich. Schon im Jahr 1521 brach zwischen ihm und Franz I. von Frankreich der Krieg aus, der erst mit dem Madrider Frieden 1526 für Franz ungünstig schloß.

ihren Machtbereich zu erweitern trachten; er tut dies zäh, klug und ohne seinem Ansehen etwas zu vergeben. Darüber hinaus aber drängen sich ihm in mächtigem Überschwang die begeistert-aufgeregten Hoffnungen, Wünsche und Forderungen eines ganzen *Volkes* entgegen, alle Welt hallt wider von Schlagworten aus Huttens Schriften; endlich – so hofft man – werden die alten Beschwerden deutscher Nation erhört, verhandelt, abgetan werden, darum wird der Kaiser, das edle, junge Blut, überall mit erwartungsvollem Jubel begrüßt. Wird er freilich, der deutschen Sprache kaum mächtig, diese Hoffnungen verstehen, wird er, wie die Humanisten verlangen, den Graumönch Glapio entlassen und dafür Hutten und Erasmus als seine Räte annehmen? Im Hintergrunde sieht er ja noch, in unheimlichem Zusammenhang mit der Erregung des Volkes, die unbekannte Gestalt des Wittenberger Ketzers, dessen gefährliche, alle Obrigkeit in Frage stellende Lehre offenbar Bürger, Gelehrte, Ritter, ja Fürsten umnebelt und in diesen wilden Taumel versetzt hat. Kann sich der Kaiser mit voller Kraft und ausschließlicher Hingabe der Lösung dieser Fragen zuwenden, er, dessen Riesenreich fast auf allen Fronten in schärfster Spannung zu *Frankreich* steht, er, der für die kommende Auseinandersetzung mit Frankreich auf die Hilfe des *Papstes*, vor allem in Italien und Spanien, angewiesen ist? Karl ist nicht blind gegen die Schäden der Kirche und zu selbständig, um sich zum Werkzeug Roms erniedrigen zu lassen; er hat das Verhalten des Papstes bei seiner Wahl in gutem Gedächtnis behalten. Aber ist er nicht durch die politische Lage geradezu genötigt, mit der zweiten, neben ihm stehenden höchsten Gewalt der abendländischen Christenheit ein freundschaftliches Einvernehmen zu finden?

Schon vor der Eröffnung des Reichstages hat ein durch Wochen sich hinziehendes briefliches und mündliches Verhandlungs- und Ränkespiel eingesetzt, ob Luther nach Worms kommen solle oder nicht. Der *Kurfürst* glaubt es mit der Neutralität, die er in Luthers Sache nach außen hin peinlich genau beobachtet, wohl vereinbaren zu können, wenn er Luthers Anwesenheit in Worms für wünschenswert und erforderlich hält; auf dem Reichstag zu Worms, auf dem alle Beschwerden und Händel deutscher Nation zur Sprache kommen werden, soll auch Luthers Sache durch ein Schiedsgericht und unter dem Schutz der höchsten Reichsgewalt zum Austrag kommen. Schon Ende Dezember hat Luther erklärt, daß er einer kaiserlichen Vorladung nach Worms unter allen Umständen ohne Rücksicht auf sein Leben, Wohl und Wehe um des freien Bekenntnisses des Evangeliums willen Folge leisten werde (1). Allein gegen diesen Plan arbeitet Nuntius *Aleander* mit allen

Mitteln, in völlig klarer Erkenntnis der Gefahrenlage. Er kennt die Schwäche seiner Stellung gut genug; im Grunde kann er sich nur auf die beim Reichstag anwesenden Kardinäle, die »roten Hütlein«, ganz verlassen. Die deutschen Fürsten sind völlig unzuverlässig; sie haben dem Reichstag eine Zusammenstellung der deutschen Beschwerden vorgelegt, die in vielem ein Seitenstück zu Luthers Schrift an den deutschen Adel ist. Vom Volke fühlt sich Aleander wie geächtet, er kann sich kaum öffentlich sehen lassen. Das unruhige Brodeln in der Tiefe des Volks wirkt unheimlich auf den ängstlichen Mann; neun Zehntel Deutschlands, sagt er, schreien ›Luther!‹, das übrige Zehntel ›Tod dem römischen Hof!‹. Andrerseits steht für Aleander nicht nur Ansehen und Gültigkeit des in der Bulle gefällten Urteils, sondern gerade auch die von Luther bestrittene Herrschaft des geistlichen Rechts über die weltliche Obrigkeit auf dem Spiel: nachdem der Spruch des Papstes gefällt ist, vollends nachdem Luther durch die Verbrennung der Bulle und des geistlichen Rechts zur offenen Kriegserklärung übergegangen ist, ist der Fall Luther entschieden, der weltliche Arm hat nur noch automatisch das Urteil zu vollstrecken; ob Luther widerruft oder nicht, er hat beidemale auf dem Reichstag nichts verloren. Zwischen beiden Gruppen, der sächsischen und der römischen, steht der *Kaiser* und seine geistlichen und weltlichen Räte. Sie haben bei allen Entschlüssen das Verhältnis zum Papst, die gespannte außenpolitische Lage, die erregte Stimmung in Deutschland, die eigene militärische Schwäche und – nicht zu vergessen – die dunkle Nähe des über seinen Plänen brütenden Sickingen zu berücksichtigen. Aleander, der längst ein Gesetz gegen Luther fertig hat, gerät langsam in Verzweiflung. Hat er den Kaiser endlich von der Notwendigkeit scharfen Vorgehens gegen Luther überzeugt, so kommen Querschläger von den kaiserlichen Räten, welche, besonders Glapio, das ganze Verfahren aus Aleanders Händen in ihre eigenen spielen wollen. Sind diese Pläne an dem Widerstand des Kurfürsten gescheitert, darf Aleander am 13. Februar 1521 nach dreistündiger Rede ein Gesetz zur Unterdrückung von Luthers Schriften vom Reichstag verlangen, so muß er erleben, daß der Reichstag das Gesetz kurzerhand ablehnt und fordert, Luther solle, schon mit Rücksicht auf die Volksstimmung, nach Worms kommen und von Sachverständigen verhört werden. Dagegen sträuben sich nun wieder Kaiser, Räte und Nuntius, aber es hilft ihnen nichts, sie müssen endlich dem Reichstag und der öffentlichen Meinung nachgeben. So wird am 6. März 1521 ein kaiserlicher Brief ausgestellt: Kaiser und Reich wollen »Erkundigung« über Luthers Lehre einziehen – von einem Widerruf wird nicht gesprochen – und zitieren ihn unter Zusicherung freien Geleites binnen 21 Tagen nach Worms.

Vorläufig hat so die Politik des Kurfürsten gesiegt, welche die Entscheidung verzögerte und dem Reichstag zuschob. Aleander erfährt nicht einmal den Beschluß der Stände, Luther durch den Reichsherold Kaspar Sturm abholen zu lassen. Aber er gibt das Spiel noch lange nicht verloren. Im Bunde mit dem Luther feindlichen kaiserlichen Großkanzler Gattinara listet er, um vor Luthers Ankunft eine vollendete Tatsache zu schaffen und um ihn von Worms zurückzuschrecken, dem Kaiser die Unterschrift unter ein Mandat ab, das die Beschlagnahme aller Bücher Luthers befiehlt und feststellt, daß Luther nur zum Widerruf nach Worms kommen werde. Bereits am 26. und 27. März wird das Mandat in Worms veröffentlicht; es wird außerhalb von Worms bis nach Kursachsen hin rasch genug bekannt. Zwar geht der Verkauf lutherischer Bücher unter Aleanders Augen in Worms ungestört weiter, aber im kurfürstlichen Quartier ist man von diesem Gegenschlag doch peinlich überrascht.

Ferne von dieser giftigen, mit Mißtrauen und Lüge geladenen Luft schreibt Luther in der Stille Wittenbergs Schrift um Schrift. Seine Rechtfertigungsschrift für die von der Bulle verdammten Artikel, lateinisch und deutsch – »Grund und Ursach aller Artikel, so durch die römische Bulle unrechtlich verdammt worden« –, wird in den ersten Monaten des Jahres 1521 fertig; eine Reihe Gegner hat sich wieder erhoben, gegen die er schreiben muß: Hieronymus Emser (1477–1527), der Hofkaplan und Sekretär des Herzogs Georg von Sachsen, der abenteuerliche Franziskaner Thomas Murner (1475–1537), der die Narrheiten seiner Zeit so gut zu geißeln weiß, von Luther aber kurz abgefertigt wird, und endlich der italienische Dominikaner Ambrosius Catharinus, der sich zum Verteidiger des Sylvester Prierias aufwirft und demgegenüber Luther, seine bisherigen Thesen noch verschärfend, alle vom Antichrist handelnden Schriftstellen auf die römische Kirche deutet und auslegt. Mehr jedoch als alle Last durch Schriften, Predigten, Briefe, Besuche peinigt Luther die Nachricht, daß *Staupitz*, sein Lehrer und Beichtvater in schwerer Anfechtung, von ihm abgerückt ist. Die Staupitzsche Theologie hält die furchtbare Erschütterung durch das »Allein aus dem Glauben« nicht aus; der Mystiker braucht als Gehäuse seiner Frömmigkeit die äußere, rechtlich geordnete Kirche; der Benediktinerabt und Hofprediger des Erzbischofs von Salzburg anerkennt den Papst als höchsten Richter über sich. Luther, ohne Rücksicht Staupitz darüber zur Rede stellend, läßt keinen Zweifel übrig, daß er in diesem Verhalten jämmerliche Angst, mangelnden Mut zum Bekenntnis und eine Beleidigung Christi erblickt (2).

Von Worms hört Luther in diesen Tagen wenig. Endlich trifft am 26. März die kaiserliche Zitation in Wittenberg ein (3). Luther predigt über die Osterfeiertage nochmals nach seiner Gewohnheit, ohne daß die erregte Gemeinde von ihm ein Wort über Worms zu hören bekommt. Am Osterdienstag, dem 2. April, fährt er mit Amsdorf und zwei weiteren Reisebegleitern von Wittenberg weg. Seine Fahrt durch Deutschland gleicht einem Triumphzug. Wo er durchfährt, strömt das Volk zusammen. In Erfurt empfängt ihn die gesamte Universität. Aber je näher er an Worms herankommt, desto mehr häufen sich die Hindernisse. Den Versuch, ihn durch die Veröffentlichung des kaiserlichen Mandats von Worms abzuhalten, durchschaut Luther zwar rasch; er fährt ruhig weiter. Schwerer wiegt seine Erkrankung, die in Eisenach beginnt und in Frankfurt, wo er am 14. April eintrifft, noch anhält; aber er wird den Pforten der Hölle und allen Dämonen zum Trotze doch nach Worms kommen (4). Noch schlimmer: Der gewandte Glapio hat es fertiggebracht, nicht nur Hutten und Sickingen, sondern auch Luthers engere Anhänger zu Werkzeugen einer fein ersonnenen Intrige zu gewinnen; Butzer, übereifrig, sucht geschäftig eine Begegnung zwischen Luther und dem einflußreichen Beichtvater des Kaisers zu vermitteln – und wird von Luther ruhig beiseitegeschoben. Endlich das letzte Hindernis: Plötzlich will auch der Kurfürst, von Kleinmut gelähmt, nicht mehr, daß Luther nach Worms kommt. Aber Luther ist, wie er später in seinem Bericht über die Reise und den Reichstag erzählt (5), »toll« geworden durch Gottes Kraft; er zieht seine Straße, ohne sich durch teuflische Schliche, die Ränke der Feinde und die gutgemeinte oder angstvolle Torheit der Freunde aufhalten zu lassen.

Am Dienstag, dem 16. April 1521, morgens um 10 Uhr, fährt Luther, von zahlreichen Edelleuten geleitet, durch die gedrängt vollen Straßen in Worms ein. Am folgenden Tage, abends um 6 Uhr, wird er vom Reichsmarschall Ulrich von Pappenheim und vom Reichsherold Kaspar Sturm vor den in der bischöflichen Pfalz versammelten Reichstag geführt. Aus der Prüfung seiner Lehre durch ein Sachverständigengericht ist nun doch eine Verantwortung in größter Öffentlichkeit vor dem Tribunal der höchsten Reichsgewalt geworden. Es handelt sich auch nicht mehr um »Erkundigung« seiner Lehre, sondern er wird gefragt, ob er seine Bücher anerkennen und ob er sie nicht widerrufen wolle. Luther ist bei der vor ihm stehenden Entscheidung vollkommen allein – wie bisher. Darin, daß er nun unter Berufung auf die Wichtigkeit der Sache, die den Glauben, das Heil der Seele und das Wort Gottes angeht, Bedenkzeit für seine Antwort fordert (5), ist im Grunde die Antwort des nächsten Tages und damit die Entscheidung schon enthalten. Am Abend des 18. April steht Luther zum zweiten Male in dem heißen, fackelhellen, überfüllten Saal vor dem Reichstag und gibt in einer langen Rede, zuerst deutsch, dann auf Verlangen lateinisch, seine Antwort. Er ist bereit, seine Bücher, die er in drei Gruppen einteilt (5), zu widerrufen, sobald er durch die Schrift eines besseren belehrt wird. Er legt, wie die Reichstagsakten festhalten, der Versammlung seine inständige Bitte vor:

»Daher bitte ich durch die Barmherzigkeit Gottes Eure heilige Majestät, die erlauchten Herrn oder wer sonst, hoch oder niedrig, Zeugnis ablegen will, er möge meine Irrtümer ans Licht bringen und sie mit den prophetischen und evangelischen Schriften überwinden. Bin ich belehrt, so will ich gerne jeden Irrtum widerrufen und will der erste sein, der meine Bücher ins Feuer wirft.«

Der Versammlung, die um die Einheit von Reich und Kirche bangt, erklärt Luther, es sei für ihn die größte Freude, daß um des Wortes Gottes willen Rotten und Zwietracht entstehen. Wehe, wenn die Behebung der Zwietracht mit der Verdammung des Wortes Gottes beginnt; eine Flut von Übeln und das Scheitern der so hoffnungsvollen Regierung des jungen Kaisers wird die Folge sein.

Nicht Luther, sondern der Reichstag ist nun vor die Entscheidung gestellt: er soll Luthers Lehre auf ihre Schriftechtheit prüfen. Aber das kann er nicht, denn diese Frage hat der Papst schon entschieden. Zurück kann er jedoch auch nicht mehr; denn er hat sich schon zu tief mit der Sache eingelassen. Darum beschließt er, Luther nochmals um eine aufrichtige, ehrliche und unzweideutige Antwort befragen zu lassen. Luthers lateinische Antwort lautet:

»Weil Eure Majestät und Eure Gnaden eine schlichte Antwort begehren, so will ich eine solche ohne Hörner und Zähne geben: Werde ich nicht durch Zeugnisse der Schrift oder durch klare Vernunftgründe überwunden – denn ich glaube weder dem Papst noch den Konzilien allein, da es am Tage ist, daß sie des öfteren geirrt und sich selbst widersprochen haben –, so bleibe ich überwunden durch die von mir angeführten Stellen der Schrift und mein Gewissen gefangen durch Gottes Wort. Widerrufen kann und will ich nichts, denn es ist weder sicher noch heilsam, gegen das Gewissen zu handeln. Gott helfe mir, Amen.«[184]

184 Den letzten Satz sprach Luther deutsch. Er pflegte mit diesen Worten seine Predigten zu schließen.

Damit sind nun auch nach außen hin die Würfel gefallen. Auf einen Wink des Kaisers wird Luther, von Scharen der Edelleute umgeben (5), in seine Herberge geführt. Am nächsten Morgen tut der Kaiser den Kurfürsten und Fürsten seinen Entschluß kund, er werde Reich und Herrschaft, Leib und Blut, Leben und Seele für die katholische Kirche gegen Luthers gottlose Sache einsetzen. Er sei fest entschlossen, gegen ihn als einen offenkundigen Ketzer vorzugehen, und erwarte von den Fürsten, daß sie ebenfalls ihre Christenpflicht erfüllen.

Die Stände wollen noch einen Versuch machen, um das Äußerste zu verhindern. In den nächsten Tagen wird Luther in Sonderausschüssen bearbeitet (5). Es sind wohlwollende, eifrige, kluge Männer, die auf ihn einreden: der reformfreundliche badische Kanzler Vehus und Peutinger, der gelehrte Augsburger Jurist und Altertumsforscher. Sie wollen allen Anliegen gerecht werden, wissen aber keinen besseren Rat als den, Luther möge »die Bibel aus der Faust geben« und die ganze Sache vertrauensvoll dem Kaiser und den Ständen überlassen. Noch einmal stürmt in diesen Tagen alles auf Luther ein, was an Versuchung und Kampf, Zagen und Ringen bisher durch seine Seele ging. Aber er muß darauf beharren, daß er ein Gefangener der Schrift ist. Hier hat alle Verständigungsbereitschaft auch der besten Vertreter des alten Glaubens eine Grenze.

Am Abend des 25. April erhält Luther den Endbescheid des Kaisers: Er werde nun, da alle Ermahnungen fruchtlos geblieben seien, als Schirmherr des katholischen Glaubens gegen ihn vorgehen. Innerhalb 21 Tagen habe er sich – noch unter freiem Geleite – an seinen Ort zurückzuverfügen, ohne unterwegs zu predigen. Am Morgen des 26. April verläßt Luther Worms ohne Aufsehen. Er hat vorher durch die kurfürstlichen Räte insgeheim erfahren, der Kurfürst beabsichtige, ihn unterwegs irgendwohin beiseite bringen zu lassen.

1 Bereitschaft zur Verantwortung in Worms · Brief aus Wittenberg an Hofprediger Georg Spalatin vom 29. Dezember 1520

Gruß zuvor! Ich habe aus Allstedt Briefabschriften und ebenso heute Euren Brief aus Kindelbrück empfangen. Ihr erbittet darin von mir Auskunft, was ich im Fall einer Vorladung durch Kaiser Karl tun werde – vorausgesetzt, daß dabei keine Gefahr für das Evangelium oder das Gemeinwohl entsteht; Ihr seid ja der Ansicht, daß die Feinde alle Hebel in Bewegung setzen, um diesen Fall zu beschleunigen.

Ich meinerseits werde, soviel dann auf mich ankommt, einer Vorladung Folge leisten; wenn ich gesund nicht kommen kann, lasse ich mich krank hinführen. Denn daran darf es keinen Zweifel geben: Ein Ruf des Kaisers bedeutet, daß ich von Gott gerufen werde. Ferner: Wenn sie, was wahrscheinlich ist, Gewalt anwenden – denn sie betreiben meine Vorladung gewiß nicht, um eines besseren belehrt zu werden –, so muß die Sache dem Herrn befohlen werden. Denn der Gott lebt und regiert noch, der die drei Männer im Feuerofen des Königs von Babylon beschützt hat. Will er [mich] nicht schützen, so ist mein Haupt eine Kleinigkeit im Vergleich mit Christus, der zur höchsten Schmach, zum allgemeinen Ärgernis und zu vieler Verderben zu Tode gemartert wurde. Hier darf es keine Rücksicht auf Gefahr oder Wohl und Wehe geben; hier gibt es vielmehr nur *eine* Sorge: daß wir das Evangelium, mit dem wir angetreten sind, nicht dem Spott der Gottlosen preisgeben, daß wir den Feinden keinen Anlaß zum Triumph über uns geben, als wagten wir kein freies Bekenntnis unsrer Lehre, daß wir uns nicht fürchten, unser Blut für das Evangelium zu vergießen. Vor solcher Feigheit bei uns und solchem Triumph bei ihnen bewahre uns Christus in seiner Barmherzigkeit! Amen.

Darum, wenn es auch so kommen muß, daß die Könige der Erde und die Fürsten sich versammeln und mit den Heiden und Völkern wider den Herrn und wider seinen Gesalbten murren (Ps 2, 1 f), so lehrt doch der Heilige Geist in demselben Psalm (V. 12), daß selig würden, die auf ihn trauen. Und nicht nur das, sondern der Herr wird ihrer lachen und spotten (V. 4). Die Entscheidung, ob aus meinem Leben oder aus meinem Tod mehr oder weniger Gefahr für das Evangelium und das Gemeinwohl entsteht, liegt auf keinen Fall in unsern Händen. Ihr wißt, daß Gottes Wahrheit der Fels des Ärgernisses ist (Jes 8, 14), gesetzt zu einem Fall und Auferstehen vieler in Israel (Luk 2, 34).

Soweit wir aber etwas zu sorgen haben, bleibt uns jetzt als einzige Aufgabe die Bitte zu Gott, [Kaiser] Karl möge seine Herrschaft nicht damit beginnen, daß er mein oder eines andern Blut zum Schutz der Gottlosigkeit vergießt. Lieber wollte ich, wie ich schon oft sagte, allein in den Händen der Romanisten verderben, als daß seine Hände in die Sache verstrickt würden ... Soll's aber dennoch geschehen, daß auch ich [wie Joh. Huß] nicht nur der Priesterschaft, sondern auch der Welt in die Hände falle, so geschehe des Herrn Wille. Amen.

Damit habt Ihr meine Meinung und meinen Willen. Erwartet alles von mir, aber nicht Flucht und Widerruf. Ich will nicht fliehen, noch viel weniger widerrufen. Darin stärke mich der Herr Jesus. Keines von beiden könnte ich ja tun ohne Gefahr für den Glauben und das Heil vieler ...

Lebet wohl und seid stark in dem Herrn.

Wittenberg, am Tag des Märtyrer Thomas[185] (wie viele glauben) 1520. Martin Luther.

Br 2,242,4 ff

2 Harter Tadel für den Umfall von Staupitz · Brief aus Wittenberg an Generalvikar Staupitz in Salzburg vom 9. Februar 1521

Gruß zuvor! Es wundert mich, ehrwürdiger Vater, daß mein Brief und meine Bücher noch nicht bei Euch eingetroffen sind, wie ich aus Eurem Brief entnehme.

In der Tat, ich, der ich andern predige, werde [wie Ihr schreibet,] selbst verwerflich,[186] so sehr entfremdet mich die Inanspruchnahme durch Menschen mir selbst. Immerhin möget Ihr aus den beiliegenden Schriften[187] ersehen, in welchem Geist ich immer noch das Wort Gottes behandle. In Worms ist bis jetzt noch nichts gegen mich geschehen, wenn auch die wutentbrannten Papisten Böses gegen mich im Schilde führen. Spalatin schreibt, das Evangelium genieße dort so viel Gunst, daß er hoffe, man werde mich nicht unverhört und unwiderlegt verurteilen ...

Daß auch Ihr von Leo[188] angegriffen werdet, höre ich nicht ungern, damit Ihr das Kreuz, über das Ihr so schön gepredigt habt, der Welt zum Beispiel aufrichtet. Ich würde bedauern, wenn jener Wolf sich mit Eurer Antwort zufrieden gäbe; habt Ihr ihm doch mehr zugestanden, als recht ist. Er wird nämlich das herauslesen, als wolltet Ihr mich und all meine Lehre gänzlich verleugnen, nachdem Ihr ihn ja aus freien Stücken als Richter anerkannt habt. Wenn Euch darum Christus liebt, so wird er Euch zum Widerruf dieses Schreibens zwingen; der Papst verdammt ja in seiner Bulle alles, was Ihr über die Barmherzigkeit Gottes bisher gelehrt und für richtig gehalten habt. Da Euch diese Tatsache bewußt war, geht meiner Ansicht nach Eure Anrufung des Papstes als Richter nicht ab ohne Beleidigung Christi; Ihr seht doch, mit welch gehässiger Wut er als Feind Christi gegen das

185 Damit ist nicht der Feiertag des Apostels Thomas (21. XII.), sondern der Tag des englischen Märtyrers Thomas Becket (29. XII.) gemeint.

186 Vgl. 1 Korinther 9,27.

187 Luther sandte wohl einige Predigten und seine Rechtfertigungsschrift (»Behauptung aller durch die letzte Bulle Leos X. verdammten Artikel«).

188 Papst Leo X. hatte von Staupitz eine öffentliche Erklärung verlangt, daß er Luthers Lehre für ketzerisch halte und ablehne. Staupitz hatte geantwortet, daß er Sätze, die nicht sein geistiges Eigentum seien, auch nicht ablehnen könne.

Wort von der Gnade tobt. Das zu erkennen und jenen seiner Gottlosigkeit zu überführen, – das wäre Eure Aufgabe gewesen. Es ist jetzt nicht die Zeit, Angst zu haben, sondern zu schreien,[189] jetzt, da unser Herr Jesus Christus verurteilt, ausgezogen und gelästert wird.[190] So sehr Ihr mich darum zur Demut mahnt, so sehr mahne ich Euch zum Stolz. Wie ich zuviel Stolz habe, so habt Ihr zuviel Demut.

Es ist jetzt wahrhaftig ernst. Wir sehen Christus leiden. Mag bisher Schweigen und Demut am Platz gewesen sein, jetzt aber, da in aller Welt unser liebster Heiland selbst, der sich für uns dahingegeben, zum Spott gemacht wird, ich beschwöre Euch: sollen wir da nicht für ihn kämpfen? Sollen wir da nicht den Hals dranwagen? Mein Vater, die Gefahr ist größer, als viele meinen. Hier nimmt das Evangelium seinen Lauf: »Wer mich bekennt vor den Menschen, den will ich auch bekennen vor meinem Vater; wer sich meiner schämt, dessen werde ich mich auch schämen« (Matth 10, 32; Luk 9, 26).

Mag ich als hoffärtig, als Geizhals, Ehebrecher, Mörder, als Feind des Papstes und sämtlicher Laster schuldig erfunden werden, – wenn ich nur nicht eines gottlosen Schweigens beschuldigt werden kann, während der Herr leidet und spricht (Ps 142, 5): »Ich konnte nicht entfliehen; niemand nimmt sich meiner Seele an. Und ich schaute zur Rechten, und siehe! da wollte mich niemand kennen!«; denn ich hoffe um dieser Beichte willen auf Lossprechung von allen meinen Sünden. Darum habe ich auch voll Zuversicht meine Hörner gegen diesen römischen Götzen und wahrhaftigen Antichrist erhoben. Christi Wort ist nicht ein Wort des Friedens, sondern des Schwerts.[191] Doch was will ich Narr Eure Klugheit belehren?

Ich schreibe dies um so beherzter an Euch, als ich die schwere Befürchtung hege, Ihr möchtet in der *Mitte* zwischen Christus und dem Papst hängenbleiben, die doch, wie Ihr seht, in heftigstem Widerstreit gegeneinanderliegen. Laßt uns aber beten, daß der Herr Jesus mit dem Geist seines Mundes dieses Kind des Verderbens alsbald umbringe (2 Thess 2, 8. 3). Wollt Ihr [mir] dabei nicht folgen, so laßt mich gehen und dahingerissen werden; ich werde schon durch Christi Gnade jenem Ungeheuer seine Ungeheuerlichkeiten ins Angesicht hinein sagen.

Wahrlich, diese Eure Unterwerfung hat mich nicht wenig betrübt; sie hat mir einen andern Staupitz gezeigt als den, der [einst] der Pre-

189 Vgl. Prediger 3,7.
190 Vgl. Matthäus 27,26–28.
191 Vgl. Matthäus 10,34.

diger der Gnade und des Kreuzes war. Hättet Ihr wenigstens vor Kenntnis der Bulle, dieser Schändung Christi, so gehandelt, Ihr hättet mich nicht so betrübt.

Hutten und viele andere schreiben tapfer für mich, und jeden Tag erscheinen Lieder, an denen dieses Babel keine große Freude haben wird. Unser Fürst handelt ebenso klug und ehrlich als standhaft; auf seinen Befehl lasse ich die [beiliegende] »Behauptung« in beiden Sprachen[192] erscheinen. – Philippus grüßt Euch; er wünscht Euch ein reicheres Maß des Geistes ...

Lebet wohl im Herrn und betet für mich!

Wittenberg am Tage St. Apolloniae 1521. Euer Sohn Martin Luther.

Br 2,262,3 ff

3 Die kaiserliche Zitation vor dem Reichstag

Die Überschrift des Briefes von Kaiser Karl, durch welchen er den Doktor nach Worms zitierte, war folgende: »Dem ehrsamen, unsrem lieben, andächtigen Doktor Martin Luther, Augustinerordens usw.« Die Unterschrift Carolus war mit eigener Hand [vollzogen].

TR 1,1042 (Erste Hälfte der dreißiger Jahre)

4 Luther kommt nach Worms, dem Teufel zum Trotz · Brief aus Frankfurt am Main an Hofprediger Georg Spalatin vom 14. April 1521

Gruß zuvor! Wir kommen, lieber Spalatin, obwohl der Satan nicht nur durch *eine* Krankheit mich daran hat hindern wollen. Auf diesem ganzen Weg von Eisenach bis hierher war ich sterbensmatt[193] und bin es noch, wie ich es bisher noch nie erlebt habe. Ich begreife aber auch, daß das Mandat [Kaiser] Karls[194] veröffentlicht worden ist, um mich abzuschrecken. Und doch lebt Christus, und wir werden nach Worms gehen allen Pforten der Hölle und den Mächten in der Luft[195] zum Trotz. Ich übersende Euch eine Abschrift der kaiserlichen Schriftstücke.[196] Meinerseits habe ich nicht die Absicht, mich weiterhin schriftlich zu äußern; ich will zunächst an Ort und Stelle sehen, was

192 *Die Verteidigungsschrift Luthers (vgl. Seite 201, Anmerkung 187) erschien also auch deutsch, nicht bloß lateinisch.*

193 *Nach dem Bericht des Myconius waren die Begleiter um Luthers Leben in Sorge.*

194 *Das Mandat, welches die Beschlagnahme von Luthers Büchern anordnete; vgl. oben Seite 195.*

195 *Vgl. Matthäus 16,18 und Epheser 2,2.*

196 *Vorladungsschreiben und Geleitbrief des Kaisers, worin im Gegensatz zum Sequestrionsmandat von einem Widerruf nicht die Rede war.*

zu tun ist. Wir wollen den Satan ja nicht aufblasen; es gilt vielmehr, ihn zu erschrecken und mit Verachtung zu behandeln. Sorgt mir also für eine Unterkunft! Lebt wohl!

Frankfurt 1521. Martin Luther.

Br 2,298,5 ff

5 Luthers Bericht über die Reise nach Worms und den Reichstag

Zuerst hat mich Kaiser Karl auf den Reichstag gefordert und mir [freies] Geleit und einen Herold zugeschickt, der mich bis nach Worms begleitete. Als wir nun miteinander nach Weimar kamen, wo ich von Herzog Johann[197] Geld zur Zehrung bekam, da kam das Gerücht auf, daß Doktor Martinus zu Worms schon samt seinen Büchern verdammt worden sei. Und das war auch so. Dazu kamen mir kaiserliche Boten unter die Augen, welche kaiserliche Mandate in allen Städten anschlagen sollten, daß Doktor Martin Luther vom Kaiser verdammt wäre. Nun fragte mich der Herold und sagte: »Herr Doktor, wollt Ihr weiterziehen?« da antwortete ich: »Ja, unerachtet, daß man mich in den Bann getan und das in allen Städten veröffentlicht hat; ich will mich an das kaiserliche Geleite halten.« Das war der erste Anschlag, den der Bischof von Mainz[198] ausübte; er meinte, dadurch mich zu verhindern, daß ich auf den Reichstag zöge, und [hoffte], man könne alsdann gegen mich vorgehen, als hätte ich das kaiserliche Geleite verachtet und sei contumax[199] geworden.

Als ich nun nach Oppenheim kam und nur noch drei Tage Geleit hatte, machte der Bischof von Mainz so viel Anschläge, daß Butzer[200] dahin zu mir kam und mich überreden sollte, zu Franz von Sickingen[201] auf die Ebernburg zu kommen, denn da wolle Lauius,[202] der

197 Herzog Johann von Sachsen, der Bruder und Nachfolger des Kurfürsten.

198 Luther glaubt irrtümlich, hinter den Ränken der Feinde stecke Erzbischof Albrecht von Mainz.

199 Widersetzlich gegen eine gerichtliche Vorladung und darum in Abwesenheit zu verurteilen.

200 Martin Butzer, 1491 zu Schlettstadt im Elsaß geboren, Dominikaner, wurde auf der Heidelberger Disputation für Luther gewonnen (siehe oben Seite 106). Er verließ 1521 seinen Orden und wurde 1523 Pfarrer in der Reichsstadt Straßburg, deren Reformation sein Werk ist. Theologisch und kirchlich nahm er stets eine ausgleichende Haltung ein, so als Vermittler zwischen Wittenberg und Zürich. Er mußte 1548 um des Interims willen Straßburg verlassen und folgte einem Ruf nach England, wo er 1551 starb.

201 Siehe oben Seite 158, Anmerkung 147.

202 Gemeint ist wohl Jean Glapion, ein französischer Franziskaner; dieser war erst seit 1520 an Karls Hof, als sein Beichtvater jedoch von großem Einfluß. Die Zeitgenossen schildern ihn als schwer zu durchschauende Persönlichkeit.

Beichtvater des Kaisers, sich mit mir über etliche Sachen unterreden. Aber ich merkte, daß der Bischof von Mainz [gar] nicht das suchte, sondern daß er mich so umherführen wollte, daß die Zeit des Geleits aus wäre, ehe ich nach Worms käme. Ich sprach aber zu Butzer: »Ich will weiterziehen; hat des Kaisers Beichtvater etwas mit mir zu reden, so kann er das wohl in Worms tun.« So zog ich weiter. Das war der andere Anschlag, der dem Bischof von Mainz fehlschlug, und ich habe seit jener Zeit erfahren, daß er es war, der solches alles betrieben hatte.

Wie ich nun nicht weit von Worms [entfernt] bin, schickt mir Spalatin, der mit Herzog Friedrich [dort] draußen war, [einen Boten] unter [vier] Augen und läßt mich warnen, ich solle nicht hineinkommen und mich nicht in solche Gefahr begeben. Aber ich entbot ihm wieder, wenn so viele Teufel zu Worms wären als Ziegel auf den Dächern, so wollte ich dennoch hinein. Denn ich war unerschrocken, ich fürchtete mich nicht. Gott kann einen wohl so toll[kühn] machen. Ich weiß nicht, ob ich jetzt [auch noch] so toll[kühn] wäre.

Nun fuhr ich auf einem offenen Wägelein in meiner Mönchskappe zu Worms ein; da kamen alle Leute auf die Gasse und wollten den Mönch Martin Luther sehen. So fuhr ich in Herzog Friedrichs Herberge. Und es war auch dem Herzog Friedrich bange [dabei] gewesen, daß ich nach Worms kam. Als meine Widersacher solches erfahren hatten, da hatten sie zum Teil über die Aufhebung des öffentlichen Versprechens meiner Sicherheit beraten: man solle mir das Geleite nicht halten. Aber der Pfalzgraf vom Rhein[203] und der Kurfürst hatten sich dem widersetzt: Man solle mir das Geleite unter allen Umständen halten, dies und nichts anderes! Er war darüber auch mit dem Kurfürsten von Brandenburg, Markgraf Joachim dem Alten,[204] ganz uneins geworden, so daß sie beide zu den Messern gegriffen hatten. Der Bischof von Mainz hatte etwas anderes erwartet, als daß ich nach Worms kommen würde, und wenn ich so furchtsam gewesen wäre wie er, so wäre ich nicht gekommen.

Nach wenigen Tagen wurde ich in den Reichstag vor alle Fürsten gefordert, um Schlag 6 [Uhr] auf den Abend. Da redete Doktor Ekken,[205] der Kanzler des Bischofs von Trier, von Reichs wegen und

203 *Ludwig V., Kurfürst von der Pfalz, 1478–1544, der Reformation gewogen.*

204 *Joachim I., Kurfürst von Brandenburg, mit dem Beinamen Nestor, 1484–1535, zeigte sich in Worms wie später in Augsburg als heftiger Feind der Reformation.*

205 *Der kurtrierische Offizial Dr. Ecken, also nicht Luthers bekannter Gegner Eck.*

sprach: »Martinus, bekennst du, daß diese Bücher deine sind?«[206] Nun lagen alle meine Bücher auf einer Bank nacheinander; woher sie dieselben bekommen haben mochten, wußte ich nicht. Da hätte ich [fast] gleich gesagt: »Ja.« Aber Doktor Hieronymus Schurff[207] schrie laut in den Reichstag [hinein]: »Es sollen die Titel der Bücher verlesen werden!« Da las man die [Titel der] Bücher; sie waren alle mein. Da sprach ich: »Allergnädigster Kaiser und gnädigste Fürsten und Herren, die Sache ist wichtig und groß; ich kann diesmal nicht Antwort geben von den Büchern. Ich bitte, man wolle mir Zeit geben, mich darauf zu bedenken.« Das geschah, und alsbald ging der Reichstag auseinander.

Mittlerzeit kamen viele vom Adel in meine Herberge und sagten: »Herr Doktor, wie geht's? Man sagt, man wolle Euch verbrennen. Aber das darf nicht geschehen. Eher müssen sie alle mit verderben!« Das wäre auch geschehen.

Wie ich nun wieder in den Reichstag gefordert wurde, da war auf dem Saal eine große Anzahl Volks; denn jedermann wollte meine Antwort hören, und es waren viele brennende Fackeln droben, denn es war Nacht. Ein solches Getümmel und Treiben war ich gar nicht gewohnt. Aber wie man mich nun reden hieß, da hub ich an und sprach: »Allergnädigster Kaiser, gnädigste Kurfürsten, Fürsten und Herren, die Bücher, die man mir jüngst vorgelegt hat, – die sind mein. Und zwar sind etliche Bücher darunter, die Lehrbücher sind, die legen die Heilige Schrift aus; zu diesen bekenne ich mich, daß sie mein sind, und es ist nichts Böses drinnen. Die andern sind Streitschriften, darin ich mich mit dem Papst und [meinen] Widersachern gezankt habe; so darin etwas Böses sein sollte, das könnte ich wohl ändern. Die dritten sind Bücher, darin ich von der christlichen Lehre disputiere, das sind nur Disputationen; bei denen will ich bleiben, es gehe darüber, wie der liebe Gott wolle.« Dieweil ich also rede, begehren sie von mir, ich solle es noch einmal lateinisch wiederholen, aber ich schwitzte sehr und es war mir heiß um des Getümmels willen, weil ich mitten unter den Fürsten stand. Da sagte Herr Friedrich von Thun[208] zu mir: Könnte ich's nicht tun, so ist's genug, Herr Doktor! Aber ich wiederholte alle meine Worte lateinisch; das gefiel Herzog Friedrich, dem Kurfürsten, überaus gut. Wie ich solches ausgeredet hatte, ließ man mich gehen, und es wurden mir zwei beigegeben,

206 *Außerdem wurde Luther gefragt, ob er diese Bücher oder etwas aus ihnen widerrufen wolle.*

207 *Vgl. Seite 44, Anmerkung 49.*

208 *Einer der kursächsischen Räte.*

die mich führten und begleiteten. Da erhob sich ein Getümmel. Ob man mich gefangenführte? schrien die Edelleute. Aber ich sagte: »Sie begleiten mich nur.« So kam ich wieder in meine Herberge und nicht wieder in den Reichstag.

Danach forderte man mich in zwei kleine besondere Ausschüsse. In einem war der Bischof von Trier, Markgraf Joachim und Herzog Georg[209] und andere mehr. Doktor Veh[210] aber, der badische Kanzler, redete lange mit mir und wollte mich überreden, ich solle die ganze Sache dem Kaiser und den Reichsständen anheimstellen, und zählte mir 13 Gründe auf, warum ich's tun solle, und sprach viel von der Autorität der Kirche und andern Ärgernissen. Nun waren etliche da, die wollten mich nicht belehren, wie ich [darauf] antworten sollte, aber Friedrich Thun sagte: »Es ist nicht nötig, er wird recht reden.« Die Artikel zählte ich ihm wieder nacheinander am Finger auf und, wiewohl ich der Juristerei und Hofrede ungewohnt war, widerlegte ich sie ihm trotzdem alle und sagte, ich könnte alles leiden, Papst, Fürsten, auch die Gewalt der Kirche, und wollte alles tun, was ich nur sollte, allein von der Heiligen Schrift könnte ich nicht weichen, da könnte ich nichts davon hingeben, denn sie wäre nicht mein, sondern unsres Herrgotts. Da sagte der Markgraf: »Herr Doktor, wenn ich Euch recht verstehe, so könnt Ihr von der Heiligen Schrift nicht weichen?« Da sagte ich: »Ja, darauf stehe ich!« Da ließen sie mich wieder weggehen und gingen auch auseinander.

Aus TR 5,5342 b (Sommer 1540)

Zwei Kirchen

Was in Worms vor den Augen der ganzen deutschen Nation geschieht, bedeutet einen in die Tiefe reichenden Bruch mit dem Alten und den grundsätzlichen Anfang eines Neuen. Der eine Luther, der sich dort auf die Schrift beruft gegenüber allen geltenden kirchlichen Autoritäten, vollzieht damit eine folgenschwere Wendung: ein neues Verständnis der Kirche ist hier da, vor dem das gewaltige Gebäude der alten Kirche ins Wanken gerät.

Umkleidet mit göttlichem Glanze sieht sich die römische Kirche in der Welt stehen. Sie ragt hinauf zur Höhe des Himmels, wo die Seligen im Triumphe endgültiger Überwindung wohnen; sie erstreckt sich hinein ins Fegefeuer, wo die armen Seelen zur Reinigung Pein

209 Herzog Georg von Sachsen, 1471–1539, seit der Leipziger Disputation Luthers Feind (vgl. oben Seite 132).

210 Dr. Hieronymus Vehus, markgräflich badischer Kanzler.

leiden; sie umfaßt mit ihrer Herrschaft auf Erden alle Gläubigen, die mit Christus verbunden sind. Es ist ein wunderbarer Stufenbau, der von der Dreifaltigkeit über die Engel bis herunter auf die Erde reicht; in diesem abgestuften und wohlgeordneten Weltgebäude hat die Kirche die Schlüsselstellung. Christus hat sie gestiftet und in ihr den Schatz des Heils und der Gnade niedergelegt; er hat sie mit aller Vollmacht ausgerüstet, um die Menschheit auf den Weg des Heils zu führen und darauf zu erhalten; er hat hiezu den besonderen geistlichen Stand, den Klerus, eingesetzt. Eine doppelte Gewalt ist es, die er den Aposteln, besonders Petrus, und ihren rechtmäßigen Nachfolgern verliehen hat: kraft der Weihegewalt (potestas ordinis) sind die Priester der Kirche befähigt, den Schatz der übernatürlichen Gnade durch die Sakramente vollkräftig auszuteilen; und kraft der Regierungsgewalt (potestas jurisdictionis), welche die Bischöfe ausüben, hat die Kirche die gesetzliche Leitung und geistliche Führung über ihre Glieder in der Hand.

Alle *Gewalt* im Himmel und auf Erden eignet dieser römischen Kirche. Weil sie das ewige Heil verwaltet und darum alle Fragen des Gewissens und Glaubens entscheidet, ist sie auch in allen irdischen Dingen selbstherrlich. Der Papst als Stellvertreter Christi ist in seinem Amt allein Gott verantwortlich, an keine irdische Instanz gebunden, Inhaber aller weltlichen und geistlichen Gewalt. Die weltliche Gewalt läßt er durch die weltliche Obrigkeit ausüben; er hat sie ihr nur abgetreten, damit sie das Schwert führe zum Heil und Nutzen der Kirche; darum ist der Kaiser Lehensträger des Papstes und Vogt der römischen Kirche. Die geistliche Gewalt aber übt der Papst aus durch die Stufenreihe der kirchlichen Ämter; mit einer unzerstörbaren geistlichen Ausstattung versehen, ist diese Hierarchie scharf von den Laien geschieden und gebührendermaßen auch mit bürgerlichen Vorrechten ausgezeichnet. In alledem regiert das geistliche *Recht*, die Norm, welche die Kirche im Laufe einer langen und verwickelten Geschichte sich selber gegeben hat, alle Beschlüsse der Konzilien, alle Erlasse der Päpste zusammenfassend. Es ist nicht bloß für die Kirche, bei Verlust der ewigen Seligkeit, verbindlich; es beansprucht Geltung auch vor den weltlichen Gerichten als reichsgesetzlich anerkannter Bestandteil des öffentlichen Rechtes; es macht die Kirche fast unabhängig von allen andern irdischen Gewalten.

Was tritt diesem mächtigen Kirchensystem in Martin Luther als *Neues* entgegen, es erschütternd und letztlich aufhebend? Ist es die Entdeckung einer persönlichen Religiosität, einer kirchenfreien Frömmigkeit, einer von jeder Vermittlung unabhängigen Verbindung der

Einzelseele mit Gott? Oder ist es die Stiftung einer brüderlichen Gemeinschaft ernster Christen, die selbstlos und leidenswillig, duldend und entsagend nach Heiligung streben? Oder ist es der Gedanke, daß sich die Laienwelt von der Bevormundung durch die Hierarchie freimachen und die Bestimmung über die Kirche auf einem Konzil selber in die Hand nehmen soll, vielleicht im Bunde mit dem Gelehrtentum und den mißachteten Schichten des niederen Klerus? Oder ist es die Rückkehr zur Geschichte, zu den Vätern der Kirche, zu den Quellen, zu Augustin und Paulus, eine Rückkehr mit der Absicht, dem Verderben der Gegenwart im Idealbild der Vergangenheit einen Spiegel vor Augen zu halten? Ist es die Aufstellung eines Lebensgesetzes für die Kirche, das sie und ihre Diener zu apostolischer Armut, Einfachheit, Gewaltlosigkeit verpflichtet? Oder ist es die Forderung, die weltliche Obrigkeit möge aus der dienenden Rolle, die sie der Kirche gegenüber einnimmt, befreit und alle irdische Gewalt bei ihr vereinigt werden, damit sich ihr Wesen und in Verbindung damit alle weltliche Kultur auf eigenem Boden ungehindert entfalten könne? Oder wird ein nationaler Frühling für die geplagte deutsche Nation anbrechen, ein Tag der Freiheit, an dem Deutschland die Netze welscher Hinterlist abwirft und sein Schicksal selbst in die Hand nimmt?

Wäre dies Luthers letzte Absicht und eigentliches Werk gewesen, so hätte das gewiß alles auch irgendwie bedeutsam werden können; aber eine grundsätzliche Änderung, einen wirklichen Neuanfang, eine tatsächliche Befreiung, mit einem Wort: die Entdeckung des Evangeliums wäre das nicht gewesen. Luther hätte sich dann in nichts unterschieden von den zahlreichen Richtungen, Gruppen und Bewegungen, die teils Duldung oder Anerkennung innerhalb der katholischen Kirche gefunden hatten, teils von ihr verfolgt und zur Sekte abgedrängt worden waren. In Wirklichkeit trat hier der alten Kirche eine neue gegenüber: der falschen die wahre, der Kirche der Macht die Kirche des Dienstes, der Kirche der Glorie die Kirche des Kreuzes, der Kirche des Menschen die Kirche Gottes.

Indem Luther sich unter die Heilige Schrift stellt, stellt er sich unter *Christus* und seine Alleinherrschaft. Schon in Augsburg hat er der verlangten Unterwerfung unter die päpstliche Lehrgewalt widerstanden, in Leipzig die unbedingte Autorität von Papst und Konzilien schlechthin bestritten; in seinen Kampfschriften von 1520 hat er nacheinander alle Sicherungen und Stützen der römischen Kirche niedergerissen: den Anspruch des *Papstes,* sichtbares Haupt der Kirche zu sein (so in der Schrift »Vom Papsttum zu Rom wider den hochberühmten Romanisten zu Leipzig«), den Anspruch der *Hierarchie,* die

Christenheit zu leiten und das christliche Leben zu regeln (so in der Schrift »An den christlichen Adel deutscher Nation«), den Anspruch der Priesterkirche, mit dem kunstvollen Kreis heiliger *Handlungen* das Menschenleben Gott wohlgefällig zu machen (so in der Schrift »Von der babylonischen Gefangenschaft der Kirche«). So ist es für Luther nur die letzte Folgerung aus dem Bisherigen, wenn er durch die Verbrennung der Bannbulle zeigt, daß auch das *geistliche Recht* für ihn seine Gültigkeit verloren hat, und wenn er in Worms sich weigert, irgendeiner andern Stimme hörig zu werden als allein dem Worte Christi, das er in der Heiligen Schrift vor sich hat. Steht, wie es in der römischen Kirche der Fall ist, die Offenbarung *neben* der Vernunft und das Werk *neben* der Gnade, stehen Gott *und* Mensch als gleichberechtigte Partner nebeneinander, so ist bei all dem der Mensch der heimliche Herr. Er versteht sich selbst, auch ohne die Gnade, ganz gut in einer natürlichen Theologie. Er weiß selbst, auch ehe die Gnade da ist, die Bedingungen ihres Eintretens zu erfüllen und gute Werke zu tun. Er erkennt selber, auch außerhalb der Gnade, was gut und böse, recht und unrecht ist. Er bildet selbst als geselliges Wesen eine Gemeinschaft, die das Werk Christi aufzunehmen und in eigener, schöpferischer Verantwortung und Vollmacht weiterzutreiben imstande ist.

Gegen diese Kirche der Menschenherrschaft legt Luther ein Zeugnis ab für die wahre Kirche, in der Christus *allein* regiert. Ja, die Kirche ist freilich von Christus gestiftet, bevollmächtigt und ausgerüstet. Aber sie ist und bleibt – so hat das Luther in seiner Schrift »*Von der Freiheit eines Christenmenschen*« für die einzelne Seele ausgesprochen – das arme Hürlein, das nur durch die Barmherzigkeit seines reichen Bräutigams mit diesem sich vereinigen und seiner Güter und Gaben teilhaftig werden darf: seiner Seligkeit und seiner Gerechtigkeit, seiner Vollmacht und Gewalt, seines Königtums und seiner Priesterschaft. Das, woran die römische Kirche bei dem Begriff »Weihegewalt« denkt, geht nicht in die Verfügung des Menschen, in die Hand einer Hierarchie, in die Verwaltung eines besonderen geistlichen Standes über. Das Häuflein der Gläubigen sieht sich vielmehr von Anfang bis zum Ende auf das Gnadenwort Christi angewiesen, in welchem er ihm Vergebung der Sünden zuspricht: dieses sein Wort nach dem Zeugnis der Heiligen Schrift der Gemeinde zu verkündigen und im Wortzeichen des Sakraments auszuteilen, ist ihr einziger Auftrag. Darin gewinnt die Kirche auch das rechte Verständnis der ihr verliehenen »Regierungsgewalt«. Sie ist in der Tat frei, Herrin über alle Dinge und Mächte, auch in Zeiten der äußeren Unterdrückung; aber diese ganze Freiheit ist Freiheit zum Dienen, nicht zum Herrschen, Freiheit zum guten Werk der priesterlichen Fürbitte für alles Volk, Freiheit zum guten Werk der Zucht und Zähmung des Fleisches, Freiheit zum guten Werk gegenüber dem Nächsten, auch gegenüber der weltlichen Obrigkeit. Es bleibt diese Freiheit des Christenmenschen eine geliehene und anvertraute Freiheit, und die Kirche selbst bleibt in der unverbrüchlichen Gemeinschaft mit ihrem Herrn, der seine alles umfassende Gewalt in dem alles umfassenden Dienst der Liebe bewährt und die Seinen zu glaubender und gehorsamer Nachfolge auf seinem Wege der Selbstverleugnung und Hingabe ruft.

Gerade hier wird deutlich, wie Luthers Haltung weiterführt und mit größter Folgerichtigkeit zur *Welt* hindrängt. Sein Kampf gegen das geistliche Recht hatte ja nicht nur den Bestand der Kirche, sondern – weil das geistliche Recht ein anerkannter Teil des Reichsrechts war – auch das bürgerliche Recht, damit aber die ganze Rechts- und Gesellschaftsordnung des Mittelalters angetastet und erschüttert. Die Verklammerung zwischen Welt und Kirche, wie sie das Mittelalter gekannt, begründet und gepflegt hatte, zerbröckelt. Was setzt Luther an ihre Stelle?

Das läßt sich mit einem Wort sagen: *An die Stelle der Herrschaft der Kirche über die Welt tritt der Dienst des Christen am Nächsten.* Das gesamte Leben wird von der geistlichen Umklammerung befreit. Nicht als ob nun Luther die Welt ihren eigenen Gesetzen folgen ließe, daß also das entstünde, was wir heute als religionslose, weltlich gewordene Gesellschaft und Kultur vor uns haben! Nein, aus der geistlich regulierten und beherrschten Welt wird der Ort der *Bewährung* und Glaubensübung für den Christen, gleichzeitig der Ort, da ihm der *Nächste* entgegentritt. Aus Glauben übt der Christ in der Welt Zucht gegen sich und Liebe zum andern; der Nächste ist nicht mehr Gegenstand und Mittel einer selbstsüchtigen Barmherzigkeit, sondern er ist der Bruder, hinter dem die Gestalt Christi steht. Wie Gott am Glaubenden handelt, so darf der Glaubende an seinem Nächsten handeln. So wird der bisher egoistisch verkümmerte Glaube zu einer in die Welt strömenden Gotteskraft, zu einer freien, gleichzeitig weltüberlegenen und weltoffenen Haltung.

In der Folgezeit muß offenbar werden, was dies alles bedeutet für den irdischen Beruf, für die weltliche Obrigkeit, für das Unterrichts- und Bildungswesen, für das gesamte ›weltliche‹ Leben. Was Luther bringt, ist kein Kulturprogramm – dazu müßte er die Hilfe der Fürsten, der Stände, des Reichsregiments haben, von denen er soeben enttäuscht worden ist – ; es ist vielmehr der großartige Versuch, vom Glauben zur Liebe, vom unbedingten und vorbehaltlosen Zutrauen zu Gott zu den Grundlagen eines neuen Lebens in der Welt zu kommen. Dabei liegt die Klammer zwischen Kirche und Welt in der Predigt der Rechtfertigung, in der Person des Glaubenden, in der Bewährung seines Gehorsams.

Damit hat Luther das Siegeszeichen der Kirche Christi in der Welt gegen die Kirche des Antichrists und seine Gewalt errichtet. Seine Äußerungen in jener Zeit zeugen von einer selbstverständlichen Bereitschaft zu Leiden und Tod, von einer fast übermenschlichen Rücksichtslosigkeit gegen die eigene Person und von einem kindlichen, den Un- und Kleinglauben seiner Umgebung immer wieder beschämenden Vertrauen zur Zuverlässigkeit der göttlichen Verheißung. Da es sich um Gottes Sache handelt, ist Luther des Sieges gewiß, auch ohne Hilfe der weltlichen Mächte. Seine Sorge wird sich künftighin darauf erstrecken, daß das aufgepflanzte Panier in der Welt erkennbar bleibt zur Scheidung der Geister, zur Sammlung der Kirche.

Der zweite Band (Gütersloher Taschenbücher / Siebenstern 412) führt die Biographie Luthers für die Jahre 1522 bis 1546 weiter und enthält ein ausführliches Register für das Gesamtwerk.